U0455160

2025

宁夏文化蓝皮书

宁夏蓝皮书系列丛书

宁夏文化蓝皮书

宁夏文化发展报告

（2025）

宁夏社会科学院 编

牛学智／主编

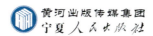

黄河出版传媒集团

宁夏人民出版社

图书在版编目（CIP）数据

宁夏文化蓝皮书：宁夏文化发展报告. 2025 / 牛学
智主编. -- 银川：宁夏人民出版社，2024.12.
（宁夏蓝皮书系列丛书）. -- ISBN 978-7-227-08150-0

Ⅰ. G127.743

中国国家版本馆 CIP 数据核字第 2025VT4623 号

宁夏蓝皮书系列丛书 　　　　　　　　　　　宁夏社会科学院　编
宁夏文化蓝皮书：宁夏文化发展报告（2025）　　牛学智　主编

责任编辑　管世献　陈　晶
责任校对　陈　浪
封面设计　张　宁
责任印制　侯　俊

黄河出版传媒集团 宁夏人民出版社 出版发行

出 版 人　薛文斌
地　　址　宁夏银川市北京东路 139 号出版大厦（750001）
网　　址　http://www.yrpubm.com
网上书店　http://www.hh-book.com
电子信箱　nxrmcbs@126.com
邮购电话　0951-5052104　5052106
经　　销　全国新华书店
印刷装订　宁夏银报智能印刷科技有限公司
印刷委托书号　（宁）0031677

开本　720 mm×1000 mm　1/16
印张　19.5
字数　310 千字
版次　2024 年 12 月第 1 版
印次　2024 年 12 月第 1 次印刷
书号　ISBN 978-7-227-08150-0
定价　52.00 元

目　录

区域文旅篇

附　录

总报告

ZONG BAOGAO

2024 年宁夏文化发展与展望

牛学智

2024 年宁夏宣传思想文化工作，在深入学习宣传贯彻党的二十大及二十届二中、三中全会和习近平总书记考察宁夏重要讲话精神中强化引领、守正创新，持续深入并切实担负新的文化使命，凝聚团结奋进力量。在全面系统学习阐释上，先后召开宁夏回族自治区党委常委会（扩大）会议、理论学习中心组学习会，举办全区领导干部专题研讨班、区管干部集中轮训班，自治区党委主要负责同志带头领学解读、研讨交流，示范带动广大党员干部在学习中深化认识、凝聚共识、统一行动。立项宁夏社科规划项目 180 项、宁夏新型智库课题 80 项，推动体系化研究、学理化阐释。在推动全面学习转化上，召开宁夏回族自治区党委十三届八次、九次全会，审议通过《中共宁夏回族自治区委员会关于深入学习贯彻习近平总书记在听取自治区党委和政府工作汇报时的重要讲话精神，加快建设美丽新宁夏、奋力谱写中国式现代化宁夏篇章的意见》《中共宁夏回族自治区委员会关于贯彻落实党的二十届三中全会精神，进一步全面深化改革、奋力谱写中国式现代化宁夏篇章的意见》，统一思想、统一意志、统一行动。在全面深入宣传教育方面，精心组织省级领导同志带头宣讲、区市县三级宣讲团集

作者简介　牛学智，宁夏社会科学院文化研究所所长，研究员。

中宣讲等活动，开设"牢记嘱托 勇担使命 奋力谱写中国式现代化宁夏篇章"等专题专栏，持续推出"习近平总书记和宁夏的故事"系列报道，依托新媒体、微传播等开展多层次立体化全景式宣传，把习近平总书记深情厚爱"传"入千家万户、"播"进脑海心田。

以下重点就党的创新理论学习、精神文明建设、公共文化事业、群众性文化活动、文旅融合发展、文学艺术、黄河文化等方面取得的一系列具体成就和经验做法，作简要总结。

一、宁夏文化建设发展显著成就

深入实施习近平新时代中国特色社会主义思想凝心铸魂工程，引导广大干部群众坚定拥护"两个确立"、坚决做到"两个维护"，不断推动党的创新理论深入人心、落地生根。

（一）高举思想旗帜，坚持以文立心、凝心铸魂，持续推动党的创新理论武装走得更深更实

1. 理论学习扎实推进，理论武装走深走实

自治区党委严格落实《中国共产党党委（党组）理论学习中心组学习规则》，通过举办理论学习中心组学习和专题研讨的方式，全面落实"第一议题"制度，创新建立区直部门主要负责同志导学解读党中央部署制度，每周举办1期"理论大讲堂"，分领域对各级领导干部进行培训，推进学思用贯通、知信行统一。

在以习近平总书记重要讲话、文章、著作为重点教材的理论武装体系，聚焦用党的创新理论武装党员、教育人民这个首要政治任务的基础上，宁夏五市创新各自的亮点，其经验值得总结。银川市分专题分阶段制定《党的二十届三中全会精神学习宣传工作方案》《习近平总书记考察宁夏重要讲话重要指示精神学习宣传方案》，通过广泛深入的理论学习教育，广大党员干部群众团结奋斗的共同思想基础更加牢固，听党话、感党恩、跟党走的信念信心更加坚定。石嘴山市提出"理响石嘴山"的宣传品牌，创新实施"3445"学习机制，理论学习质效全面提升，党心民心得到极大凝聚。吴忠市创新实施"手拉手"送宣讲下基层，理论学习中心组学习"1234"

工作法经验在《共产党人》杂志刊登。固原市在市属媒体统一开设"牢记嘱托 勇担使命 奋力谱写中国式现代化固原篇章"专题专栏，掀起学习热潮，"六盘山大讲堂"成为亮点项目。中卫市在坚持理论学习"第一议题"制度外，市级领导干部还领学带学导学，示范带动各级党委（党组）开展"党课开讲啦""千场党课下基层"等活动，理论学习质效全面提升。

2. 理论宣讲生动鲜活，宣传宣讲广泛深入

宁夏创新开展沿黄省区"理论宣讲走亲"活动，培育"塞上新语"等网上宣讲品牌，开展分众化对象化互动化宣讲5000余场次，受众40余万人次。深化党的创新理论"七进"工作，推动"学习强国"地市级学习平台全覆盖，畅通理论结合实际传播"最后一公里"。

在此基础上，宁夏五市还创新宣讲模式，推动党的创新理论入脑入心。银川市以基层理论宣讲大篷车为载体，通过"点单式"集中宣讲、"派单式"巡回宣讲等形式，深入机关、企业、社区等开展各类专题宣传宣讲4300余场次，涌现出了金凤区北京中路街道安居苑社区"罐罐茶"宣讲吧、贺兰县"码"上宣讲等一系列特色做法。石嘴山市深化拓展"1+9+N"理论宣讲矩阵作用，实施"四级联动联讲"方式，打造"楼栋微课堂"等基层理论宣讲品牌40余个，不断推动党的创新理论"深入干部心""飞入百姓家"。吴忠市以"强信心"为主题扎实开展正面宣传，聚焦第四届早茶美食文化节、黄河金岸马拉松赛等重大活动，在抖音、快手、微信视频号等发布大量相关短视频，对助力早茶节起到了重要作用，实现了理论宣讲与经济增长双赢。固原市两堂"行走的思政课"打出了自己的特色，一堂是固原二中师生连续29年"徒步百里祭英烈"，走出课堂、走进历史；另一堂是举行"重走长征路·翻越六盘山"庆祝中华人民共和国成立75周年暨"行走的思政课"徒步实践活动，在"沉浸式学习"中深刻领悟长征精神，在"行走的思政课"中汲取永不懈怠的奋进力量，用红色资源砥砺品格、铸魂育人。中卫市在B站、抖音等社交平台投放"青春漠漠搭"系列短片持续"种草"，情绪值拉满的"好'搭子'懂你的人生百味""好'搭子'和你一起'开摆''摸愉'"一度成为"热词"，录制《小撒喊你玩"中国魔方"》公益视频，播放量超100万次，全网发布"青春漠漠搭"相关内容

2.7 万余条，话题曝光量超 30 亿次，中卫市文旅总曝光量超 160 亿次。

3. 马克思主义理论深入实践，研究阐释影响力不断扩大

宁夏在抓好马克思主义理论研究和建设工程上，取得了重大成绩，积累了丰富经验。围绕重大课题开展专项研究，33 项课题入选国家社科基金项目。宁夏大学马克思主义学院进入全国重点马克思主义学院培育单位。成立习近平文化思想研究专班，召开理论研讨会，推出习近平文化思想在宁夏生动实践系列理论阐释文章，完成 16 部扶贫志编纂任务。

银川市围绕打造"国际旅游目的地"确定智库课题立项 4 项，编纂出版《中国国家人文地理·银川》分卷，生动展示"塞上湖城　大美银川"新形象。石嘴山市组织开展第六批、第七批新型智库课题申报工作，申报立项宁夏新型智库课题 7 项，石嘴山市委宣传部被《党建》杂志社授予 2024 年度《党建》《学习活页文选》学刊用刊工作先进集体。吴忠市"吴忠有忠"理论宣讲奏响新时代"最强音"并入选《中国政研会 2024 年度基层思想政治工作优秀案例名单》，《中国国家人文地理·吴忠》正式出版发行。固原市出版发行《中国国家人文地理·固原》，系统性推动理论学习，常态化抓实"十百千万"主题宣讲，围绕铸牢中华民族共同体意识、移风易俗等主题，通过主题宣讲团、"青年宣讲团"等宣讲队伍，深入社区村组、企业车间一线开展理论宣讲，不断将党的创新理论送到群众心坎里。中卫市打造"云宣讲""黄河之声""一刻钟宣讲""有声驿站""红色电波"等多个线上线下理论宣讲品牌，新命名宁夏回族自治区社科普及教育基地 2 家，获批宁夏回族自治区优秀社科普及活动 3 个，荣获"第三届各省区市社科普及基地讲解员大赛优秀组织奖"。

（二）舆论引导有力有效，主题宣传浓墨重彩，主流舆论巩固壮大，对外宣传有声有色，进一步坚定推动高质量发展的信心决心

1. 凝聚奋进力量，正面宣传增强信心

2024 年宁夏在舆论引导、主题宣传、主流舆论和对外宣传上，以奋力谱写中国式现代化宁夏篇章为重点，着力突出正面宣传增强信心工作。实施巩固壮大奋进新时代主流思想舆论工程，大力营造谱写中国式现代化宁夏篇章的良好舆论氛围。组织开展"新思想引领新征程""锚定现代化改革再深化""奋进强国路 阔步新征程"等重大主题宣传,策划开展全面完成全年发展目标"百日攻坚战"等主题报道,《塞上江南写新篇》《宁夏探索创新驱动发展新路》等一批报道反响热烈。在北京举办"推动高质量发展"宁夏专场新闻发布会,组织"开新局 谱新篇"等新闻发布会,有力提振发展信心、增强社会预期。

银川市把握大势、聚焦中心,坚持团结稳定鼓劲正面宣传为主,不断强信心、聚民心、暖人心、筑同心。在中央媒体刊播宣传银川稿件2262篇次、自治区媒体刊播2102篇次,进一步提升银川知名度、美誉度、影响力。石嘴山市以"百日攻坚战"为契机,借《人民日报》、中央电视台、《宁夏日报》等主流媒体精心策划主题,与石嘴山市各媒体开设"奋力实现全年发展目标 百日攻坚战""吹响百日攻坚冲锋号"专栏相结合,深度展现石嘴山市经济总体保持稳中有进、稳中向好的良好态势。吴忠市开展"高质量发展调研行"等主题采访活动,在中央、自治区主流新闻媒体推出各类报道2820篇(条),以切实助力早茶节实现消费额的大幅度提升而深受广大市民欢迎。固原市开展"高质量赶超式发展固原行"等主题采访,开展"找回自信 重塑辉煌 奋力建设'两个市'"主题报道,充分反映了固原市高质量发展、高水平安全、高颜值生态、高品质民生、高共情团结的实践成效。中卫市策划开展"铸牢共同体 中华一家亲"主题宣传、"探访星星的故乡"——海峡两岸记者联合采访等活动,利用央视《正大综艺》《宗师列传·大唐诗人传》、浙江卫视《手艺人大会》等18档综艺节目22期报道,通过"中卫故事"提振精神。

2. 融媒体平台迭代升级,国际传播效能不断提升

2024年宁夏完成融媒体平台迭代升级,推动区、市、县融媒体技术平台一体化发展,内容生产水平整体提升,传播力、影响力进一步增强。举办"中德合作周",做好"机遇宁夏"主题宣传,实施"云秀宁夏"海外宣传推广项目,依托中国—中亚合作论坛、中国(宁夏)国际葡萄酒文化旅游博览会等平台开展对外传播,电视剧《山海情》在秘鲁等拉美国家播出。

银川市精心策划"高质量发展看银川"生态强市媒体行等系列宣传报道,集中宣介银川加快"生态强市"建设的亮点成就,还与济南市联合直

播《"双城记"：文物"活"起来，文旅"融"起来》节目，与黄河"几字弯"五省（区）十六城联制联播《"黄河流域生态保护和高质量发展"主题沿黄九省区省会（首府）媒体联动接力大直播》。石嘴山市盐碱地综合治理卓有成效，相关报道引发全社会广泛热议，中央、自治区级主流媒体刊发稿件60余篇。吴忠市合理利用市级融媒体中心试点中央补助资金，推动市县两级融媒体中心提质增效，有力利用抖音、快手、微信视频号等正面宣传舌尖上的吴忠，全市新媒体平台受众突破200万，整体形象在自治区内外得到了大幅度、高质量提升。固原市成立六盘韵文化传媒有限公司，健全"新闻+政务+商务""媒体+产业+企业"运营模式，不断完善产业链条、优化产品供给、增强造血功能，推动业务从新闻宣传向公共服务领域拓展，实现社会效益和经济效益双丰收。固原市还抓住2024年全国"四季村晚"示范活动，在原州区薛庄村、西吉县毛沟村、泾源县米岗村举办全国春夏季"村晚"，向外界展示宜居宜业和美乡村、群众增收致富生动场景。中卫市完善市、县（区）融媒体中心管理机制，正面宣传主导媒体发布平台，围绕"五个示范市"建设、黄河"几字弯"攻坚战、"青春漠漠搭"沙漠营地文化旅游消费季等，推出了一批有深度、有力度、有态度的报道，黄河"几字弯"、沙漠文旅等特色亮点在央媒海外平台广泛推送。

（三）突出价值引领、聚焦立德树人，厚植理想信念，培育文明润心铸魂教育深入人心

2024年，宁夏持续培育和践行社会主义核心价值观，深入实施文明素养提升行动，团结奋斗的价值引领力和精神感召力有力增强。

1. 系列庆祝活动隆重热烈，理想信念教育深入人心

精心组织缅怀革命先烈、"同升一面旗　同唱一首歌"升国旗仪式等庆祝中华人民共和国成立75周年系列活动，深化"强国复兴有我"群众性主题宣传教育活动，革命歌曲"快闪"、农民嗨歌会、"青春告白祖国"、"我与国旗合个影"等活动影响广泛，广大干部群众爱国之情和报国之志充分激发。

银川市开展2024年"开学第一课"暨"行走的思政课"，举办红色故事讲解员大赛及成果展演，常态化开展"我们的节日""清明祭英烈"等主题活动 1.5 万场次，厚植爱党爱国爱社会主义的情感。石嘴山市以典型引领，推进新时代公民道德建设，结合"抵制高价彩礼·拒绝人情攀比"主题宣讲活动，邀请白琴、李红梅、王富国、周淑琴、许安平、王志厚、王学锋等道德模范和典型示范开展抵制高价彩礼、家风故事等宣讲活动 30 余场次，引导广大群众倡导移风易俗。吴忠市深化"讲文明、树新风，争做文明有礼吴忠人"主题实践活动，推动"吴忠文明大讲堂"、社区"邻居节"等活动常态化，突出"我们的节日·精神的家园"主题，连续 10 年举办"网上祭英烈"、连续 5 年举办清明诗会，推进传统节日振兴。固原市打造文明固原"抖音号""视频号""快手号""微信号"等网上社会主义核心价值观传播矩阵，刊发稿件 800 余条，让社会主义核心价值观入脑入心。中卫市依托文化馆、博物馆、图书馆、新时代文明实践中心（所、站）、公园广场等公共文化设施和宣传文化阵地，持续开展"千名文艺志愿者进基层""黄河雅集"等主题实践活动，在全社会推动形成爱国爱家、相亲相爱、向上向善、共建共享的社会主义家庭文明新风尚。

2. 先进典型选树培育有力，共有精神家园持续构筑

深化"五史"宣传教育，深入开展"牢记总书记嘱托、铸牢中华民族共同体意识"主题教育，宁夏、福建、新疆 32.6 万名师生同上铸牢中华民族共同体意识"开学第一课"。集中开展"铸牢共同体 中华一家亲"主题采访，着力讲好"山海情""石榴籽""宁夏妈妈"等民族团结进步故事。创拍系列专题片《从于都到将台堡》，创排革命题材话剧《千秋景岳》，并在区内外巡演。

银川市 1 人入选 2024 年全国"新时代好少年"，5 人推荐为第九届全国道德模范候选人，4 人入选 2024 年度全区"新时代好少年"，入选人数达历年之最。开展先进典型学习宣传活动 600 余场次，创新推出《德耀银川 礼赞模范》专题节目 10 期，崇德向善、见贤思齐的社会氛围愈加浓厚。石嘴山市结合"我们的节日"主题活动，利用春节、端午、七夕、中秋等传统节日，在各新时代文明实践中心（所、站）广泛开展"赏年画过大年"、"百乡千村万户"行动、文艺助力基层精神文明建设行动等主题文明实践志愿服务活动 8500 余场次，协调指导三县区新时代文明实践中心

优化提升，平罗县、惠农区等新时代文明实践中心已实体化运行、规范发展，达到了凝聚群众、引导群众、以文化人、成风化俗的成效。吴忠市持续办好"道德模范与身边好人""平凡的人、平凡的事""推动移风易俗、建设文明乡风""深化文明创建、弘扬时代新风"等媒体专栏，文明先进典型网络推介，广泛报道创建之举和惠民之效，挖掘日常生活中的感人事迹和温暖瞬间，营造广大干部群众关心、理解、参与、支持精神文明建设的良好氛围。固原市组织开展道德模范、"中国好人"等先进典型学习宣传活动，推荐"宁夏好人"2人、自治区"新时代好少年"4人、全国"最美家庭"3户、全国"五好家庭"2户，4人荣登"中国好人榜"，"德润六盘"社会氛围日趋浓厚。开展"家和万事兴"等教育讲座228场次，培训1.1万余人，线上线下集中展示文明家庭家风故事和优秀家风文化作品。中卫市持续开展道德模范、身边好人等先进模范学习宣传活动，1人获第九批全国岗位学雷锋标兵荣誉称号、1人荣登"中国好人榜"、1人获宁夏"新时代好少年"荣誉称号。运用宣讲报告、采访报道、媒体访谈、活动特邀等形式广泛宣传道德模范、身边好人、文明家庭、最美人物等先进事迹，全面开展对历届历年获评国家和自治区级道德领域模范的核查工作，确保道德典型立得住、叫得响、传得开。

3. 思想道德建设不断加强，未成年人思想道德建设有声有色

持续深化"德耀宁夏"品牌建设，创新实施未成年人思想道德建设"春苗工程"，3人荣登"中国好人榜"，1个单位、2名个人获全国学雷锋活动示范点和岗位学雷锋标兵荣誉称号，1人获2024年度全国"新时代好少年"荣誉称号。

银川市打造《童心向党　健康成长》品牌节目，已制作播出10期，累计播放量210万余次。广泛组织开展"扣好人生第一粒扣子"主题实践活动1400余场次。策划开展"七彩假期　助梦成长"活动，开设公益"暑托班"1800个，服务未成年人4.5万余人。石嘴山市联合市教体局等五部门开展"新时代好少年"学习宣传活动，解文骁、芦籽仪2名同学获自治区"新时代好少年"荣誉称号。开展"童声里的中国"全国少年儿童合唱活动，征集原创少年儿童合唱曲目8部，在"文明石嘴山"微信公众号上开

展展演 3 期。吴忠市组织开展第九届全国道德模范评选活动，1 人入选全国道德模范候选名单，礼遇帮扶道德领域先进典型 160 人。广泛开展"新时代好少年"学习宣传活动，1 人入选全国及自治区"新时代好少年"候选名单，发掘培育市级"新时代好少年"候选人 30 人。固原市利用各类爱国主义教育基地、民族团结教育基地、科普教育基地、国防教育基地、青少年课外活动基地开展"学文明条例　做文明市民"等系列活动，让群众在互动式、沉浸式体验中，提升文明素养。中卫市开展"全民国防教育月"系列活动，依托"文明中卫"微信公众号开展"国防理论知多少""国防法规知多少""国防科技知多少""国防历史知多少"等专题宣传，广泛开展"国防万映"公益展映、"进军营·悟军魂——军营开放日"、"红色之旅"研学、"百场国防形势报告"、老兵宣讲以及中小学"爱我国防"主题"开学第一课"、团队日、书法、绘画等活动 170 余场次，不断增强全民国防意识和国防素养，中宁县第十小学被认定为全国国防教育示范学校。

（四）突出改革创新，文化质量稳步提升，文化事业、文化产业繁荣发展

　1. 深挖地域文化精髓，文艺创作成果显著

创拍电视剧《星星的故乡》在央视综合频道黄金档首播，京剧《红高粱》、广播剧《遇见良渚》、歌曲《我引绿洲接长路》、图书《阿娜河畔》4 部作品荣获第十七届精神文明建设"五个一工程"优秀作品奖，宁夏回族自治区党委宣传部荣获组织工作奖，宁夏作家阿舍、柳客行荣获第十三届全国少数民族文学创作骏马奖，电视剧《我们这十年》获中国电视剧飞天奖，电影《六谷儿》《人民万岁》分别入围 2024 年乡村振兴主题电影和第三届华语纪录电影大会推荐作品名单。中国作家"深入生活、扎根人民"新时代文学实践点落户宁夏西吉，擦亮"中国文学之乡"品牌。

银川市赵磊的网络小说《铁骨铮铮》获第五届茅盾文学新人奖网络文学奖（提名奖）；潘志辉书法作品《隶书条幅》入选全国第十三届书法篆刻展；范彦奎、关宁国、徐晓玲、许金平书法作品入选全国书法作品优秀作品展览；陆文军的国画作品《大漠霞光起》、朱彪的国画作品《筑梦欢歌》、张军绒的国画作品《辉煌之路》等 10 余幅作品入选全国第十四届美术作品

展；银川艺术剧院杂技团《百鸟朝凤》荣获第十五届国际青年马戏节特别大奖"青年之星奖"。此外，银川市还组织开展"保护文化古迹 彰显中华文明"西夏陵摄影、书法、美术、文学作品征集活动，共征集作品 700 部，展出 400 部。石嘴山市举办"城市记忆与文学承载"第三届宁夏文学周暨宁夏城市文学活动，吸引了来自福建、山东、江苏等地的 200 余名作家、文艺工作者参与，引起区内外文艺界的广泛关注和社会强烈反响。编印城市文学系列丛书（画册），以红色文化、黄河文化、工业文化"三种文化"为主线，推出城市形象文化画册《传承里的石嘴山》，挖掘和拓展具有石嘴山地标和地域特点的文化。打造城市文学创作基地，设立首个"宁夏'城市文学 工矿文艺'创作基地"、首个"城市文学学会"，舞蹈《黄河颂歌》、歌曲《塞上石嘴山》、电影《绿皮小火车》等一批优秀作品先后在国家、自治区各类赛事活动中获奖。吴忠市创作《王贵与李香香》等 20 部具有吴忠特色的优秀文艺作品，小戏曲《红军刀》《看病》，舞蹈《盐州胡旋》入选自治区舞台艺术精品创作扶持工程，群舞《花儿朵朵心向党》、小品《相约敬老院》荣获全区"欢乐宁夏"新编创作优秀剧目展演群众文艺会演一等奖，首演国家艺术基金资助作品原创秦腔现代戏《攒劲女人》。固原市举办"天高云淡六盘山·四色辉映新固原"庆祝中华人民共和国成立 75 周年中国油画名家走进固原大型写生活动，42 位著名艺术家走进固原，立足"四色"资源，深入须弥山、火石寨等地写生，围绕红旗漫卷、六盘山河、丝路随想、在地芳华主题创作作品 193 幅，以新时代的艺术语言描绘固原风采、展现固原之美，以文艺创作赋能农文旅融合"出圈出彩"。举办 2024 年中国西部民歌展演系列活动，来自福建、云南、重庆等省区市和新疆生产建设兵团的民歌艺术家，唱响生活之歌、劳动之歌、民族之歌、时代之歌，奏响了各民族交往交流交融的时代强音；成立固原市诗词学会，建立西海固文学作家作品库，5 名固原市作协会员新晋中国作协会员，马金莲的长篇小说《亲爱的人们》出版发行，并获第二届"高晓声文学奖"。中卫市推出电影《六谷儿》、系列纪录片《古韵中卫》、MV《最有"卫"道的元宵节》等文艺作品，开展"黄河手造"非遗市集、"大河之美"美术作品展、农民艺术家风采展等文艺活动，创作《二十四节气》《中卫故事说》《主播说中卫》等黄河文化主题融媒体产品，从文史遗存、非遗技艺、民间故事、民俗文化等多角度讲好"黄河文化"故事，增强各族群众对伟大祖国、中华民族、中华文化、中国共产党、中国特色社会主义的认同。

2. 公共文化服务体系建设更加给力，文化服务更加健全

加快推进长城、长征、黄河国家文化公园建设，开展"文化大篷车"下基层、"与时代同行、与人民同心"文艺巡礼、塞上书香节等各类群众文化活动 2 万余场次，农村电影公益放映 4 万场，打造文化驿站、城市书房、城市阅读岛等新型公共文化空间 100 个，6 家县级图书馆入选全国基层公共阅读服务推广项目，银川市三联书店获评全国"年度最美书店"。

银川市"塞上湖城 大美银川"——数字文化惠民会客厅建成开放，围绕黄河文化（银川）生态保护区建设，完成《黄河文化（银川）生态保护区特色文化形态提炼研究报告》，新建、提升 67 个新型文化空间，超额完成文化惠民"润心实事"建设目标。银川市图书馆推进 4 个新馆特色空间建设，更换配送 85 个城市阅读岛和 106 个图书流通服务点图书近 8 万册，"共享读书乐"未成年人阅读推广志愿服务等项目获得自治区级 3 项荣誉。举办新春文化大集、秦腔艺术节、一元剧场、社火大赛、百姓大舞台、广场舞大赛、群众合唱比赛、少儿美术书法作品展、宁夏首届城市文化节、"国庆七天乐"等文化演出活动 56 项 876 场次。"四送六进"菜单式、订单式服务完成"军民团结一家亲"庆"八一"系列文艺演出 11 场，"湖城有戏一元剧场"文化惠民服务季演出 100 场次，"百姓大舞台有你更精彩"惠民文艺演出 100 场，"梅花秦韵·绽放湖城"银川市第九届秦腔艺术节演出 20 场，第二十一届"湖城之夏·广场文化季"演出 771 场，送戏下乡演出 751 场。舞蹈诗《山河人家》、儿童杂技剧《山海经之神兽传奇》荣获各级奖项 9 项；《水之灵韵》参加第十二届全国杂技展演，荣获优秀剧目称号；舞剧《不到长城非好汉》入选 2024 国家艺术基金传播交流推广项目；杂技《巍巍贺兰·峭壁精灵》入选 2024 国家艺术基金小型剧（节）目和作品创作项目；银川市文化馆创作歌曲《梦想启航的地方》荣获"全国文化馆年度主题歌创作征集"优秀作品；荣获 2024"绘未来"第十届全区少儿绘画书法大赛优秀组织奖、2024 第十届迎新春全区群众书法绘画摄影大赛优秀组织奖。

石嘴山市改版升级"文艺石嘴山"微信公众号平台，创新推出"时光印记·工业之城""光影石嘴山""诗与远方""笔触初开"等栏目，在《石嘴山日报》《贺兰山》等报刊，增设"城市瞭望角""城市记忆"等专栏，刊登优秀作品220余篇。推出"走进石嘴山"大型历史文化讲述栏目，发布"名家谈石嘴山"栏目28期。推进群众性文化惠民工程方面，印发2024年度全市"送戏下乡"惠民文艺演出、广场文化艺术节、"我们的节日"、"文化进万家"等文化活动方案，完成"送戏下乡"惠民文艺演出、广场文化艺术节演出、"文化大篷车"下基层等活动上千场次，举办"庆祝新中国成立75周年"第十四届全国美展石嘴山巡展、"水韵石嘴山"石嘴山市首届水彩画作品展等各类精品展，集中展示了全市文艺工作者创作的优秀文艺作品，树立以人民为中心的鲜明创作导向。

吴忠市组织开展文化惠民"十百千"工程，举办春节联欢晚会、文化和自然遗产日等大型文化活动20余场次，开展惠民文艺演出600余场、群众性文化活动900场次，服务群众150余万人次。吴忠市在"欢乐宁夏"全区群众文艺会演荣获奖项28个，奖补资金和获奖数量位列全区第一。

固原市共开展送戏下乡212场次、戏曲进乡村366场次、广场文艺演出等群众文化活动476场次。舞台艺术秦腔《杨门女将》和小戏曲《退彩礼》获得自治区资金支持。其中，"诗歌里的春天"、2024宁夏固原六盘山花儿（民歌）歌会、"大地欢歌"群众文艺汇演暨红色文化旅游节等文艺演出为系列特色文化活动品牌。2个村成功入选全国春季和夏季"村晚"示范展示点名单，10个村入选自治区级"四季村晚"示范展示点，全年开展"四季村晚"活动12场次。

中卫市打造"新型公共文化空间"17个，举办春官喊来幸福年、寻脉端午怀抱家国、国韵中秋击鼓纳祥等"黄河雅集"主题实践活动以及"品读书香中卫·阅聚奋进力量"全民阅读、"歌唱祖国"大家唱群众歌咏等系列文化活动。中卫市抓住"沙漠会客厅"核心IP打造、价值赋予、场景搭建三大要素，依托大漠、黄河、星空等独特资源，强化在地景观设计感，打造专属活动契合性，推出星空研学、动感体验、沙漠瑜伽、星野摄影教学等"追星逐梦之旅"特色活动，以"青春漠漠搭"沙漠营地文化旅游消费季为牵引，持续举办大漠黄河国际文化旅游节、全国大漠健身运动会、金蛙国际艺术节、大漠星空音乐会等活动，打响了"青春漠漠搭"地域品牌。大漠黄河旅游度假区入选国家级旅游度假区，沙坡头景区入选国家文化产业示范基地、国家级旅游度假区，中卫市被授予"中国民宿品牌发展先行示范区"荣誉称号。

3. 深入开展文化遗产传承保护，文物工作释放新活力

创新开展省级统筹国有博物馆馆藏文物定级工作，西夏博物馆获评国家一级博物馆。实施文物保护利用项目 23 个，完成第四次全国文物普查阶段性工作，南华山油坊院旧石器遗址考古发掘取得重要进展，西夏陵申遗完成国际专家现场评估。

银川市对辖区 220 处古遗址、26 处古墓葬进行排查，开展兴庆区涉明长城"两线"范围违法问题整治和强降雨文物受损排查，开展文物行业消防安全集中除患攻坚大整治专项行动、文物消防安全隐患排查整治工作、文物行业安全生产治本攻坚三年行动。举办非遗创新设计大赛、贺兰砚-端砚巡展、非遗贺新春、非遗主题研学体验、文化和自然遗产日非遗宣传展示展演、宁夏小曲赶大集等系列宣传展示活动共计 17 项 90 余场次，服务群众上百万人次。组织传承人、非遗工作者参加全区"沿着黄河讲非遗"2024 年宁夏非遗巡讲活动，获一等奖；组织传承人参加宁夏黄河流域非遗作品创意大赛，获得"时尚创新奖"和"转化推广奖"；组织传承人参加"礼赞新中国·剪绘新时代"2024 年全区剪纸作品交流互鉴活动，"金剪刀"奖 1 人、"银剪刀"奖 5 人、"铜剪刀"奖 2 人。石嘴山市探索更多"文化+"模式，组团参加第二十届中国（深圳）国际文化产业博览交易会宁夏馆展示活动，举办石嘴山市专场文旅形象宣传推介会、石嘴山市岩画巡展、非遗文创产品展示会。青柚互娱（宁夏）文化传媒有限公司、宁夏道森文化传媒有限公司、宁夏稻艺编制有限公司 3 个项目，入选 2024 年自治区文化产业发展专项资金项目。吴忠市在第四次全国文物普查工作中，复查不可移动文物 594 处，复查率 56.3%。喜牛舞等 15 项非遗项目入选自治区级非遗代表性项目名录，吴忠二毛皮制作技艺等 40 名非遗传承人列入

市级非遗代表性传承人名录，强海峰等 11 位非遗传承人荣获自治区首批乡村工匠名师称号，陈堃荣获全国非物质文化遗产保护工作先进个人称号，盐池县"多彩活动　乐享假期"迎端午佳节活动登上央视。吴忠市依托吴忠早茶美食文化节、宁夏黄河金岸（吴忠）马拉松等文旅体活动开展宣传推介 100 余场次，非遗传承与地方经济实现融合发展。固原市开展"文化和自然遗产日"系列宣传展示活动，组织非遗传承人参加文创作品恳谈会宣传展示成都、长沙推介会，全区非遗产品创意大赛，全区剪纸作品交流互鉴活动；组织举办花儿培训班和花儿原创作品研讨会，完成固原市非遗展厅建设并免费开放。中卫市持续推进大麦地、古建彩绘等文化遗产及黄河古瓷、滩羊地毯等非遗技艺创造性转化，实施大麦地岩画照壁山铜矿保护利用项目，"黄河印象"文创品牌亮相第二十届深圳文博会、2024 国际版权论坛，黄河黑山峡 IP 活化打造等 3 个项目获自治区文化产业项目资金支持，"黄河古瓷研发团队"入选自治区文化艺术创新团队，中卫市博物馆获评国家二级博物馆，1 家企业与 1 名个人分别获评全国非遗保护先进集体、个人，中卫市滩羊地毯有限公司入选国家级非物质文化遗产生产性保护示范基地推荐名单，建筑彩绘及蒿子面技艺传承人入选第六批国家级非物质文化遗产代表性传承人。

4. 持续深化文旅融合发展，文旅产业释放新动能

实施重大文化产业项目带动和文化数字化战略，7 家企业入选国家文化产业示范基地，中国广电宁夏中卫数据中心一期建成运营；青铜峡黄河大峡谷旅游区获评国家 5A 级旅游景区，中卫大漠黄河（沙坡头）旅游度假区获评国家级旅游度假区，3 家街区获评第三批国家级夜间文化和旅游消费集聚区，2 家自驾车旅居营地获评全国 4C 级营地，宁夏入选全国旅游市场服务质量评价体系建设试点省。

银川市在加快推进国际旅游目的地建设上成果显著，成功创建自治区级全域旅游示范区 1 个（永宁县），国家 4A 级旅游景区 1 家（华夏河图银川艺术小镇）、3A 级旅游景区 1 家（银川文化城凤凰幻城），自治区级旅游休闲街区 1 条（银川文化城凤凰幻城旅游休闲街区），全国 4C 级自驾车旅居营地 2 个（宁夏薰衣草庄园自驾车营地、宁夏灵河房车露营基地），自治

区 3C 级自驾旅居车营地 4 个（宁夏薰衣草庄园自驾车营地、宁夏灵河房车露营基地、昊宫连锁营地、李家大院自驾车露营地）。志辉源石酒庄、贺兰山国家森林公园入选首批中国"避暑消夏好去处"名录，升级完成"一部手机游银川"银川智慧导览地图。文化产业多元发展初具规模，宁夏漫葡小镇旅游开发有限公司、宁夏农垦玉泉国际葡萄酒庄有限公司、宁夏智慧宫文化传媒有限公司被评为国家级文化产业示范基地。

石嘴山市深度挖掘石炭井中国现实主义题材影视拍摄基地资源，在加强石炭井文旅影视小镇保护利用中作出了有益探索。其主打的红色文化、黄河文化、工业文化三张牌，也初步显示出了高质量融合发展的端倪，其中创作的舞蹈《黄河颂歌》、歌曲《塞上石嘴山》、电影《绿皮小火车》等一批优秀作品，先后在国家、自治区各类赛事活动中获奖，这意味着三张牌的牌子已经开始叫响。

吴忠市为进一步激活文旅消费需求，举办 2024 吴忠黄河金岸文化旅游节暨"5·19 中国旅游日"系列活动，主题"畅游吴忠·幸福生活"突出，以线上宣传为主，重点开展吴忠籍明星"我为家乡——黄河明珠　美丽吴忠"代言、"黄河岸边好去处"文旅局长邀您逛吴忠、"巷子里的早茶西施"IP 人物出圈、"寻味西北　发现吴忠"主播达人吴忠行等 4 项"线上+线下"宣传活动，全面提升了"黄河明珠·美丽吴忠"城市形象。同时，通过"游在宁夏·吃在吴忠"的文旅品牌影响力，对文化效益、社会效益和经济效益的高质量融合，探索出了一条可行路径。

2024 年，固原市文旅融合的一个典型例子便是姚磨村以"旅游+冷凉蔬菜"的模式成功助力乡村振兴。姚磨村依托独特的地理位置和气候优势，大力发展冷凉蔬菜产业，并与乡村旅游紧密结合。游客不仅可以参观蔬菜种植基地，了解蔬菜的生长过程，还能亲自参与采摘等互动活动，享受乡村田园的乐趣。同时，姚磨村还积极探索联农带农机制，让农民通过土地流转获得"租金"，在基地务工获得"薪金"，企业还将基地每亩净收入的20%留给村集体股份合作社获得"红利"，使农民附着在"旅游+蔬菜产业"全产业链上增收致富。这一模式不仅促进了当地经济的发展，也为乡村旅游注入了新的活力，成了固原市文旅融合的一个成功典范。

中卫市文旅融合的一个典型例子是"金蛙国际艺术节"，该艺术节以"文旅+美育+游学"的创新模式，吸引了来自全国各地的近 20 万名选手参与。艺术节期间，不仅举办了大型交响音乐会、国际钢琴大赛、国际美术大赛等丰富多彩的艺术活动，还创新打造了"金蛙穿越之旅"研学旅游产品，联动中卫市 6 家 A 级旅游景区，为参赛家庭提供了多种文旅优惠套餐。这一活动不仅促进了中卫市文化艺术的发展，还通过文旅融合的方式，推动了当地旅游业的繁荣，擦亮了"星星故乡、沙漠水城"这块金字招牌，让更多人了解和喜爱上了中卫市的自然风光和人文魅力。

（五）彰显时代价值，黄河文化保护传承有序进行，黄河国家文化公园高质量建设进一步完善

1. 黄河文化时代价值内涵挖掘成效初显，遗产保护日趋加强

一是政策制度日益健全，理清资源，基础扎实。先后颁布《宁夏回族自治区建设黄河流域生态保护和高质量发展先行区促进条例》《宁夏回族自治区引黄古灌区世界灌溉工程遗产保护条例》等法规，编制《宁夏黄河流域生态保护和高质量发展规划》《黄河文化保护传承弘扬实施规划》等政策文件，为黄河文化传承彰显区建设提供制度保障。二是家底调查细致周全，专班合作研究深入。对黄河流域 11 类 4129 处文化遗产、2968 处非物质文化遗产进行全面调查与评估，建立黄河国家文化公园资料库，完成近 2000 件珍贵文物数字化采集、归类和建档工作。成立黄河文化研究工作专班，举办黄河文化学术研讨会，与相关省区签订合作协议书，完成《黄河文化遗产调查》等国家部委及自治区重大课题研究，与黄河流域九省区社会科学院共同完成《黄河文化高质量发展研究》及《宁夏黄河文化传承彰显区建设研究》等成果。三是文化遗产保护整体能力逐步提升，非遗保护利用体系不断完善。积极推进文物保护"两线"纳入国土空间规划和"三线划定"，对 25 个保护修缮、数字化保护、三防工程、馆藏文物修复等项目，引入三维数据采集及动态监测等先进科技手段，完成宁夏长城数字再现及在线监测预警项目建设。开展黄河流域非遗作品创意大赛暨系列活动，实施"对话非遗工坊"项目、"美丽工坊"残疾妇女就业增收项目，促成 15 家非遗工坊与文旅企业达成长期合作。

2. 新品牌新业态新活动新模式不断出现，文旅融合高质量发展渐成气候

一是启动实施"文旅创新升级工程"，积极推进文旅融合和"文旅+"新业态新活动。推动贺兰山东麓旅游风景道、六盘山红色旅游环线、环罗山旅游大道等文化生态休闲旅游复合廊道全线贯通，集中推出"宁夏二十一景"联游。积极推进"文旅+"融合，实施黄河宿集、星星酒店、沙湖不夜城等文旅融合新项目，打造稻渔空间、龙王坝等农文旅复合型发展典型。围绕"春赏花""夏消暑""秋观叶""冬玩雪"等主题，因地制宜打造一批四季节庆活动，推出一批主题精品旅游线路。二是推进"文旅+"信息化建设，发展"元游"宁夏服务新模式。实施"宁夏二十一景元宇宙数字文旅营销服务——元游宁夏"项目，借助元宇宙理念，综合运用5G、区块链、VR、MR等现代数字技术，打造宁夏二十一景元宇宙数字文旅体验平台，向公众提供各类虚拟体验服务。

3. 黄河国家文化公园建设高标准推进，文化公园品牌进一步叫响

坚持高标准规划、高标准建设，以铸牢中华民族共同体意识为主线，以建设黄河流域生态保护和高质量发展先行区建设为牵引，突出保护传承利用、文化教育、公共服务、旅游观光、休闲娱乐、科学研究功能，打造宁夏引黄古灌区世界灌溉工程遗产展示中心等重要标志性工程，形成具有特定开放空间的公共文化载体，文旅融合区内建设项目初具规模。依托标志性遗产、传统村落等资源，重点打造黄河文化、星星故乡、红色主题、动感体验等文化旅游特色品牌，三大国家文化公园的四大功能区、五大基础工程建设基础得以不断夯实。全方位宣传跟进，纪录片《天下黄河富宁夏》（第一、二季）和电视专题片《长城之歌》《长征之歌》等一批文化公园品牌作品进一步叫响，向全国观众多视角、多维度呈现宁夏故事。

二、2025年宁夏宣传思想文化工作展望

全面贯彻党的二十大及二十届二中、三中全会和习近平总书记考察宁夏重要讲话精神，坚持学思用贯通、知信行统一，为不断谱写中国式现代化宁夏篇章提供坚强思想保证、强大精神力量、有利文化条件。

（一）进一步提升理论武装新境界，构筑舆论引导新态势，培育社会文明新风尚

发挥党委（党组）理论学习中心组带动作用，通过举办辅导报告、专题研讨、座谈交流等多种方式，推动各级领导干部带头学习、带头研讨、带头辅导、带头撰写学习体会、带头深入基层开展调查研究。坚持线上线下宣讲同步推进，组织专家学者开展系列解读、专题慕课等，把习近平总书记对宁夏人民的亲切关怀、深情厚谊传递到各行各业、千家万户。持续扩大对外宣传，策划推出系列融媒体产品，以 AI 动图、航拍、短视频等形式，开展体验式、互动式、沉浸式的形象宣传，充分展示宁夏地域文化魅力和活力。巩固文明创建成果，深化文明素养提升行动，持续开展农村移风易俗重点领域突出问题专项治理，繁荣发展文化活动，打造更多文化精品，推动文旅融合高质量发展，更大力度培育社会文明新风尚，为不断谱写中国式现代化宁夏篇章增添更高质量新内容。

（二）进一步突出价值引领、惠民务实，推动文明创建在巩固提升中展现新面貌

强化顶层设计、确保常态长效，切实加强组织领导、层层压实责任，开展环境卫生集中清理、基础设施修缮维护、文明素养专项提升等行动，推动重点难点问题在一线解决，着力构建自上而下、齐抓共管的工作格局。丰富创建载体、激发共建活力，坚持以城带乡、城乡一体，聚焦农村环境面貌、文化生活、移风易俗等群众最关心、最直接、最现实的问题精准发力，涵养向上向善、刚健朴实的文化，推动农村精神文明建设高质量发展。聚焦急难愁盼问题，提升幸福指数，强化惠民导向，坚持"创建为民、创建惠民、创建靠民"，切实把在创建过程中群众反馈的需求清单转化为各级各部门的创建任务清单，着力解决群众合理诉求，引导群众以实际行动支持创建、参与创建，进一步提升群众获得感和满意度，推动文明创建在巩固提升中展现新面貌。

（三）全力推动公共文化服务提质增效，推进文化事业繁荣兴盛，促进文化精品工程高质量发展

公共文化服务方面，强化公共文化基础设施建设，丰富群众文化活动供给，在确保常态化"文化惠民"工程的前提下，深挖地方优秀传统资源，鼓励各县（市、区）打造具有地方特色的文化志愿服务品牌。鼓励企业申报大型营业性演出活动，举办高品质文化品牌活动等。

繁荣文艺创作事业方面，仍需加大地方扶持力度，广泛调动群众参与热情，用心用力激发普遍社会活力。银川市黄河主题歌舞剧《大河唱》、音乐剧《山那边是海》创作完成；石嘴山市"文艺石嘴山"新媒体传播平台实现升级、"塞上灵秀地 魅力石嘴山"文旅品牌广泛叫响；吴忠市"全民阅读·书香吴忠"品牌建设和"跟着赛事去旅游"品牌项目如期开展；固原市像已获得的"自然城市"美誉一样，再创宁夏乃至全国的"文学高原"；中卫市"守护黄河根脉"为主题的传承黄河文化基因、延续中华历史文脉推进工程等落地生根，为推进宁夏文化事业繁荣兴盛再添新彩、再增新光。

促进文化精品工程高质量发展方面，强化社会功能最大化，真正实现整体提升。2024 年 11 月公布的第十七届精神文明建设"五个一工程"优秀作品奖中，宁夏共有 4 部作品名列其中。这对宁夏文化特别是文学艺术创作无疑是巨大鼓舞，获奖是对成绩的肯定，是对探索创造的鼓励，是对智慧投入、辛勤劳动的致敬。孜孜以求、寻寻觅觅创作文化包括文学艺术、哲学社会科学研究成果，是为了发挥社会功能最大化。宁夏文化研究必须更加拓宽视野，放眼全国乃至世界前沿；更加视角下沉，体察体悟理解基层民情民意，深入挖掘宁夏地域优秀文化，博采众长借鉴吸取全国乃至世界一流成果经验，以中国式现代化为价值导向，创作出既流行又能流传得下去的真正的精品力作，推动宁夏文化特别是文学艺术和哲学社会科学研究整体跻身于全国前列，成为人们不能不庄严瞩目的一个现象。

改革篇
GAIGE PIAN

牢牢把握奋力谱写中国式现代化宁夏篇章的战略统领

——习近平总书记对宁夏工作的总体要求专题研究报告①

宁夏社会科学院课题组

习近平总书记在听取自治区党委和政府工作汇报时的重要讲话强调，要深入贯彻新发展理念，坚持稳中求进工作总基调，以铸牢中华民族共同体意识为主线，以黄河流域生态保护和高质量发展先行区建设为牵引，统筹推进高质量发展和高水平保护、全面深化改革和扩大开放、新型城镇化和乡村振兴、民族团结和共同富裕等工作，加快建设经济繁荣、民族团结、环境优美、人民富裕的美丽新宁夏，奋力谱写中国式现代化宁夏篇章。这是习近平总书记着眼新的时代背景和全国战略布局，精准把握宁夏阶段性区情特征，以深入贯彻新发展理念为行动先导、以坚持稳中求进工作总基调为重大原则，从主线要求、牵引力量、科学方法、目标使命等方面对宁夏工作提出的总体要求。特别是习近平总书记从深入贯彻新发展理念、运用统筹兼顾科学方法论、站位中国式现代化全局对宁夏发展作出的战略擘

作者简介 课题主持人：刘雨，宁夏社会科学院党组书记；马兴，宁夏社会科学院副院长。课题组成员：王林伶，宁夏社会科学院综合经济研究所所长、研究员；马鑫，宁夏社会科学院综合经济研究所副研究员；丁生忠，宁夏社会科学院社会学法学研究所副研究员；张学倩，宁夏社会科学院马克思主义研究所助理研究员；陈蕾，宁夏社会科学院综合经济研究所助理研究员。

①该文2024年曾刊发于宁夏回族自治区党委宣传部《智库成果要报》第129期。

画，蕴含着深邃思想和战略考量，进一步深刻回答了新时代新征程建设什么样的美丽新宁夏、怎样建设美丽新宁夏，对于指引中国式现代化宁夏实践具有高度的战略统领意义，为加快建设经济繁荣、民族团结、环境优美、人民富裕的美丽新宁夏，奋力谱写中国式现代化宁夏篇章提供了强大思想武器和根本行动指南。

一、深刻领会、深入贯彻习近平总书记对宁夏工作的总体要求，必须自觉践行新发展理念这个行动先导

习近平总书记对宁夏工作总体要求的第一要义是深入贯彻新发展理念。发展理念是发展行动的先导，发展理念是否对头，从根本上决定着发展成效乃至成败。习近平总书记深刻指出："我们党领导人民治国理政，很重要的一个方面就是要回答好实现什么样的发展、怎样实现发展这个重大问题。"党的十八大以来，以习近平同志为核心的党中央立足新时代这个历史方位，聚焦新时代坚持和发展什么样的中国特色社会主义、怎样坚持和发展中国特色社会主义，建设什么样的社会主义现代化强国、怎样建设社会主义现代化强国，建设什么样的长期执政的马克思主义政党、怎样建设长期执政的马克思主义政党等重大时代课题，把握从"有没有"向"好不好"的发展主动，以一系列新理念新思想新战略丰富和拓展了新时代的发展观，为奋力推进中国式现代化指明了实践路径。特别是习近平总书记深刻总结国内外发展经验教训、深刻分析国内外发展大势，针对我国发展中的突出矛盾和问题，形成了新发展理念这一关系我国发展全局深刻变革的重大理论创新成果。习近平总书记指出："发展必须是科学发展，必须坚定不移贯彻创新、协调、绿色、开放、共享的发展理念。"新发展理念传承党的发展理论，坚持以人民为中心的发展思想，进一步科学回答了实现什么样的发展、怎样实现发展的问题，明确了我国现代化指导原则，深化了我们党对中国特色社会主义经济发展规律的认识，开拓了中国特色社会主义政治经济学新境界。

聚焦深入贯彻新发展理念，以新发展理念引领高质量发展，是习近平总书记一贯要求、反复强调的重大问题。习近平总书记强调："新发展理念是一个整体，无论是中央层面还是部门层面，无论是省级层面还是省以下各级层面，在贯彻落实中都要完整把握、准确理解、全面落实，把新发展理念贯彻到经济社会发展全过程和各领域。"2016年6月，习近平总书记考察宁夏重要讲话强调的"三个着力"，其中"着力推进经济持续健康发展"的第一要求就是"深入贯彻落实新发展理念"，指出"宁夏同志要坚持发展是第一要务，在创新发展上求突破，在协调发展上下功夫，在绿色发展上用实招，在开放发展上抢机遇，在共享发展上见成效，切实把新发展理念贯穿到经济社会发展全过程、落实到全面建成小康社会各方面。"2020年7月，习近平总书记考察宁夏重要讲话在总体要求中，明确提出"坚持新发展理念"，部署坚持不懈推动高质量发展、推动改革开放取得新突破、坚决打赢脱贫攻坚战、抓好生态环境保护、加强民生保障和社会治理、激发广大干部奋斗精神"六项重点任务"中，都蕴含着贯彻落实新发展理念的实践要求。2024年6月，习近平总书记考察宁夏重要讲话把"深入贯彻新发展理念"作为对宁夏工作总体要求的第一要义，并将创新、协调、绿色、开放、共享的新发展理念贯穿通篇。在大力发展特色优势产业中，强调要强化科技创新和产业创新融合，强调推动形成山川共济、城乡融合、区域联动的发展格局；在积极谋划和推进新一轮全面深化改革中，强调要坚持对内对外开放相结合、提高内陆开放水平，强调呵护好"一河三山"是宁夏谋划改革发展的基准线；在扎实推进各族人民共同富裕中，强调要坚持以人民为中心的发展思想，加强普惠性、基础性、兜底性民生建设；在推动铸牢中华民族共同体意识走深走实中，强调要着力构建互嵌式社会结构和社区环境，不断拓宽各民族全方位嵌入的实践路径。

党的十八大以来，自治区党委、政府深入学习贯彻习近平总书记历次考察宁夏重要讲话指示批示精神，深入贯彻落实新发展理念，各项工作不断取得新进展，习近平总书记予以充分肯定，同时也指出宁夏发展还存在的差距和不足。新征程走好习近平总书记亲自为宁夏指明的现代化之路、高质量发展之路、人民共同富裕之路，需要在自觉践行新发展理念上持续用力。

一是在思想转变上持续用力。对于宁夏这样一个发展不平衡不充分更为突出的西部省区，尤其要在贯彻新发展理念上解放思想、转变观念，着力解决"身体进入新时代，思想停在过去时"的问题。要把深入学习贯彻习近平新时代中国特色社会主义思想与深刻领会习近平总书记关于新时代发展观一系列重要论述以及考察宁夏重要讲话精神紧密结合，不断强化用新时代发展观武装头脑的深度、指导实践的精度、推动工作的力度，以思想的大解放、观念的大转变、思路的大转换，摒弃传统发展模式的"路径依赖"，坚决克服以新发展理念引领高质量发展不够的"散光"问题、看不清发展"红绿灯"的"色盲"问题、缺乏发展战略前瞻性的"近视"问题，打牢坚定不移走高质量发展之路的思想基础。

二是在政策创新上持续用力。用新发展理念这个指挥棒推动高质量发展必须以新发展理念引领改革。要健全推动经济高质量发展体制机制，因地制宜发展新质生产力；要统筹推进教育科技人才体制机制一体改革，提升支持创新发展的整体效能；要完善加强与区域协调发展战略、区域重大战略对接机制，健全推动形成山川共济、城乡融合、区域联动发展格局的政策体系；要建立健全政策对接机制，积极融入西部陆海新通道和向西开放大通道建设，提高宁夏内陆开放水平；要坚决贯彻"四水四定"原则，持续深化"六权改革"，加快完善落实绿水青山就是金山银山理念的体制机制，协同推进降碳、减污、扩绿、增长；要健全保障和改善民生制度体系，解决好人民群众最关心最直接最现实的利益问题，扎实推进各族人民共同富裕。

三是在能力提升上持续用力。党的干部是党的事业的骨干。以新发展理念引领高质量发展、走好现代化之路，既要推动思想观念转变、政策机制转换，也要全面提高干部现代化建设能力。当今时代，推动高质量发展涉及数字化、智能化、绿色化，新技术、新业态、新模式等许多新知识新领域，离不开专业思维、专业素养、专业方法。目前，宁夏干部现代化建设能力不足的问题还比较突出，这也是宁夏与发达地区差距加大的一个重要因素。需要健全常态化培训特别是基本培训机制，强化专业训练和实践锻炼，探索建立干部选拔任用专业资质前置制度，以长效机制推动全面提高干部现代化建设能力。

二、深刻领会、深入贯彻习近平总书记对宁夏工作的总体要求，必须牢牢把握科学方法论这个实践要领

坚持以科学理论为指导，注重对蕴含其中科学方法论的掌握运用，是我们党的光荣传统。中国特色社会主义进入新时代，要求各级党员干部的思想方法和工作方法也要跟上新时代。对此，习近平总书记反复强调，"要提升思维能力，把新时代中国特色社会主义的世界观、方法论和贯穿其中的立场观点方法，作为研究问题、解决问题的'金钥匙'"。习近平总书记不仅大力倡导科学方法论，而且带头运用科学方法论来谋划和推动工作，党的十八大以来主持中央政治局历次集体学习中，三次专题学习辩证唯物主义、历史唯物主义和马克思主义政治经济学，既学习基本原理，也学习方法论，为全党作出了榜样和示范。实践充分表明，"工欲善其事，必先利其器"，科学方法论是推动工作的制胜法宝，如果方法论不正确，工作就会出现偏差、误差甚至遭受损失。特别是在地方调研时，习近平总书记总会反复强调如何以贯彻党中央决策部署为前提，在一盘棋格局下创造性开展工作，不仅部署"过河"的任务，也指导解决"桥或船"的问题，充分体现了知行合一的哲学智慧。其中对宁夏工作总体要求，蕴含着辩证唯物主义和历史唯物主义哲学精华，蕴含着马克思主义思想方法和工作方法思想精髓，集中体现了"六个必须坚持"和"七大思维"的实践要求，为我们提高认识问题的洞见力、分析问题的穿透力、解决问题的驾驭力提供了"思想武器"。深入学习贯彻这一总体要求，需要站在马克思主义世界观方法论的理论制高点上，将学"形"与学"神"高度统一起来，真正把马克思主义看家本领学到手，不断增强工作的科学性、预见性、主动性和创造性，坚定不移沿着习近平总书记指引的方向阔步前行。

一是要坚持稳中求进，既立足现有基础又争取工作主动。稳中求进工作总基调是治国理政的重要原则，也是做好经济工作的方法论。稳和进有机统一、相互促进，只有确保稳住经济基本盘、兜牢民生底线，才能牢牢把握发展主动权；只有在稳的基础上积极进取，才能维护经济发展和社会稳定大局。习近平总书记之所以将稳中求进摆在突出位置，是基于对"时"

与"势"的深刻洞察、对"危"与"机"的科学把握、对"稳"与"进"的准确指引，具有极强的现实针对性。面对复杂严峻的内外部环境特别是外部经济形势，稳中求进显得尤为重要。要夯实稳的基础。坚持主动的稳、积极的稳、进取的稳，而不是被动的稳、消极的稳、守成的稳，全力以赴保运行、稳增长，精准有力扩投资、抓项目，深挖潜力促消费、稳外贸，不断巩固扩大回升向好的良好态势，努力以自身工作的确定性应对形势变化的不确定性。要激发进的动能。以进一步全面深化改革为动力，持续打"创新牌"、吃"改革饭"、走"开放路"，谋划实施一批事关长远的重大项目、重大平台、重大改革，使经济发展含金量更足、驱动力更强、可持续更显、共同富裕成色更足。

二是要做好统筹兼顾，既坚持"两点论"又突出"重点论"。统筹兼顾是我们党秉持的科学方法论，习近平总书记非常重视统筹的思维，将其形象比喻为"十个指头弹钢琴"，要求在统筹推进"五位一体"总体布局、协调推进"四个全面"战略布局的框架下，分析系统整体性、关联性、耦合性和协同性，进而抓住"落一子而满盘活"的关键环节，实现多重目标之间的动态平衡。深入贯彻落实习近平总书记关于"四个统筹"的重要要求，要运用统筹思维和方法处理好高质量发展和高水平保护的关系。处理好高质量发展和高水平保护的关系，是习近平总书记反复强调的重大问题。在宁夏发展实践中统筹处理好这一重大关系，就是要聚焦"先行区"建设，以高水平保护支撑高质量发展，推进生态优先、节约集约、绿色低碳发展，建设人与自然和谐共生的美丽宁夏。要运用统筹思维和方法处理好全面深化改革和扩大开放的关系。全面深化改革和扩大开放相辅相成、相互促进。要立足新一轮全面深化改革，针对开放不足这个宁夏发展的突出短板，在破解制约扩大开放的体制、机制、环境等瓶颈上精准发力，以更大的改革力度拓展更大的开放空间。要运用统筹思维和方法处理好新型城镇化和乡村振兴的关系。城乡融合发展是中国式现代化的必然要求。要把城乡发展作为一个整体科学谋划、协调推进，全面提高城乡规划、建设、治理融合水平，促进城乡要素平等交换、双向流动，缩小城乡差别，促进城乡共同繁荣发展。要运用统筹思维和方法处理好民族团结和共同富裕的关系。做好这篇"统筹"大文章，就是面向中国式现代化的生动实践，推动各族群众在共同团结奋斗、共同繁荣发展中增进共同富裕，在增进共同富裕中既要"富口袋"又要"富脑袋"，不断增进民族团结、增进对铸牢中华民族共同体意识的高度共情。

三是要把握实践要求，既"内化于心"又"外化于行"。习近平总书记将宁夏工作放到以中国式现代化全面推进强国建设、民族复兴伟业的大背景大场景下考量定位，为我们以更高站位、更大格局、更宽视野来谋划宁夏工作提供了根本遵循。付诸实践对一切工作都很重要，这是对事业发展和领导活动的重要规律性认识。习近平总书记深刻指出："如果不沉下心来抓落实，再好的目标，再好的蓝图，也是镜中花、水中月。"这一重要论断充分体现了"不干，半点马克思主义都没有"的实践导向。深学细悟笃行习近平总书记对宁夏工作的总体要求，要把贯穿其中的立场观点方法运用到工作实践中，始终坚持人民至上，自觉践行以人民为中心的发展思想，持续办好民生实事；更加注重守正创新，坚持过去行之有效的好经验好做法，根据环境和形势变化进行迭代升级，不断激发新的动力活力；牢固树立系统观念，准确把握发展的阶段性特征，审大小而图之、酌缓急而布之，力求取得以重点带动全盘的良好效果；不断强化问题导向，找准牵一发而动全身的矛盾要害，持续解决经济结构矛盾突出、资源环境约束趋紧、科技人才资源短缺等深层次问题，不断积累量变，推动质变；切实做到精耕细作，弘扬科学精神和务实态度，杜绝形式主义、官僚主义，全面推动发展层次、治理水平、工作效能提档升级。

三、深刻领会、深入贯彻习近平总书记对宁夏工作的总体要求，必须始终胸怀中国式现代化这个"国之大者"

在党的二十大报告中，习近平总书记擘画了全面建设社会主义现代化国家、以中国式现代化全面推进中华民族伟大复兴的宏伟蓝图，概括提出并深入阐释中国式现代化理论，对中国式现代化的中国特色、本质要求和必须牢牢把握的重大原则作出科学阐释。此后在一系列重要会议、重要场合，习近平总书记又提出一系列新思想新论断，系统阐释了中国式现代化的重大理论和实践问题。在学习贯彻习近平新时代中国特色社会主义思想和党的二十大精神研讨班开班式上，习近平总书记发表重要讲话并指出："实践证明，中国式现代化走得通、行得稳，是强国建设、民族复兴的唯一正确道路。"沿着中国式现代化这一强国建设、民族复兴的康庄大道踔厉奋发、勇毅前行，让一域发展行进在中国式现代化的快车道上，习近平总书记标定了前行的方向。2023 年以来，习近平总书记在陕西、内蒙古、广西、山东、青海等省区考察，作出的重要共同方向指引就是奋力谱写中国式现代化发展篇章。

2024 年，习近平总书记考察宁夏重要讲话提出的总体要求进一步明确指示："加快建设经济繁荣、民族团结、环境优美、人民富裕的美丽新宁夏，奋力谱写中国式现代化宁夏篇章。"这一重要指示从中国式现代化全局的战略高度，从历史和现实、理论和实践、国际和国内结合上，将宁夏的发展层次、工作要求提升到前所未有的高度，饱含着习近平总书记对宁夏的殷切期望。把宁夏发展置于推进中国式现代化大局，就是要胸怀"国之大者"，以一域争光为全国添彩。

把牢主线要求，推动铸牢中华民族共同体意识走深走实。习近平总书记强调："铸牢中华民族共同体意识是新时代党的民族工作主线，也是民族地区各项工作的主线。"习近平总书记对宁夏工作的总体要求明确指出，要"以铸牢中华民族共同体意识为主线"；在部署重点任务中进一步指出，要"推动铸牢中华民族共同体意识走深走实"，并再次赋予宁夏"努力创建铸牢中华民族共同体意识示范区"新的使命任务。习近平总书记的主线要求，为宁夏把铸牢中华民族共同体意识贯穿于奋力谱写中国式现代化宁夏篇章全局工作之中，为推动民族工作高质量发展指明了行动方向、提供了根本遵循。深入贯彻落实习近平总书记关于"以铸牢中华民族共同体意识为主线"的要求，一是要强化政治引领。自觉站位强国建设、民族复兴全局，在目标、思路、任务、举措上严格对标习近平总书记关于加强和改进民族工作的重要思想、铸牢中华民族共同体意识的重要论述、考察宁夏重要讲话指示批示精神，不断强化推动铸牢中华民族共同体意识走深走实、努力创建铸牢中华民族共同体意识示范区的政治自觉。二是要聚焦工作主线。坚持把铸牢主线贯穿于加快建设美丽新宁夏全过程各方面，在统筹高质量发展、高水平安全、高颜值生态、高品质生活、高标准党建和高共情团结中落实主线要求，有形有感有效创建铸牢中华民族共同体意识示范区。三是要彰显宁夏特色。围绕创建铸牢中华民族共同体意识示范区，深入开展"牢记习近平总书记嘱托、铸牢中华民族共同体意识"教育，实施中华现代文明浸润行动等创建活动，着力构建互嵌式社会结构和社区环境，持续创建铸牢工作"宁夏品牌"，努力为全国探索经验、作出示范。

强化牵引力量，深入推进黄河流域生态保护和高质量发展先行区建设。推动黄河流域生态保护和高质量发展，是习近平总书记亲自部署、亲自推动的一项重大国家战略。2020 年 7 月，习近平总书记考察宁夏重要讲话明确指出，宁夏要"努力建设黄河流域生态保护和高质量发展先行区"。这是习近平总书记赋予宁夏的一项重大使命任务。这次考察宁夏，习近平总书记在总体要求中再次指出，宁夏要"以黄河流域生态保护和高质量发展先行区建设为牵引"。深入贯彻落实习近平总书记的重要指示精神，一是要以规划为"先行区"建设再布局。规划是发展的龙头。近年来，宁夏聚焦"先行区"建设，先后将其纳入总体规划、制定相关专项规划，并跟进配套了一系列政策措施和项目支撑。要在进一步推进规划、政策、项目落实的同时，更加突出"牵引"力量，前瞻性谋划好下一轮规划，一轮接着一轮干、一张蓝图绘到底，持续深入推进"先行区"建设。二是要以改革为"先行区"建设再加力。习近平总书记强调，把保护好"一河三山"作为谋划改革发展的基准线，纵深推进"六权"改革、"四水四定"试点等，都是以改革举措推进"先行区"建设的重要着力点。立足进一步全面深化改革的新阶段，宁夏要聚焦关键环节和领域，持续加大改革力度，推动"先行区"建设在先试中先行、在探索中突破。三是要以开放为"先行区"建设再赋能。针对开放不足这个制约宁夏发展的突出短板，推进"先行区"全域积极融入新发展格局，坚持对内对外开放相结合，积极参与共建"一带一路"和西部陆海新通道建设，深化与阿拉伯国家经贸合作，提高内陆开放水平，努力打造内陆开放新高地。

锚定奋斗目标，加快建设经济繁荣、民族团结、环境优美、人民富裕的美丽新宁夏。习近平总书记从中国式现代化全局的战略高度，擘画了宁夏发展的美好蓝图。以强烈历史主动沿着习近平总书记指引的方向奋力前行，一是要激发奋斗奋进之志。习近平总书记对宁夏工作取得的成绩给予肯定，进一步要求加快建设经济繁荣、民族团结、环境优美、人民富裕的美丽新宁夏。特别是习近平总书记三次考察宁夏一以贯之明确奋斗目标，又与时俱进提出从"努力实现"到"继续建设"再到"加快建设"的高标准要求，指明了奋力谱写中国式现代化宁夏篇章行动方向。这一切，必将转化为全区各族干部群众奋斗新时代、奋进新征程的强大动力，在中国式现代化的生动实践中把美好蓝图变为美好现实。二是要强化落实落地之措。习近平总书记重要讲话中强调，宁夏要大力发展特色优势产业、积极谋划和推进新一轮全面深化改革、扎实推进各族人民共同富裕、推动铸牢中华民族共同体意识走深走实。这四项重点任务是加快建设现代化美丽新宁夏的主攻方向和重要支撑。这就要求我们要认真对标对表，按照"高质量落实的要求"，精准发力、精耕细作，全力以赴把习近平总书记部署的任务一项一项抓紧抓实、抓出成效。三是要成就干净干事之功。习近平总书记在考察宁夏重要讲话中对党纪学习教育和加强党风廉政建设提出了新要求。全区上下要严格对标习近平总书记的要求，坚持党性党风党纪一起抓，完善作风建设常态化长效化制度机制，持续深化整治形式主义为基层减负，推动党纪学习教育常态化，一体推进不敢腐、不能腐、不想腐，以优良党风凝聚人心、引领社会风气，激励广大党员干部想干事、能干事、能干成事、不出事，以创新创造精神在新征程为党和人民建功立业。

从马克思主义思想方法和工作方法的维度深入学习贯彻习近平总书记考察宁夏重要讲话精神

宁夏社会科学院课题组

宁夏是祖国西部的一块宝地，在中国革命史上占有重要地位。习近平总书记对这片红色热土情深似海、厚爱如山，党的十八大以来先后于2016年7月、2020年6月、2024年6月来宁夏考察调研。作为习近平新时代中国特色社会主义思想的"宁夏篇章"，习近平总书记考察宁夏重要讲话精神一脉相承、贯通递进，是在实地考察、长期观察、深刻洞察的基础上为宁夏量身制定的战略指引，集中体现了"六个必须坚持"和"七个思维方法"的实践要求。深入学习贯彻习近平总书记考察宁夏重要讲话精神，深挖用好习近平总书记留给宁夏的宝贵"富矿"，需要站在马克思主义世界观方法论的理论制高点上，将学"形"与学"神"高度统一起来，真正把思想方法和工作方法学到手、用到位，坚定不移沿着习近平总书记指引的方向阔步前行。

一是在一盘棋格局下谋划推动工作。早在地方工作时，习近平同志就

作者简介 课题主持人:马兴,宁夏社会科学院副院长。课题组成员:张学倩,宁夏社会科学院马克思主义研究所助理研究员；王玉强,宁夏社会科学院民族研究所助理研究员;马珍,宁夏社会科学院文化研究所副研究员。

深感将一域发展融入党和国家事业大棋局的重要性，比如在上海提出"必须把上海未来发展放在中央对上海的战略定位上，放在经济全球化的大趋势下，放在全国发展的大格局中，放在国家对长江三角洲区域发展的总体部署中来思考和谋划"。新时代以来，习近平总书记每当调研流域、区域和地方工作时，都会反复强调如何以贯彻党中央决策部署为前提，在一盘棋格局下创造性开展工作，做到既为一域增光又为全局添彩，比如要求黄河沿岸"发展一定要有大局意识，站在国家的、全局的角度考虑，牢固树立'一盘棋'思想"等。在宁夏考察调研时，习近平总书记先后强调："要认真落实党中央决策部署，主动融入国家发展战略，确保与全国同步建成小康社会"，"要全面落实党中央决策部署，决胜全面建成小康社会"，等等。一以贯之的重要要求就是胸怀"国之大者"，把中央精神结合宁夏实际"具体化"，更好融入大局、有力服务全局。新征程立足中国式现代化"大场景"，必须深刻领悟"两个确立"的决定性意义，坚决做到"两个维护"，自觉从我们党的中心任务找方位，从新时代的硬道理中找主题，从宁夏发展阶段性特征中找路径，从党中央决策部署中找机遇，更好聚焦国家所需、宁夏所能、群众所盼、未来所向，致广大而尽精微，不折不扣抓好党中央精神贯彻落实。

二是发挥比较优势。唯物辩证法认为，事物处于不断发展变化之中，变化是绝对的，不变是暂时的，且发展的阶段与阶段之间在一定条件下会发生转变。比如，干旱少雨等气候资源既是劣势自然条件，也是优势经济要素，通过发挥主观能动性可以另辟蹊径、相互转化。习近平总书记多次指出，"一个地区的经济发展必须通过发挥比较优势来实现"，在宁夏考察调研时先后强调，"宁夏现代煤化工、新能源、新材料、葡萄酒、全域旅游、现代农业等产业发展有特色、有成效""宁夏地理环境和资源禀赋独特，要走特色化、差异化的产业发展路子，构建体现宁夏优势、具有较强竞争力的现代产业体系"，等等。这些重要论述，有力回答了如何保持现有优势、挖掘潜在优势、放大特色优势、形成新的优势，在精打细算、精耕细作、精准发力中实现动态升级。"方向对了，就不怕路远"，通过发挥比较优势增强经济竞争力和可持续发展能力。一方面注重从存量中挖掘增量，进一步明确北部引黄灌区、中部干旱带、南部山区的功能定位，统筹推进"六新六特六优+N"产业发展，围绕核心资源不断强链、延链、补链，形成市场主导的有效投资内生增长机制，调动民间投资积极性；在摸清能源资源家底的基础上加快矿产资源高端化开发利用，加快构建新型能源体系和新型电力系统，牵引带动产业优化升级、绿色低碳转型。另一方面注重从变量中拓展增量，产业强则经济强，充分考虑宁夏土地资源有限、环境容量趋紧、总量规模较小等实际情况，着眼构筑未来产业版图和产业竞争格局，加快数字经济和实体经济深度融合，深化拓展氢能应用场景，鼓励更多耐心资本、长期资本、战略资本服务新质生产力。

三是做好统筹兼顾。习近平总书记非常重视统筹思维，将其形象比喻为"十个指头弹钢琴"，要求在统筹推进"五位一体"总体布局、协调推进"四个全面"战略布局的框架下，分析系统整体性、关联性、耦合性和协同性，进而抓住"落一子而满盘活"的关键环节，实现多重目标之间的动态平衡。在宁夏考察调研时，总书记先后强调要"避免动力衰退走入'平庸之路'、避免畸轻畸重走入'失衡之路'、避免环境恶化走入'透支之路'、避免坐井观天走入'封闭之路'、避免贫富差距拉大走入'分化之路'"，要"统筹推进高质量发展和高水平保护、全面深化改革和扩大开放、新型城镇化和乡村振兴、民族团结和共同富裕等工作"，等等。这些重要论述涵盖改革发展稳定方方面面，一以贯之的重要要求就是将统筹兼顾作为敏锐有力的思想杠杆，贯通落实习近平总书记先后对宁夏提出的"三个着力""六项重点任务""四项重点任务"，积极谋划用好牵引性、撬动性强的工作抓手，看准了就抓紧干，能多干就多干一些，力求取得以重点带动全盘的良好效果。尤其应注重涵养整体性、结构性和过程性思维，准确把握美丽新宁夏建设的阶段性特征，审大小而图之、酌缓急而布之，防止"眉毛胡子一把抓"，进一步增强各项工作的科学性、系统性、创新性和实效性。

四是突出问题导向。马克思主义是以事实，而不是以可能性为依据的。不同于"串联式"发展过程，我们面临的是一个"并联式"发展过程，在高度叠加压缩的时间空间里，出现的问题往往是"两难"甚至"多难"的。问题是时代的声音，坚持问题导向是习近平新时代中国特色社会主义思想科学体系里重要的世界观和方法论，开创发展前景、打开发展局面，一定程度上取决于对待问题的态度、应对问题的办法、解决问题的决心。在宁夏考察调研时，总书记总是针对性地剖析短板弱项，先后指出"发展不足仍是最大的实际"，"开放不足是制约宁夏发展的突出短板"等，发展中的问题必须用发展的办法来解决。靠实干积蓄力量。抓住牵一发而动全身的全局性根本性长远性重大问题，善于以项目思维铺排重点任务，推动"拟建项目早开工、新建项目多放量、续建项目赶进度、建成项目投达产"的梯次推进格局，不断积累量变推动质变。靠奋斗加快追赶。精神的力量可以穿越时空，一定意义上就是区域竞争的软实力、地方发展的硬资产。牢记习近平总书记"激发奋斗精神"的殷切嘱托，准确掌握"精神变物质、物质变精神"的辩证法，打起十二分的精神，大力弘扬"不到长城非好汉"的革命精神、"走好新时代长征路"的奋斗精神、"社会主义是干出来的"实干精神，努力以自身工作的确定性应对形势变化的不确定性。

五是用好改革开放重要法宝。人类社会历史发展归根到底是由经济因素推动的，但并不完全是"经济决定论"，通过改革能够推动生产关系与生产力、上层建筑与经济基础、国家治理与社会发展更好适应。就地方发展而言，越是经济欠发达越要打好改革开放牌、走好创新驱动路。在新时代全面深化改革的伟大实践中，习近平总书记高度重视推动顶层设计和基层探索的良性互动、有机结合，反复强调"全面深化改革任务越重，越要重视基层探索实践"。在宁夏考察调研时，总书记先后就如何"深入推进改革开放""推动改革开放取得新突破""积极谋划和推进新一轮全面深化改革"把脉定向，特别强调要"探索具有本地特色的改革"，等等。这些重要论述具有极强的现实针对性和长远指导性，当前如何谱写改革的实践续篇和时代新篇，党的二十届三中全会勾画了清晰的路线图、时间表和任务书，需要以正在做的事情为中心，吃透"上情"、结合"下情"，建立中央统一部署的重大改革任务、赋予宁夏的国家级改革任务、省级层面谋划实施的特色改革项目、地方自主创新推出的改革试点探索"四张清单"，着力破除改革"天花板效应"、打破改革"木桶效应"、避免改革"合成谬误"，坚定不移将改革进行到底。特别是坚持正确的改革时空观，一切以时间地点条件为转移，过去正确的可能今天要改，今天适用的可能明天要改，外地管用的可能本地不完全适用，进一步统筹好改革的"时度效"，着力解决影响经济高质量发展、阻碍城乡一体化发展、制约文旅融合发展等体制机制问题。改革与开放相伴而生、相互促进，宁夏尽管不沿边、不靠海，但作为古丝绸之路东段北线的重要商埠，照样具备开放的条件，国家批准宁夏承办中阿博览会、建设内陆开放型经济试验区，使宁夏更好融入对外开放的发展进程，应做好"借势"和"借力"文章，加快发展外向型经济，积极参与共建"一带一路"和西部陆海新通道建设，深化与阿拉伯国家经贸合作，全面提升对外开放质量。

六是打通绿水青山与金山银山双向转换通道。"人是自然存在物"，人类在同自然的互动中生产、生活、发展，因此经济发展不能以破坏生态为代价。宁夏依黄河而生、因黄河而兴，全境属于黄河流域和"三北"工程建设地区，承担着建设黄河流域生态保护和高质量发展先行区、维护西北乃至全国生态安全的重要使命。通过近几年持续努力，生态保护优先成为全区上下共同的价值追求，"绿水青山就是金山银山"的理念深入人心，但生态文明建设仍处于压力叠加、负重前行的关键期，发展方式绿色低碳转型任重道远。习近平总书记明确指出，"要把生态优势发挥出来才能实现高质量发展"，在宁夏考察调研时先后就加强绿色屏障建设、治理黄河等提出重要要求，特别强调"呵护好'一河三山'，是宁夏谋划改革发展的基准线"。这些重要论述，深刻揭示了经济发展与生态环境保护的内在统一性，特别是宁夏近90%的水资源来自黄河、78%的人口喝的是黄河水、60%的耕地用的是黄河水，如果没有黄河连生存都很难，保护黄河义不容辞、治理黄河责无旁贷。因此必须保持历史耐心，坚守"一河三山"生态环境基准线，协同推进降碳、减污、扩绿、增长，打赢打好黄河"几字弯"宁夏攻坚战，一体推进黄河水质及入河泥沙监测、岸线堤坝防护、河道治理疏浚、干支流污染源管控等工作，着力维持经济发展与生态环境之间的精细平衡，厚植高质量发展的绿色底色，让"塞上江南"越来越秀美。

七是坚持办好民生实事。马克思指出："人们为之奋斗的一切，都同他们的利益有关"。我们党的初心和使命、性质和宗旨，决定了除了人民利益，没有自己的特殊利益。习近平总书记饱含人民情怀、坚持人民至上，心里始终牵挂着各族群众、家家户户，反复强调"我们的目标很宏伟，也很朴素，归根到底就是让老百姓过上更好的日子"。在宁夏考察调研时，习近平总书记针对民生欠账较多的实际，先后强调"要履行好保基本、保底线、保民生的兜底责任"，"要加强普惠性、基础性、兜底性民生建设，着力解决好人民群众急难愁盼问题"，等等。这些重要论述，体现了我们党全心全意为人民服务的根本宗旨，体现了以人民为中心的价值取向，出发点和落脚点就是增强基本公共服务均衡性和可及性，推动人的全面发展、全体人民共同富裕取得更为明显的实质性进展。实践经验表明，在发展中保障和改善民生，必须统筹财力与需求，做好那些现实条件下可以做到的事情，因为"什么时候都不能忘记一个道理，经济发展和社会保障是水涨船高的关系，水浅行小舟，水深走大船，违背规律就会搁浅或翻船"。从2007年起，宁夏每年公开承诺为民办实事，将75%以上的财力用于民生事业，接力实现民生改善可感可及。如期打赢脱贫攻坚战、全面建成小康社会，为促进共同富裕创造了良好条件。应积极适应人民对美好生活的向往总体上已经从"有没有"转向"好不好"，把为民办实事作为最重要的政绩，健全为民办实事长效机制，推动巩固拓展脱贫攻坚成果同乡村振兴有效衔接，实施生态及地质灾害避险搬迁工程，破解低收入群众增收瓶颈，兜牢特殊困难群体民生保障底线，确保在"财政账本"里体现民生之需、"发展大计"中体现民生之重、"安全底座"上体现民生之要，让现代化成果更多更公平地惠及全体人民。

八是以大概率思维应对小概率事件。党的十八大以来，习近平总书记反复强调要统筹发展和安全，明确要求"对各领域各方面的风险隐患，我们脑子里要有一幅全景图，经常分析研判，对潜在的风险要有科学判断"。在宁夏考察调研时，习近平总书记先后就保持社会和谐稳定提出一系列重要要求，充分体现了宁可备而不用、不可用而不备的底线思维。这就要求工作实践中，凡事应从最坏处准备，围绕政府债务、安全生产、信访维稳、自然灾害等突出问题，主动作为、精准拆弹，妥善应对随时可能发生的"黑天鹅""灰犀牛"事件，全面提升本质安全水平。一些安全生产事故的惨痛教训一再警示，防范风险隐患一丝不容疏忽，小概率事件并非零概率事件，只要具备条件就有可能发生，有的甚至会形成多米诺骨牌效应，产生严重后果。因此不能孤立、静止地看待小概率事件，不能因其发生的可能性小就放松监测、预警和防范，必须以时时放心不下的责任感全力"托底"。当前在全球气候变化的背景下，高温、暴雨、洪涝、干旱等自然灾害易发多发，灾害风险的系统性、复杂性持续加剧，"七下八上"成为防汛关键期，需要以重点公共基础设施、灾害易发区、交通运输车辆、涉山涉水旅游景区、河道附近施工营地为重点做好应急准备工作。特别是气象灾害、疫情、供应链危机等因素叠加引起的"疯狗浪"事件，虽然发生概率极低，但建立预案、占据主动的工作不能搁置，用行动兑现"预防是最经济最有效的安全策略"。

九是所有工作向铸牢中华民族共同体意识聚焦。历史上宁夏地处北方草原与黄土高原、游牧文化与农耕文化的交汇过渡地带，既是"贺兰山下果园成，塞北江南旧有名"的富饶之地，也是"大漠孤烟直，长河落日圆"的绮丽边塞，更是"边城杨柳楼中笛，羌女葡萄塞下歌"的民族融合之地，千年灌渠、水洞遗址、丝绸古道、水稻种植等都是多元一体的有力见证，各民族在这里相濡互化并逐步融入中华民族大家庭。宁夏也是我们党民族区域自治政策的最初实践地，历来有着民族团结的优良传统，包括三线建设、西部大开发时期全国各地数以万计的知识分子、技术人员、产业工人支援宁夏、安家落户，有力促进了各民族在空间、文化、经济、社会、心理等方面的全方位嵌入。习近平总书记对宁夏民族团结进步事业格外关心，对宁夏各族群众充满感情，在宁夏考察调研时先后就加强民族团结进步教育、依法加强宗教事务管理等提出重要要求，特别强调要以铸牢中华民族共同体意识为主线，努力创建铸牢中华民族共同体意识示范区。贯彻落实这些重要论述，要求准确把握铸牢工作在现代化美丽新宁夏建设"大棋局"中的主线定位，经济建设、政治建设、文化建设、社会建设、生态文明建设和党的建设等各项工作都要聚焦主线、贯彻主线，坚持正确的、调整过时的、纠正偏向的，切实厘清民族宗教捆绑、回族历史文化方面的认识误区，让各民族像石榴籽一样紧紧抱在一起。其中，工作的基点在于不断增强中华民族向心力、凝聚力，前提在于不断增进"三个离不开""四个与共""五个认同"，重点在于促进各民族交往交流交融，通过有形有感有效的工作，让示范区建设可触可感可及。

十是一张蓝图绘到底。"一分部署、九分落实"，抓落实对一切工作都很重要，这是对事业发展和领导活动的重要规律性认识。中国共产党人的实干精神蕴含着深厚的马克思主义哲学底蕴，习近平总书记反复强调，"如果不沉下心来抓落实，再好的目标，再好的蓝图，也是镜中花、水中月"，充分体现了"不干，半点马克思主义都没有"的实践导向。在宁夏考察调研时，习近平总书记为我们量身定制建设经济繁荣、民族团结、环境优美、人民富裕的美丽新宁夏，"16字"的基本内涵一以贯之，不同时期的标准要求与时俱进，进入新时代的要求是"努力实现"，打赢脱贫攻坚战、全面建成小康社会的收官时刻是"继续建设"，踏上中国式现代化新征程是"加快建设"，必须以钉钉子精神抓好落实。同时还在赋予我们"建设黄河流域生态保护和高质量发展先行区"使命任务的基础上，再次赋予我们"创建铸牢中华民族共同体意识示范区"这一新的使命任务。这就要求我们自觉站位全国大局、黄河流域全局和民族地区发展新局，坚持过去行之有效的好经验好做法，根据环境和形势变化进行迭代升级，用细致入微的"工笔画"绘就宁夏发展的"大写意"。牢记习近平总书记嘱托，进一步把宁夏的事情办好，关键在党，关键在人，应准确把握自我革命与全面从严治党、自我革命与社会革命之间的辩证统一关系，深入践行习近平总书记推动党员干部"在遵规守纪的前提下，安心工作、放手干事，锐意进取、积极作为"的重要要求，在有效约束的同时加强正向激励，做到领导干部带头示范、五级组织共同发力、全区上下一起行动，力戒形式主义、官僚主义，齐心协力把总书记为宁夏擘画的美好蓝图变成现实。

坚持以科学理论为指导，注重对蕴含其中的科学思想方法和工作方法的掌握运用，是我们党的光荣传统。习近平总书记考察宁夏重要讲话体现的马克思主义思想方法和工作方法，为各级党员干部提高认识问题的洞见力、分析问题的穿透力、解决问题的驾驭力提供了"思想武器"，必须作为马克思主义看家本领学到手。一是深化研究阐释。建议组织全区社科理论界围绕"习近平总书记考察宁夏重要讲话精神蕴含的世界观方法论与'六个必须坚持''七个思维方法'的关系""习近平总书记关于精耕细作的方法论在宁夏的实践"等课题进一步深化研究，精耕细作推出一批有深度、有分量的研究成果，引导各级党员干部内化于心、外化于行、知行合一。二是加强专题培训。科学的思维方法和工作方法是谋事之基，成事之要。建议在常态化开展"习近平总书记考察宁夏重要讲话指示批示精神"教育培训中，讲授"学会运用习近平总书记考察宁夏重要讲话所贯穿的马克思主义思想方法和工作方法"内容，引导各级党员领导干部进一步深刻体悟习近平总书记对宁夏工作的实践要求，知其义又明其理、知其然又知其所以然，不断增强工作的原则性、系统性、预见性和创造性。三是抓好宣传普及。"理论一经掌握群众，也会变成物质力量"。建议各级党报党刊、广电媒体、网络传播平台采取群众喜闻乐见的形式，深入宣传习近平总书记考察宁夏重要讲话精神及蕴含其中的科学思想方法和工作方法，凝聚起全社会投身美丽新宁夏建设、奋力谱写中国式现代化宁夏篇章的磅礴伟力。

关于推动宁夏哲学社会科学高质量发展研究报告

宁夏社会科学界联合会课题组

随着我国综合国力和国际地位不断提升，面临的内外环境空前复杂，如何推动哲学社会科学高质量发展，是摆在广大哲学社会科学工作者面前的紧迫课题。课题组在深入调研、广泛问卷调查的基础上，形成了以下研究报告。

一、宁夏哲学社会科学工作基本情况

自治区党委和政府高度重视哲学社会科学工作，先后出台《宁夏回族自治区"十四五"时期哲学社会科学发展规划》等文件，大力实施习近平新时代中国特色社会主义思想凝心铸魂工程，深入实施党员干部培元固本、青少年学生夯基育苗、各族群众凝心聚魂、社科理论正本清源工程，有力地推动了哲学社会科学的繁荣发展。

（一）社科机构基本齐全，工作基础良好

截至 2023 年底，宁夏县级以上具有科研能力的社会科学机构共 135 个，其中普通高校 21 所，成人高校 1 所，各级党校（包括行政学院、社会

作者简介 课题主持人：朱天奎，宁夏社会科学界联合会党组书记、主席，教授。课题组成员：史化、张岩、张磊、芦晓红、马莉萍、陈卫军，宁夏社会科学界联合会工作人员。

基金项目 第六批宁夏新型智库课题：推动宁夏哲学社会科学高质量发展的对策建议。

主义学院）28 个，社科研究院所 1 个，党政机关研究机构 84 个，与全国大多数省份基本一致，具备较好的工作基础。

（二）学科体系相对完备，区域特色鲜明

截至 2023 年底，除部分新兴、交叉学科，宁夏已基本覆盖 8 个哲学社会科学学科门类。民族学、中国语言文学、教育学是宁夏社科类优势学科。西夏学这门"冷门绝学"，是宁夏具有区域特色的优势学科。

（三）学术体系稳步推进，平台交流基本顺畅

中国阿拉伯国家研究院、北方民族大学中华民族共同体研究基地、西北民族地区政府治理与社会管理研究中心、宁夏中国特色社会主义理论体系研究中心等一批重点研究机构为社科研究提供了平台支撑。2017 年以来，宁夏获国家社科基金重大项目立项 6 项，其他项目立项 358 项。

（四）话语体系全面加强，学术影响逐步提升

近几年，全区每年出版图书约 2000 种，社科类图书约占 11%。"宁夏蓝皮书系列丛书"和《朔方文库》等，在全国有一定影响力。现有 13 种社科类公开期刊，2 家入选北大核心期刊，区内作者每年刊发文章 1.2 万余篇。"理响宁夏""塞上新语"等微信公众号，有效扩大了理论宣传阐释的影响力、覆盖面。

（五）人才队伍逐步壮大，人才资源正在夯实

持续推进"才聚宁夏 1134 行动"，人才生态环境持续优化，2019 年至 2023 年，全区获批国家级社科专家人才 18 人（次）、自治区级社科专家人才 238 人（次），社科人才队伍建设取得长足发展。

二、宁夏哲学社会科学工作存在的主要问题及建议

面对新形势新要求，宁夏哲学社会科学发展还存在一些亟待解决的问题。

（一）学科建设的支撑作用不够，需进一步夯实学科基础，不断完善学科建设规划

学科体系建设在哲学社会科学建设中具有基础性地位，但从宁夏实际来看：

一是基础学科不够扎实。虽然基础学科设置应有尽有，但整体水平不高。如，宁夏大学在新一轮教育部学科评估中，民族学仅为"B"，学科带头人的影响力严重不足。马克思主义理论、经济学、社会学等学科，在全国没有叫得响的专家学者，也没有拿得出手的代表作。合理的学科人才梯队还没有形成。调研统计显示，现有的学科人才梯队结构"头重脚轻"的占32%、"一般粗"的占42%、"橄榄型"的占12%。有70%的被调查者对基础学科的建设表示关注。

二是应用学科滞后于经济社会发展需要。一方面，对党的创新理论、区域经济社会发展理论、现实问题的研究阐释，学理性支撑不足。另一方面，能够为宁夏经济社会发展及时提出全局性、战略性、前瞻性、针对性建议的智库和专家寥寥无几。

三是区域优势学科萎缩。像民族学、西夏学在全国还有一定影响的优势传统学科，出现了领军专家不多、队伍缩减、影响力下降等情况。从近三年国家社科基金年度项目（含西部项目）中民族学立项情况看，2022年为内蒙古22项、青海16项、甘肃14项、宁夏15项；2023年为内蒙古13项、青海13项、甘肃18项、宁夏7项；2024年为内蒙古11项、青海8项、甘肃13项、宁夏10项。宁夏立项数出现了波动，2024年立项数有所恢复，但仍未达到2022年水平。

关于加强宁夏哲学社会科学学科建设的建议：

第一，进一步完善基础学科建设规划。对接教育部和各高校基础学科发展规划，在自治区层面对基础学科进行统筹规划。加强哲学、经济学、民族学、新闻学等基础学科建设，在学位、经费及基地建设等方面给予倾斜。重点加强马克思主义理论学科的建设，争取把宁夏大学马克思主义学院打造成全国重点马院；积极培育北方民族大学马克思主义学院向重点马院方向发展；逐步完善各高校马克思主义教研室规范化建设。

第二，加强应用和交叉学科建设。加强数字人文、乡村治理、农村区域发展等交叉学科建设，优先扶持其成为教育部人文社科重点研究基地。对现有各类社科研究平台进行优化整合，重点开展应用经济学、社会政策、国家安全等领域对策研究，支持有关单位共建协同创新研究平台，建设一批具有优势的社科"协同创新中心"。推进学术话语体系创新,实施区校共建新闻学院计划,培养新闻卓越人才。

第三,增强区域优势特色学科的竞争力。坚持打造一流学科,汇聚一流队伍,培养一流人才,产出一流成果,实现优势特色学科企稳止跌。进一步建强铸牢中华民族共同体意识研究中心。以西夏陵申遗为契机,发挥宁夏大学西夏学研究院带动作用,提振宁夏西夏学在国内外的学科地位。依托宁夏大学、宁夏师范大学和宁夏教育科学研究所,打造民族地区教育学高地。

(二) 人才短板突出,需不断壮大社科人才队伍,健全人才培育机制

人才队伍建设是宁夏哲学社会科学高质量发展中的突出问题。

一是高层次人才少。宁夏在马克思主义理论、经济学、社会学、法学等领域,在全国几乎没有有影响力的学术领军人才。

二是对青年人才的职业发展支持不足。部分单位在帮助青年人才缩短岗位"过渡期",促其快速成长、成熟上做得不够,有能力单独高质量完成课题项目的青年人才凤毛麟角。

三是人才引进困难与人才流失并存。虽然宁夏实施了柔性引进人才和建设高等研究院等政策措施,也取得了一些成效,但引进人才仍相对困难。同时人才持续外流还未妥善解决。

关于加强宁夏哲学社会科学人才队伍建设的建议:

第一,加强社科高层次人才培养。在扩大社科人才基数、提升素质和优化结构上同步发力,重点加强学科带头人、青年拔尖人才、领军人才的培养,构建高层次社科人才成长的完整链条,推动形成"头雁引领、雁阵跟进、群雁齐飞"的发展格局。健全社科高层次人才服务绿色通道,在居留服务、职称评审、子女入学等方面提供优待政策,加强高层次人才的跟踪服务和管理,搭建高水平社科研究平台,让高层次人才留得住、不愿走、用得好。

第二,加大对现有社科人才培育。进一步优化社科人才培育机制,开展宽领域、跨学科、多维度的业务培训。在自治区社科规划项目中加大青年研究专项比例,支持青年人才在重大课题中挑大梁。

第三，加强人才引进和交流。认真落实《宁夏回族自治区柔性引进人才工作实施办法》，以宁夏高等研究院建设为契机，制定社科人才、团体柔性引进计划，重点做好马克思主义理论、西夏学、应用经济学等领域人才引进和培养。进一步畅通政界、学界人才双向交流渠道，规范学者型领导干部担任客座教授、兼职特聘教授等的条件，并明确人才培养的任务目标。完善社科机构与党政机关、基层一线双向挂职制度；选派优秀社科青年人才到国内外知名社科机构研修，参加国内外学术活动。鼓励退休专家返岗工作，提升社科人才队伍整体效能。

（三）成果转化应用不突出，需提升社科研究的针对性、有效性，营造积极开放的学术氛围

成果转化应用不突出，在宁夏哲学社会科学发展中，是一个普遍性问题。

一是研究成果总量偏少。中国高校人文社会科学信息网公布数据显示，近3年，宁夏高校社科活动人员每年完成著作、发表论文、提交研究报告共约1080篇（部），仅高于青海和西藏。

二是研究成果精品偏少。在中国知网检索，2021年至2023年，宁夏作者在《人民日报》《光明日报》发表文章仅8篇，在2023年收录的2432篇文章中，被引用的占22.6%，引用最多的为37次，引用率比较低，在《人大复印报刊资料》《新华文摘》的转载量更少。

三是成果应用转化的渠道还不畅通。社科机构与党委、政府部门的联系机制还不够健全，在获取需求、满足需要上有"时差""落差"，成果转化落地见效少，很多研究成果在完成时就失去了自身的价值。

关于加强宁夏哲学社会科学成果转化应用的建议：

第一，进一步贯彻鲜明的学术导向。更加深入地将为学习贯彻党的创新理论、服务自治区党委和政府中心工作、宁夏经济社会发展提供学理哲理支撑的鲜明导向，贯穿于社科工作的各方面、全过程，落实到社科规划项目、人才培育、学术研讨、成果评选、宣传普及等各环节，重视、鼓励对重大理论与现实问题的研究，激励社科工作者"把论文写在大地上"。

第二，优化学术交流与合作环境。坚持正确的政治方向，注重正确区分学术问题和政治问题，营造宽松的学术氛围。鼓励科研单位、研究中心、社科类社会组织增加学术交流频次，举办高水平学术会议，活跃学术研究氛围。加强区内各研究机构的协同合作，搭建交流平台，推动资源、数据、信息共享，整合研究力量，实现联合攻关。让学术交流"走出去"，通过访学进修、跟班学习等方式，提高社科工作者的眼界和视野，跟踪学术前沿、提升学术水平。仿照宁夏高等研究院、六盘山实验室、贺兰山实验室等模式，探索与国内外高水平科研机构建立合作关系，积极参与国内外高水平社科研究项目，深入开展合作交流。

第三，搭建学术研究成果的供需桥梁。落实好领导联系专家制度，及时为自治区党委和政府提供决策参考。探索开展"社科专家基层行"活动，建立"书记市（县）长圈题"机制，以委托课题、项目合作等形式，让政府出题与专家解题无缝衔接。建立社科信息平台，加强各社科研究主体的横向协作，促进资源互通、共享和利用。

第四，推进成果转化机制建设。完善社科成果专报、发布机制，畅通成果转化报送渠道。充分发挥各类专报平台的作用，加大决策咨询成果的奖励力度，建立社科优秀成果数据库和推介发布制度、平台，及时面向社会发布推广。

（四）服务保障不够充分，需提升社科工作法治化水平

良好的服务保障是宁夏哲学社会科学高质量发展亟待解决的问题。

一是社科工作管理不够协调。宁夏哲学社会科学工作"统"的力度还不够，存在"九龙治水"现象。如职称评审方面，社科、出版系列由社会科学院负责，教育教学系列由教育部门负责，文博、图资系列由文旅部门负责，律师系列由司法部门负责，经济系列则由工信部门负责；社科研究方面，社科规划项目由自治区社科规划办负责，社科评奖由自治区社科联负责。

二是学术研究氛围不够浓厚。根据宁夏大学、北方民族大学、宁夏师范大学、宁夏社会科学院、自治区党校、宁夏社会主义学院从事哲学社会科学教学和科研一线的教师和学者专家填写的95张有效调查问卷来看，有56%的被调查者认为，参与高水平的学术活动的机会不多，应进一步加大东西部交流合作力度；各科研单位不同程度存在"各自为战""院内循环"的现象。

三是社科经费保障不够有力。目前，社科项目配套经费标准没有明确的规定，各单位配套标准也不统一。有76%的被调查者认为，经费管理不灵活，报销手续繁杂；有64%的被调查者认为，对自治区级社科重点研究基地、高校新型智库等平台投入的经费明显不足，影响了平台的运行效果。

关于加强宁夏哲学社会科学工作服务保障的建议：

第一，加强顶层设计。建议进一步理顺哲学社会科学体制机制，加强哲学社会科学领导机构和工作机构建设，强化各级党委和政府及相关部门的职责分工，将哲学社会科学工作纳入国民经济和社会发展规划及相关专项规划，建立与经济社会发展相适应的保障机制；对深入开展习近平新时代中国特色社会主义思想研究阐释、实施党员干部培元固本、青少年学生夯基育苗、各族群众凝心聚魂、社科理论正本清源等特色亮点，作出整体性设计，彰显宁夏特色与优势。

第二，优化学术评价体系。完善以政治导向、学术质量、社会影响等为标准的学术评价体系。将政治标准放在首位，设立明确的政治标准和价值标准；将社会效益作为重要标准，设置成果应用推广效果类指标，强调成果产生的经济、政治、社会等综合效益；坚持学术标准，加强成果的内容原创性、论证科学性和学术规范性建设，构建教育、自律、监督、惩治一体的科研诚信体系，营造良好学术生态。

第三，完善经费保障措施。加大国家级和自治区级社科重点研究基地、新型智库等平台的经费投入。完善社科项目资金及配套资金管理制度，提高项目间接费用比例，简化资金管理流程和经费报销手续，进一步为社科研究人员"松绑"。加大基础研究成果和重大原创成果的推介力度，发挥哲学社会科学优秀成果奖的导向与激励作用，进一步推动宁夏哲学社会科学高质量发展。

优化公共文化服务和文化产品
供给机制对策研究

李进云　李树庆

党的二十届三中全会提出"完善公共文化服务体系，建立优质文化资源直达基层机制，健全社会力量参与公共文化服务机制"，为深入推进新时代新征程文化改革发展提供了根本遵循、指明了前进方向。本文梳理宁夏公共文化服务发展现状，分析短板，提出优化公共文化服务和文化产品供给机制的对策建议，为推动宁夏公共文化服务高质量发展提供参考。

一、宁夏公共文化服务发展现状

政策体系日趋完善。出台《宁夏回族自治区公共文化服务保障条例》《宁夏回族自治区非物质文化遗产保护条例》等6部地方性法规，印发《宁夏回族自治区推动公共文化服务高质量发展实施意见》《自治区关于深化国有文艺院团改革的实施方案》等一批政策性文件，制定《宁夏回族自治区"十四五"文化和旅游发展规划》《黄河、长城、长征国家文化公园建设保护规划》等一批长远规划，宁夏文化事业迈上法治化、规范化、制度化轨道。

作者简介　李进云，宁夏回族自治区文化和旅游厅公共服务和非物质文化遗产处处长；李树庆，宁夏回族自治区文化和旅游厅公共服务和非物质文化遗产处一级主任科员。

基础条件更加完备。宁夏现有文化馆 27 个、公共图书馆 27 个、美术馆 4 个、博物馆 75 个，乡镇（街道）文化站 246 个，行政村（社区）综合文化服务中心 2780 个，各类民间文艺团队（含农民文化大院）1368 个，覆盖城乡的五级公共文化服务设施网络已经形成。新建宁夏美术馆，银川文化艺术博览中心，固原市文化馆、图书馆新馆等现代化公共文化设施，打造凝聚群众精神力量的文化新地标。创新打造 125 个新型公共文化空间，公共图书馆图书人均藏量 1.24 册，高于全国平均水平（1.02 册）。

文化产业发展向好。深化供给侧结构性改革，先后制定并实施《关于加快推进文化产业高质量发展的实施意见》《文化旅游产业高质量发展实施方案》等 12 个政策性文件，健全文化产业体系和市场体系，推动文化产业优化结构、转型升级。2022 年，宁夏文化及相关产业增加值 130.83 亿元，占地区生产总值比重为 2.56%，文化产业增加值占地区生产总值比重居全国第 19 位、沿黄九省区第 4 位、西部第 6 位、西北地区第 1 位。[1]

艺术精品持续涌现。创作讴歌党、讴歌祖国、讴歌人民、讴歌英雄的精品力作 200 余部（台）。秦腔现代戏《花儿声声》《王贵与李香香》，音乐剧《花儿与号手》荣获"文华大奖"、"五个一工程"奖。广场舞《塞上儿女心向党》荣获群星奖。交响音诗画《黄河永远是家乡》、广播剧《黄河水甜》、舞蹈《一条大河》等一批优秀文化艺术作品纷纷登上舞台、走入基层，展示宁夏文艺事业发展新成果。

文化活动丰富多样。持续举办"四季村晚"、"欢乐宁夏"、"在宁夏·非遗过大年"、群众广场舞大赛等文化惠民活动。全年送戏下乡惠民演出 1600 场次以上，开展"清凉宁夏"广场文化演出 1500 场次以上，各类群众文化机构提供文化服务 2 万余场次。每年元旦、春节期间，组织举办公共文化服务等 10 大类 300 余项文化活动，惠及群众 300 余万人次。2023 年宁夏公共文化服务满意度为 82.52%，居宁夏接受全国监测的 6 个公共服务方面之首，高于西北（81.26%）和全国平均水平（81.63%）。[2]

---

① 国家统计局 2024 年一季度公布（2025 年将公布 2023 年数据）。
② 国家市场监督管理总局《2023 年全国公共服务质量检测情况通报》公布（每年 5—6 月份通报上年度数据）。

文化遗产保护有力。梳理遗产资源 11 类 4129 处，现有不可移动文物
3818 处，各级文物保护单位 523 家，有效推进长城、长征、黄河国家文化
公园建设，西夏陵进入国家考古遗址公园行列，申报世界文化遗产取得阶
段性进展，水洞沟遗址和西夏陵遗址入选中国"百年百大考古发现"。全区
建成各级各类博物馆 75 家，达到了每 10 万人拥有一座博物馆，人均占有
博物馆数量居全国第二（甘肃第一）。

非遗保护取得实效。挖掘各类非遗资源 5667 项，列入联合国教科文组
织人类非物质文化遗产代表作名录 1 项（花儿），列入国家级代表性项目名
录 28 项，列入自治区级代表性项目名录 289 项，认定国家级代表性传承人
22 名、自治区级代表性传承人 376 名。设立自治区级文化生态保护区 5
个，打造国家级非遗生产性保护基地 2 个、自治区级保护传承基地 141 个、
非遗研究基地 1 个、非遗工坊 109 家，认定国家级非遗传承人群研培院校
3 所。

文化改革成果显著。统筹推进国有文艺院团与院校合作、文化市场执
法、公共文化机构法人治理等重点领域改革，激发了全区文化事业创新发
展活力。国家公共文化服务体系示范区创建地市级覆盖率达到 80%。深入
推进公共图书馆、文化馆总分馆制建设，已建成图书馆分馆 263 个、文化
馆分馆 120 个。推进 15 家地市级以上公共文化单位法人治理结构改革，核
定执法编制 193 人，有力维护了文化市场健康有序发展。

二、宁夏公共文化服务存在的问题

一是体制机制不够完善。目前，在公共文化服务发展方面普遍存在多
元合作机制不健全、评估监督机制不完善、激励机制供给不充分等问题，
如融媒体中心、新时代文明实践中心（所）、文化馆（站）等机构融合建设
过程中，存在多头管理、职能交叉、标准不一的问题。以政府为主的"供
给制"模式未有效改善，社会力量参与公共文化供给规模不足，对社会文
化力量的监督手段和方式不够，市场在公共文化事业中的调配作用还不够。

二是服务供给能力不足。公共文化服务供给与新形势新需求还有差距，
普惠性的公共文化供给不足，群众真正期待的、多形式的、高品质的文化

活动和文艺作品不多。花儿传唱等具有地方特色的文化活动成效不够明显，黄河文化、红色文化、乡村振兴等本地特色文化形态阐释和开发利用成效不足。支持县（区）级民营（非公有制）文艺院团、"乡土剧团"和"百姓戏班"可持续发展的手段和力度不足。

三是文化产业发展滞后。对文化及相关产业发展的政治属性和经济属性问题把控不够有效，监督管理机制不够健全，政企、事企不分的发展业态未有效改变。规模以上文化企业法人单位数量少、规模小、实力弱，文化企业行业涉及面窄、覆盖率低，同质化倾向较为严重，146个文化企业行业小类中，规模以上企业覆盖30个行业，覆盖率为20.5%。

四是文化遗产保护力量偏弱。文化遗产保护管理机构不健全，人员编制短缺，特别是县区文物管理部门严重缺乏文物专业人才，"小马拉大车"的问题十分突出。文物调查、勘探、保护、修复、学术研究等方面能力弱，文物保护全科人才比较匮乏。文物科技创新的能力和水平不高，让文物活起来的举措和途径有限。非物质文化遗产保护机构不够健全，现行管理机制难以适应新时代非遗发展的新需求。

五是人才支撑能力不足。全区文化人才总量不足、分布不均衡、结构不合理等问题十分突出。特别是缺少在全国有知名度和影响力的文化领军人物，高水平的戏曲演艺人才储备不足，缺乏业务精、懂经营、善管理的复合型人才，缺乏具有信息思维的专业人才。

三、优化公共文化服务和文化产品供给机制的对策建议

（一）完善基层供需对接机制，推动供给侧结构性改革

以宁夏老百姓的真正需求为牵引，推动建立集需求采集、采购配送、监督管理、反馈互动等于一体的公共文化产品与服务平台，促进优质文化资源直达基层。推动政府购买公共文化服务改革，举办公共文化产品和服务采购大会，完善"订单式""菜单式""预约式"服务机制，加快实现文化资源网上配送、场地网上预订、活动网上预约等功能。深入推进公共服务目标均等化，精准对接做好特殊群体公共文化服务供给，重视老年人、未成年人、残疾人、外来务工人员、生活困难群众等特殊群体的需求，鼓

励开展对特殊群体的公共文化服务，打造更有温度的公共文化服务新格局。

（二）完善社会力量参与机制，激发文化市场供给活力

健全完善社会力量参与公共文化服务配套体系，研究制定专项指导意见，制定准入和退出标准、投入和运行机制、评价考核和激励规则，畅通准入门槛，壮大公共文化服务的供给力量。推进社会力量参与公共文化服务，探索县以下基层公共文化设施社会化管理运营，提升资源利用效率和服务质量。鼓励支持社会力量出资对一些旧厂房、老街道、闲置设施等公共资源进行改造、维护和运营，为群众提供公共文化服务。完善文化志愿服务机制，构建参与广泛、形式多样、机制健全、灵活高效的文化志愿服务体系。完善行业监督管理机制，文化行政部门加强对参与公共文化服务的社会力量的政治导向审核和质量监管，充分发挥行业协会、学会的积极作用，统筹好有效市场和有为政府，提供更多优质文化产品和服务。

（三）完善优质文化资源认定机制，优化公共文化产品质量

以铸牢中华民族共同体意识为主线，深入挖掘阐释黄河文化、长城文化、长征文化、红色文化、移民文化等精神内涵和时代价值，讲好民族交往交流交融的宁夏故事。加大支持花儿等宁夏特色文化发展，增强群众的归属感、自信心、自豪感，激发凝心聚力干事创业的强大力量。完善优质文化资源认定机制，建立优质公共文化资源库。完善社会力量评价认定机制，建立公共文化服务供给优质社会力量库，加大对社会力量的政策支持。鼓励支持文艺院团、公共文化单位推出高品质公共文化服务产品，全力实施舞台艺术精品创作和宁夏戏曲振兴工程，冲击"五个一工程"奖、"文华大奖"。创新实施文化惠民工程，深入推进"美育宁夏"行动计划、"文化大篷车"送戏下乡、"百人百团"下基层、"四季村晚"等精品公共文化惠民活动迭代升级，持续擦亮"欢乐宁夏"、"清凉宁夏"、中国西部民歌（花儿）歌会、黄河流域非遗作品创意大赛等活动品牌。

（四）完善多元投入保障机制，巩固公共文化发展动力

建立健全权责明晰、保障有力的公共文化服务财政保障机制，明确各级政府公共文化服务财政支出责任划分，增强地方配套。健全完善稳定增

长的政府投入保障机制，按照全区 GDP 增长幅度和群众需求，科学增加对公共文化服务的资金投入比例。建立吸引社会资本投入公共文化服务机制，探索通过基金、个人捐赠、冠名、荣誉激励等方式，鼓励支持社会资本参与公共文化服务，多渠道拓展资金来源。建立健全公共文化服务资金绩效评价机制，发挥绩效评价的激励约束作用，提高资金使用效益。

（五）完善数字化建设机制，推动公共文化现代化升级

完善提升公共文化数字化平台，加快公共文化网络平台建设，因地制宜推进平台之间的互联互通，向上对接国家公共文化平台，构建起公共文化云平台体系。探索实施公共文化网络平台与政务服务平台、城市民生服务平台的互联互通，实现数据共享、统一认证，为群众提供"一体化"集成式平台服务。创新发展文化数字化消费场景，推动依托微信、抖音、小红书等新媒体平台开展公共数字文化服务的工作机制，支持公共文化机构打造有影响力的新媒体矩阵，拓宽数字文化服务应用场景。加快推进智游宁夏项目建设，融入优质文化服务、文旅融合资源，让文旅服务管理更加智能。加强信息技术应用，将公共文化大数据资源转化为更强的研判力、决策力和流程优化能力。

（六）完善文艺院团发展机制，提升文艺精品创作水平

健全国有文艺院团社会效益评价考核机制，更好地发挥国有文艺院团在繁荣发展社会主义文艺中的示范引领作用，实现社会效益与经济效益相统一。优化民营表演团体引导扶持机制，营造公平竞争的市场环境，激发全区演艺市场活力。扎实开展中华民族现代文明浸润行动，持续打磨提升现代京剧《红高粱》、话剧《沙漏里的童谣》等原创剧目，聚力推出一批具有中华文化底蕴、传承红色基因、体现民族融合的作（产）品，不断夯实铸牢中华民族共同体意识的思想根基。鼓励支持"自乐班"发展，指导村民积极创建"自乐班"，广泛开展"自乐班"群众文化交流展演活动，带动广大群众在文化生活中"当主角""唱大戏"，塑造乡村文明良好风尚，不断丰富群众精神文化生活。

（七）完善文化遗产保护机制，促进文化遗产资源活化利用

推动建立自治区文化遗产保护传承工作协调机制，推进文化遗产系统

性保护和统一监管。推动自治区印发《关于推动新时代文物事业高质量发展的实施意见》，出台"先考古、后出让"制度，提升文物保护利用和考古研究水平。全力推进西夏陵申报世界文化遗产，建好用好黄河、长城、长征国家文化公园。完善博物馆绩效考评机制，开展博物馆定级评估工作，筹备成立宁夏博物馆协会。完善非遗保护传承体制机制和工作体系，制定多部门联席会议制度，统筹研究解决非遗保护中的难点堵点问题。各级设立专门非遗工作机构与人员，加强人员培训，确保保护工作的专业性和稳定性，提升非遗系统性保护水平。

（八）完善文化人才培育机制，强化文化事业服务根本支撑

健全文化人才队伍培养、激励和评价机制，广泛实施文化和旅游带头人培养计划、乡土能人带培计划等文化人才培育计划，梯次推进"十百千万"工程。深化产教融合发展机制，区内高校增设文化服务相关专业，参与实施基层文化队伍培训项目。建立政校企合作培养人才机制，推动政府、企业与高校、职业院校建立深度合作关系，开展订单式培养。建立文化专家智库机制，大力推荐优秀文化人才入选自治区领军人才、青年拔尖人才、托举人才及其他优秀人才培养项目，组建专业过硬、结构合理的文化政策研究和咨询专家团队。建立文化人才服务基层一线机制，推动落实文化人才服务基层"特派员"工作机制，带动提升基层文化服务能力。

铸牢中华民族共同体意识篇

ZHULAO ZHONGHUA MINZU GONGTONGTI YISHI PIAN

铸牢中华民族共同体意识与宁夏文旅融合高质量发展报告

李新兵　王莲喜　李　亮

当今世界，全球局势复杂多变，因大国博弈、地缘政治和民族宗教等问题引发的冲突仍不绝如缕。"新中国成立七十年来，我们党领导人民创造了世所罕见的经济快速发展奇迹和社会长期稳定奇迹"，这是我国国家制度和国家治理体系显著优势充分发挥的必然结果，一定能够继续葆有光明前景。当前，铸牢中华民族共同体意识已成为国家发展与民族团结的重大战略任务。宁夏深入学习贯彻国家三部委旅游促进各民族交往交流交融计划现场交流会精神，立足"文化培根铸魂、旅游富民增收，为特色产业赋能、促民族团结融合，展示美丽新宁夏"的战略定位，坚持把铸牢中华民族共同体意识作为全区文化和旅游工作的主线，深入实施景区景点铸魂、乡村旅游致富、文旅业态培育、旅游宣传推介"四项工程"，加快推动旅游促进各民族交往交流交融有效落实。

一、文旅融合高质量发展在民族关系维度的突破契机

在以往的发展视角中，传统的单一民族维度和"一对一"互动民族关

作者简介　李新兵，宁夏民族艺术研究所所长，《民族艺林》主编；王莲喜，宁夏民族艺术研究所研究馆员；李亮，宁夏民族艺术研究所编辑部主任，副研究馆员。

基金项目　文化和旅游部 2024 年社科研究委托项目"黄河流域民族地区文旅融合发展研究"（项目编号：24DY35）阶段性成果。

系维度存在明显局限。单一民族维度往往侧重于某一民族自身的特点、发展等，忽视了多民族间的广泛互动与融合。在部分地区的产业规划中，若仅从单一民族维度考量，可能仅能覆盖本民族约30%的相关产业发展，难以实现全面协同。

文旅融合发展为突破上述局限提供了契机。旅游作为一种综合性活动，具有强大的连接和带动作用。通过文旅融合，能够打破民族间的隔阂，促进各民族在更广泛层面上的交往交流交融。近年来，从旅游景区、文化场馆到乡村旅游点，宁夏突出铸牢中华民族共同体意识主线，依托黄河、长城、贺兰山、六盘山等特色文化旅游资源优势，进一步发挥旅游促进各民族交往交流交融的重要作用，讲好中华民族一家亲的宁夏旅游故事。众多旅游景区和文化活动将不同民族的元素有机融合，吸引了大量游客，不仅带动了当地经济发展，也为各民族间的深入互动创造了条件。据统计，宁夏六盘山旅游景区通过举办融合多民族文化元素的特色活动，游客到访量在一年内增加了约30%，充分显示了文旅融合在促进民族"三交"方面的积极作用。

从空间嵌入、情感交融、文化认同和经济带动等维度看，宁夏文旅融合在建立跨地域动态关联、塑造多民族和谐社会愿景、构建多维度认同以及促进共同发展等方面独具价值，这与推进中华民族共同体建设的文化逻辑相契合。铸牢中华民族共同体意识，是新时代党的民族工作和民族地区各项工作的主线。宁夏将"加快建设铸牢中华民族共同体意识示范区"列为"三区建设"目标之一，将"续写民族团结新篇章"列为"四新任务"之一。在宁夏的文旅实践发展中，有诸多实践成果体现了这种契合。如在一些景区的建设与管理中，注重融入多民族文化元素，让游客在游玩过程中处处感受到中华民族多元一体的文化魅力，从而深化对中华民族共同体意识的理解。又如，通过开展各类民族文化旅游活动，吸引了大量不同民族的游客参与，在互动交流中增进了对中华民族共同体的认同感。

二、宁夏文旅融合促进民族"三交"的具体表现

自古便有"塞上江南"之称的宁夏，因处于草原农耕交汇带，一直是

各民族交往交流交融的前沿活跃地。

宁夏的文旅资源丰富多样且独具魅力，犹如一个个璀璨的节点，遍布宁夏大地，为文旅融合及民族"三交"搭建了坚实而广阔的舞台。据统计，宁夏目前 A 级旅游景区已有 137 家，其中 4A 级以上景区约占三分之一，这些景区分布在全区各地，涵盖了不同民族聚居区域，为各民族间的互动提供了充足的空间与机遇。据宁夏回族自治区文化和旅游厅资源开发处负责人介绍，自治区文化和旅游厅联合自治区民族事务委员会印发相关方案，提出到 2026 年创建一批高水平、可复制的样板，打造一批彰显中华民族共同体意识的旅游精品线路，旅游业在服务宁夏经济社会发展、促进各民族交往交流交融、铸牢中华民族共同体意识等方面作用更加凸显。

（一）空间嵌入：跨地域动态关联的建立

固原市重点依托红色旅游资源，以走好新时代长征路的精神，鼓舞各民族凝聚起团结奋进的力量；吴忠市依托黄河和长城资源，让黄河两岸、长城内外各族群众在深入交往交流交融中凝聚"黄河水甜，共产党好"的共识。

以沙坡头景区为例，这里每年都如同一块强大的磁石，吸引着全国各地不同民族的游客纷至沓来。景区所在的中卫市原本相对封闭的地域空间，通过文旅融合活动与外界建立起了紧密且活跃的跨地域动态关联。

当地各族居民与来自其他地区的游客在住宿、餐饮、旅游项目体验等方面形成了多层次且深入的交往关系。在住宿方面，当地居民将自家房屋改造成特色民宿，为游客提供具有民族风情的居住环境，游客在入住过程中可以近距离感受回族的生活习俗；在餐饮环节，游客可以品尝到正宗的宁夏特色美食，如手抓羊肉、蒿子面等，而各族居民在制作和分享美食的过程中，也与游客有了更多的交流互动，讲述着这些美食背后的故事和传承；在旅游项目体验上，无论是一起参与沙漠骆驼骑行，还是共同挑战滑沙项目，不同地方的游客与当地居民携手合作，在欢乐与刺激中打破了地域限制，促进了空间上的民族交往、交流和交融，让不同地域、不同民族的人们在这里汇聚、交融，编织出一幅和谐多彩的民族交往画卷。

（二）经济带动：共同发展的物质基础

文旅融合在促进民族"三交"的同时，也为宁夏地区带来了显著的经济带动效应，成为推动当地各民族共同发展的重要物质基础。2023年，宁夏全年游客人次、旅游收入分别增长80%和114%，创历史最高增幅。

旅游相关产业如住宿、餐饮等行业的发展，为当地居民提供了大量就业机会。在住宿方面，随着游客数量的不断增加，当地涌现出了众多特色民宿和星级酒店，从家庭式的小规模经营到大型连锁酒店的入驻，满足了不同层次游客的需求。这些住宿场所的运营需要大量的工作人员，从客房服务人员到前台接待人员，再到酒店管理人员，为当地居民提供了众多就业岗位。2023年，宁夏乡村旅游经营单位接待游客近2000万人次，实现旅游收入13亿余元，直接吸纳周边农户就业2.7万人，间接带动农村人口就业18.8万人。

在餐饮领域，宁夏的特色美食如手抓羊肉、蒿子面、油香、馓子等，通过旅游的宣传推广，受到了广大游客的喜爱。越来越多的餐厅和小吃摊应运而生，不仅传承和弘扬了宁夏的饮食文化，也为当地居民创造了大量的就业机会。许多当地居民凭借着精湛的厨艺，在餐饮行业中找到了属于自己的发展之路，通过制作和售卖特色美食，增加了家庭收入。

到闽宁新貌展示中心等红色旅游景点游览，在葡萄酒庄品鉴红酒、参观酿酒工艺流程……一批批游客被闽宁镇从"干沙滩"到"金沙滩"的蝶变所触动，《山海情》《星星的故乡》《六谷儿》等多部在此拍摄的影视作品将中华民族团结奋进的精神力量展示给世界。

（三）情感交融：和谐社会愿景的塑造

在宁夏的许多旅游特色小镇，如镇北堡西部影城周边的看见贺兰·漫葡小镇，仿佛是一个充满温情与热情的民族文化交融的大熔炉。镇北堡西部影城本身就是一个极具魅力的影视拍摄基地，吸引着大量游客前来打卡，而周边的小镇则依托影城的人气，发展起了特色旅游服务。当地居民热情好客的程度简直超乎想象，他们以最淳朴、最真挚的方式迎接每一位游客的到来。

当游客踏入小镇，首先映入眼帘的是那一排排具有当地特色的房屋建筑，街道两旁摆满了各种各样的特色小吃和手工艺品摊位。居民们还会主动为游客讲解当地的文化特色，比如带游客参观小镇上的传统民居，介绍房屋的建筑风格、布局特点以及其中蕴含的民族智慧；或者讲述当地的一些民间传说和故事，让游客仿佛穿越时空，亲身感受这片土地上曾经发生过的点点滴滴。据游客反馈调查，约90%的游客表示在这些小镇旅游时感受到了当地居民的淳朴与热情，这种情感交融不仅让游客对宁夏留下了美好而深刻的印象，仿佛在这里找到了心灵的归宿，也让当地居民更加了解和接纳不同民族的游客，将他们视为远方来的亲人朋友。在这样的互动交流中，共同塑造了多民族和谐社会的愿景，让每一个人都能真切地感受到民族之间那份真挚的情谊和团结和谐的氛围。

（四）文化认同：多维度认同的构建

宁夏是古丝绸之路的重要枢纽，自古以来各民族在这片土地上交往交流交融，共同创造了丝路文化、黄河文化、长城文化等。宁夏也是一片有着光荣革命传统的红色土地，红军长征和西征都曾转战此地，宁夏各族人民为陕甘宁革命根据地、陕甘宁边区建设，为抗日战争、为中国革命胜利作出了重要贡献。宁夏的多民族文化在文旅活动中得到了充分展示，为各民族间的文化认同搭建了重要的桥梁。

不同民族文化在文旅场景中的碰撞与融合，也促使各民族在更广泛的层面上构建起多维度的认同，包括对中华民族大家庭文化的认同。在一些大型的民族文化旅游节上，各民族的人们汇聚在一起，展示着各自民族的特色歌舞、传统服饰、手工艺品等。悠扬的古筝声与欢快的口弦声、豪迈的舞蹈交织在一起，各民族在相互欣赏、相互学习的过程中，不仅增进了对彼此民族文化的了解，更深刻地认识到大家同属中华民族大家庭，共同拥有着灿烂辉煌的中华文化，从而在更广泛的层面上构建起了多维度的认同，让中华民族共同体意识在这样的文化交融中得到进一步的强化。

总之，文旅融合带动的经济发展，改善了当地居民的生活条件，让各民族居民在共享文旅发展成果的过程中，更加紧密地团结在一起，为各民族共同发展奠定了坚实的物质基础，也进一步促进了民族和谐与团结，增强了铸牢中华民族共同体意识的文化认同。

三、宁夏文旅融合高质量发展的策略与建议

（一）政策支持与引导

政府应出台更具针对性和实效性的政策，支持和引导宁夏文旅融合高质量发展。例如，加大对文旅产业的财政投入，设立专项扶持资金，用于景区升级、文化遗产保护、旅游产品开发等方面。据了解，某地政府在实施类似政策后，当地文旅产业的发展速度明显加快，景区品质得到显著提升，游客到访量在一年内增加了约20%。同时，要完善相关税收政策，对从事文旅产业的企业给予税收优惠，鼓励更多企业参与到文旅融合发展中来。

（二）文化传承与创新

在文旅融合发展过程中，要注重对宁夏当地民族文化的传承与创新。一方面，要保护好传统的民族文化遗产，如古建筑、传统手工艺等，确保其历史文化价值得以延续。另一方面，要结合现代旅游需求，对民族文化进行创新开发，推出更具吸引力的旅游产品和体验项目，让游客更好地了解和感受民族文化。据统计，某民族旅游地通过文化创新开发新旅游产品后，游客到访量在半年内增加了约30%。

（三）人才培养与引进

加强文旅融合领域的人才培养与引进工作。培养一批既熟悉民族文化又懂得旅游运营管理的专业人才，对于推动宁夏文旅融合高质量发展至关重要。可以通过与高校、职业院校合作，开设相关专业课程，培养本土人才。同时，积极引进外地优秀人才，充实到文旅产业的各个环节。据调查，在某地区实施人才培养与引进举措后，文旅产业的服务质量和创新能力得到明显提升，游客满意度也有所提高。

（四）市场推广与营销

加大宁夏文旅产品的市场推广与营销力度。利用现代信息技术，如互联网、社交媒体等平台，广泛宣传宁夏的文旅资源和特色文化，吸引更多游客前来。可以制作精美的宣传视频、图片等资料，通过网络平台进行传播。据统计，通过加强市场推广与营销，某民族旅游地的知名度在三个月

内提升了约 50%。同时，要注重与国内外旅游机构、旅行社等合作，拓展客源市场，提高宁夏文旅产品在市场上的占有率。

（五）社区参与与发展

鼓励宁夏当地社区居民积极参与文旅融合发展，让他们从文旅发展中受益。可以通过开展旅游相关培训，提高居民的旅游服务能力；组织居民参与旅游项目的策划与运营，增强他们的主人翁意识。据调查，在某社区参与旅游发展的案例中，居民参与度达到了约 80%，不仅促进了"全民参与"，还能进一步提升旅游地的服务质量和游客满意度，实现"主客和谐"。

在铸牢中华民族共同体意识的时代要求下，宁夏回族自治区的文旅融合发展取得了显著成效。通过突破传统民族关系维度的局限，以文旅融合促进民族交往交流交融，在空间嵌入、情感交融、文化认同和经济带动等方面展现独特价值，与铸牢中华民族共同体意识高度契合。为进一步推动宁夏文旅融合高质量发展，应从政策支持、文化传承创新、人才培养引进、市场推广营销、社区参与发展等方面采取有效策略。未来，宁夏文旅融合有望在促进民族和谐、强化中华民族共同体意识以及推动地区经济发展等方面发挥更大作用。

宁夏方言在铸牢中华民族共同体意识示范区建设中的功能研究

张 婷

宁夏自古就是多民族交往交流交融之地。不同时期，来自不同地区、不同民族的人们在这里相濡互化并逐步融入中华民族大家庭，产生了各民族共享的中华文化符号。文化符号是文化最具有凝聚象征的灵魂代表，是在文化认同的精神架构上建立起来的文化共识。铸牢中华民族共同体意识，推动中华民族共同体建设，树立和突出各民族共享的中华文化符号，正确认识文化符号与中华民族共同体之间的密切关系，既要从历时维度中华民族共同体形成的宏观历程中提炼共有历时经验，也要从共时维度在微观层面推动开展各民族共创共有共享的多样性活动载体，更要深入到各民族群众共同经历的社会生活中去，挖掘和展现在各个层面各民族共享的一些现有文化符号。[①]

"宁夏方言"作为区域性文化载体，民间口头文学、历史传说、地方戏

作者简介 张婷，宁夏社会科学院文化研究所助理研究员。

基金项目 2024年宁夏哲学社会科学规划项目"构建中华民族共同体视域下的宁夏方言研究"（项目编号：24NXRCB07）与2024年宁夏哲学社会科学规划委托项目"推动中华优秀传统文化创造性转化和创新性发展研究"阶段性成果。

[①] 杨文笔：《从甘青宁地区多民族共有文化符号看中华民族交往交流交融——以"花儿"民歌为个案》，《广西民族研究》2023年第4期。

曲等的语言载体，是从区域性到多元一体的中华文化认同标识之一。历经不断筛选、吸收、同化而形成，主要包括北部兰银官话和南部中原官话，是中华民族口传文化源远流长特点的有力见证。中国共产党宁夏回族自治区第十三次代表大会将"加快建设铸牢中华民族共同体意识示范区"确定为"三区建设"战略目标，自治区党委十三届九次全会审议通过的《中共宁夏回族自治区委员会关于贯彻落实党的二十届三中全会精神，进一步全面深化改革、奋力谱写中国式现代化宁夏篇章的意见》明确提出要"有形有感有效加快示范区建设"。如何进一步推动方言文化创造性转化、创新性发展，激活其在铸牢中华民族共同体意识、促进文旅融合、维护社会和谐稳定等方面的重要作用，显得尤为重要。

一、宁夏方言保护传承与转化利用的基本情况

中华民族是有着 5000 多年文明史的伟大民族，在广袤的疆域上，存在着多元的语种、文种和方言。①其中拥有十大汉语方言②以及难以计数的方言土语。汉语方言作为地方历史文化的一部分，具有丰富的文化底蕴，记录着本地区的历史发展，是本地区非物质文化遗产的载体之一。近年来，汉语方言、方言文化"断崖式"消失问题引起学界高度关注，一些语言学者推测认为"如果不加以人为干预保护，大约 20 年后我国大部分汉语方言将消失"，这对赓续中华文明、传承中华优秀传统文化将造成不可估量的损失，必须正确处理普通话推广和方言保护的关系，给予方言合理宽容的生存空间。

（一）宁夏方言调查研究成果较为丰富

新中国成立以来，共开展了两次全国性方言调查工作，第一次是 1956

---

① 蒋爱花：《推广普及要发挥好教育的作用》，《学习时报》2024 年 10 月 28 日第 5 版。

② "十大汉语方言"系采用 2012 年商务印书馆出版的《中国语言地图集·汉语方言卷》（第 2 版）中的分区说法。汉语方言学界关于"七大汉语方言""八大汉语方言"与"十大汉语方言"的分区方法差异主要在于是否将晋语、徽语、平话归入其他方言区。

年高等教育部和教育部联合发布《关于汉语方言普查工作的指示》，开展方言普查工作；第二次是依据《国家中长期语言文字事业改革和发展规划纲要（2012—2020)》，教育部、国家语言文字工作委员会于2015年启动的"中国语言资源保护工程"。在上述工作背景下，1958年宁夏大学中文系方言工作者依据调查结果整理印行了《宁夏人怎样学习普通话》手册，标志着宁夏方言研究工作正式起步。1978年宁夏大学中文系成立"宁夏方言调查研究小组"，开展了第二次方言全面调查，先后出版了中宁、固原、银川、中卫四个调查点的方言志，为后续宁夏方言研究打下了坚实基础。在国家哲学社科基金重点课题研究任务推动下，1996年《普通话基础方言基本词汇集》中"银川点成果"与《现代汉语方言大词典》分卷《银川方言词典》分别出版，1997年《银川话音档》出版。依托"中国语言资源保护工程"，2022年《中国语言资源集·宁夏》出版，其中对银川、固原、西吉、同心、中卫、泾源6个调查点的情况作了相关记录，并在"采录展示平台"收录了有声语料。目前，语保工程宁夏工作已经进入二期阶段，主要任务为口头文化语料转写。

另外，从20世纪50年代至今，在一批宁夏方言研究者的努力下，有关宁夏方言研究的著作、论文持续出版。中青年研究者近年来势头强劲，涌现出一批关于宁夏部分县区方言的系统性研究的研究生论文。宁夏方言的记录、研究工作得到了越来越多学者的重视。在市县（区）方言资料更新工作中，2015年《固原方言辞典》出版，2019年《固原方言辞典（修订本)》出版，2024年《吴忠市方言志》《方言中卫》出版。

（二）宁夏方言"两创"成果呈现多样化发展趋势

在文学创作、影视剧作、剧场表演、餐饮宿集、旅游街区、文创产品等各个方面，出现越来越多带有方言特色的作品。比如，获得第十六届精神文明建设"五个一工程"奖的音乐剧《花儿与号手》，在现代音乐剧中用宁夏方言唱响宁夏花儿，展现红军战士坚定的革命理想信念以及军民一家亲的浓浓情谊；宁夏交通广播方言情景喜剧《的哥哈喜喜》，生动反映了20世纪90年代"打得起的"出行潮流进入寻常百姓生活的现实场景，至今仍是出租车司机和乘客推崇喜爱的广播节目；同心县公安局反诈宣传短视频"康哥"系列，用方言以人民在日常生活中喜闻乐见的形式传播公安声音，收到了非常好的宣传效果；从宁夏走出去的"西北鼓王"赵牧阳、苏阳乐队以"方言+音乐"创新表达形式，其作品活跃在摇滚音乐节和各大网络音乐平台上；在"抵制高价彩礼，推进移风易俗"的工作中，部分县（区）以制作方言微电影、小视频、快板书、小品等形式，宣传新政策，取得了广泛的社会反响。

二、宁夏方言多维价值挖掘与转化不足

语言文字工作在服务区域发展大局中具有不可替代的重要作用，这就内在要求加强语言使用和语言舆情的监测研究、建立应对语言问题突发事件的预警和应急机制、制定城市化进程中的语言规划、完善提升不同行业语言服务能力等，积极推进语言文字工作治理体系和治理能力现代化。2016 年《国家语言文字事业"十三五"发展规划》出台，从国家层面对推进语言文字工作治理体系和治理能力现代化进行了初步谋划和部署。2017年中共中央办公厅、国务院办公厅印发的《关于实施中华优秀传统文化传承发展工程的意见》，明确提出要"大力推广和规范使用国家通用语言文字，保护传承方言文化"，标志着从国家层面支持方言文化创造性转化、创新性发展。当前，随着交通条件改善、人口流动加快、通信传媒发展，方言生态发生了根本性变化，方言文化蕴含的时代价值日益彰显。从宁夏方言价值挖掘与转化情况看，存在的主要问题是：

（一）在铸牢中华民族共同体意识中的凝聚力挖掘不够

语言文字事业是政治建设的基础保障和坚强基石，加强语言认同与国家认同、文化认同之间的关系研究，有助于引导人们树立正确的语言文化观，维护国家统一和民族团结。据已有研究成果证实，在宁夏方言构成元素中，不仅有对古代汉语的继承，也有在不同时期与黄河流域各民族所说汉语方言、北方少数民族语言接触的留存。例如，口语中常说的"言喘"与《西游记》第五十六回中"三藏闻说，不敢言喘"同属一源；"给给我一缸子水"中的"给给"，见证了产生于宋元时期古代汉语"动词+给"在与北方阿尔泰语接触后，"给"标记进入汉语体系并确定为新的语言结构，

如今在兰银官话、中原官话、晋语与西南官话中广泛使用的发展脉络。可以说，互嵌式分布格局与共生关系，必然在文化层面体现出多民族交往交流交融的历史事实，而司空见惯的"宁夏土话"，体现的是宁夏多民族语言接触和文化交融现象，彰显了各民族共创宁夏方言的历史事实。作为区域性中华文化符号，宁夏方言在共同构筑中华民族共有精神家园、铸牢中华民族共同体意识等方面，具有强大的凝聚力，但这方面挖掘分析、宣传阐释跟不上形势任务需要，亟待引起足够重视。

（二）在维护社会安定团结中的应用价值开发不足

语言文字是重要的国家安全工具、资源和要素，在安全局势日趋复杂的背景下，语言文字对保障国家长治久安日益重要，国家安全需要语言文字事业夯基垒石。中国语言资源有声数据库的规划建设，旨在"调查收集普通话、汉语方言、少数民族语言的有声语料，整理保存和深入开发利用，科学保存中国各民族语言实态"。从 2020 年开始，国家语保工程进入二期，除了与语言实体工作相关的资料存储、编写等工作，公安刑侦和国安用语言鉴别系统的应用开发也列入其中。但宁夏列入语保工程的调查点只有 6 个（银川点、固原点、西吉点、同心点、中卫点和泾源点），有声数据收集与录入覆盖面不广。特别是与已出版的宁夏方言研究成果相对应的有声数据库，主要是依靠研究者个人在调查中的录音和数据收集，个人化倾向严重、标准化程度不高，可以作为语音识别鉴定的有效数据不足。并且各方言志出版时间集中在 20 世纪八九十年代，语音变化的更新未能进行数字化存储，缺少代际方言语音更替变化的数据收集，不能适应新时代维护社会安定团结的现实需要。加上 40 岁以下人群作为方言"断崖式"消失主体，与 50 岁以上人群在方言继承与表达方面存在明显差异，而各市、县（区）汉语普通话实态语音数据库尚未建设，缺少标准化数据作为对比参数应用于公安刑侦、国安用、司法鉴定等工作，一定程度上影响战斗力的生成。

（三）在赓续中华优秀传统文化中缺乏有效措施

保护濒危方言是维持语言文化多样性的前提，也是保护中华民族的文化基因。自 2006 年起，我国先后公布了五批次国家级非物质文化遗产代表性项目名录，共计 1557 个项目、3610 个子项。其中，约有三分之一的子项以方言或少数民族语言作为载体表达或传递。①五里不同音，十里不同调。方言不仅是语言工具，还是刻在人们骨子里的文化记忆，互联网时代方言具有强大的吸引力。拥抱"方言热"成为大势所趋，各地纷纷采取针对性措施，比如福建省通过办理人大代表提出的《关于加大方言保护力度、落实方言传承和保护相关具体措施的建议》，传承弘扬中华优秀传统文化；江苏、浙江、江西、湖北、广东、海南、四川等地出台鼓励孩子学习方言的政策措施；陕西、天津等地档案馆开展方言语音建档工程，复旦大学钱乃荣教授编写的《小学生学说上海话》成为上海市推动沪语教育的主要教材，包括一些企业也推出方言语音大模型，以技术赋能方言保护传承。加强方言保护，就是传承中华优秀传统文化、赓续中华民族基因，目前宁夏对这方面工作缺乏体系化的部署推动，仍停留在学术研究、调研摸底等较低层次。同时，建设语言博物馆特别是方言博物馆成为弘扬传承中华文明的重要举措，通过收藏、展示和记录方言资料，为地方留下乡音，让居民记住乡愁；通过视频、声音、表演等多种展示形式，增强青少年等群体对本地文化的认同感、促进社会和谐稳定；通过搜集整理方言资料，将其作为永久的人文史料保存起来，成为教育和研究重要场所，促进文化多样性保护。目前，中国语言资源博物馆落户湖南博物院，广西壮族自治区、太原市等地依托国家语保项目也先后建成了语言或方言博物馆，极大地提升了群众文化认同度和参与度，相比之下宁夏这方面工作进展滞后。

（四）在创造经济文化效益中发展滞后

语言不仅具有工具属性（交际工具）和文化属性，而且具有经济属性。近年来，方言说唱、方言短剧、方言电视剧、方言电影等艺术形式纷纷涌现，2024 年初热播的现象级方言影视剧《繁花》让腔调十足的上海话引起热议，风靡全球的国产电子游戏《黑神话：悟空》融入了陕北老百姓的方言。可以说，方言的独特魅力、历史沉淀决定了其具有巨大的经济文化价

---

① 王莉宁、柴如瑾：《守护乡音中的文化密码——我国语言资源保护的现状和展望》，《光明日报》2024 年 10 月 24 日第 7 版。

值，其中在推动文旅产业发展方面，方言已经成为一种可以创造经济价值的有效资源，以方言为主题的文创产品逐渐兴起，不仅丰富了市场，还提升了地方文化的影响力和知名度。比如，苏州通过将方言与本地标志性元素相结合，以"苏州评弹"展示历史底蕴、彰显地域文化的独特性，从而提升地区的综合吸引力；河南南阳推出"剪纸方言"系列，以新颖的形式、时尚的形象、有趣的表达吸引了众多在外的南阳企业家回乡创业；在武汉、重庆、长沙、呼和浩特等地，独具特色的方言墙成为一道道"有声"风景线，吸引游客驻足跟读。当前，语言数据资源的重要性日益凸显，新时代经济发展，需要语言经济、语言产业提供强劲助推力量。从宁夏语言文字产业与大数据、人工智能深度融合，特别是方言经济价值挖掘情况看，还有很大拓展空间，包括文创街区、文化旅游产品等开发上特色不鲜明，要么没"卖"点，要么经济价值转化不够，数智语言产业发展滞后，都需要加大开发力度。

三、宁夏方言在铸牢中华民族共同体意识示范区建设中的功能开发建议

我国的语言政策是"大力推广和规范使用国家通用语言文字，科学保护各民族语言文字"。普通话是国家通用语言，适用于正式场合，而方言是区域性的交际工具，适用于非正式场合，二者不是对立关系，而是互补关系。对此，应正确评估方言的性质、地位和作用以及方言文化保护传承和开发利用，正视日益严峻的方言消亡和优秀传统文化式微的现实，在持续做好国家通用语言文字推广普及的同时，重视做好方言和少数民族语言的保护传承工作。从国家层面和各地情况看，随着中国语言资源保护工程深入实施，"语言遗产""科学保护各民族语言文字"等理念或政策研究日臻成熟，基本形成了创建方言文化博物馆、创作方言文化艺术作品、组织方言文化校园活动、研发方言科技产品等四大路径，方言保护工作越来越规范。就宁夏而言，应坚持以应用促使用、以使用促保护、以保护促传承，注重抓好五个方面工作：

（一）以宁夏方言文化符号内涵的研究宣传推动铸牢工作

如果说国家通用语言文字，是全国各族人民、各地区人民在铸牢中华民族共同体意识中的沟通桥梁，那么方言则是架起桥梁的每一根支柱。汉语方言表面上看起来纷繁歧出，但有相同的源流，即"雅言"——古代北方汉语。古代汉语从北方跟随移民扩散到南方各地，同时吸收本土语言成分，形成了不同的汉语方言。以北京官话与南京官话为主体，从不同的现代汉语方言中提取各种语言元素，制定统一标准，又形成了普通话。语言与文化共生，不同民族共享一种语言，就使这种语言超越了作为民族间交流工具的性质，凝结成为一种各民族共有的文化认同。汉语及其方言的主体是共同的，但构成成分是多元的，都有鲜明的"多元一体"特征。①加强宁夏方言与铸牢中华民族共同体意识的研究与成果转化，将组织专班与鼓励研究者自主研究相结合，以课题的形式深挖宁夏方言文化符号内涵与构建中华民族共有精神家园关系的研究，将研究成果转化为现实应用对策，为宁夏建设铸牢中华民族共同体意识示范区提供相关理论支持。

（二）以宁夏语言及方言治理能力建设提升社会治理现代化水平

针对社会快速发展带来的语言冲突问题，语言服务的能力与形式问题，进一步健全宁夏应对语言问题的突发事件预警和应急机制，以加强关于语言使用和语言舆情的监测；从战略规划和社会发展规划角度考虑，制定《宁夏语言治理建设规划》，构建以普通话为主，方言生活并重的宁夏社会语言生活环境；完善提升不同行业语言服务能力，助力做好社区治理、乡村治理、监狱管理、医疗管理等可能存在的矛盾化解语言应对策略；关注服务特殊人群语言文字需求，构建关怀服务机制，加快推进手语盲文信息化建设，建立社会服务机构，加快手语和盲文人才培养，加强各类语言障碍研究和语言康复治疗技术开发利用。

（三）以宁夏方言有声数据库的建设提升新质公安战斗力

着眼提升服务国家重大发展战略和国家安全能力，以语保工程宁夏方

---

① 游汝杰：《从方言地理看多元一体的中华文化》，《光明日报》2023年2月22日第11版。

言数据库建设成果为基础升级宁夏公安用有声数据库大模型。宁夏人口少、体量小，集合语保工程有声数据库资源，补充未录入数据，升级现有公安侦破时使用的有声数据库，不仅能够为宁夏反对恐怖主义、打击间谍、维护国家统一、社会治安治理、公共安全管理提供技术支持，并且能够为全国的公安工作、国安工作、司法工作贡献宁夏力量。因此，应根据地域特点和方言的变化、规律，分层分级，在全国率先建立不同区域、不同案件类型的宁夏方言有声数据库。

（四）以宁夏方言保护措施的实施传承中华优秀传统文化

方言的传承是一个复杂的系统工程，需要家庭、学校、社区、媒体、政府等多方面的共同努力。因此，应依据《关于实施中华优秀传统文化传承发展工程的意见》，综合考虑政策、文化传承、教育、社会参与和科技手段等，制定宁夏方言保护条例，寻找悠久方言文化与现代社会的契合点，在日常生活中传承与保护中华优秀传统文化，让古老方言在新时代的浪潮中薪火相传、生生不息。同时，依托宁夏博物馆、文化馆等场地资源，建设集参观体验与学术研究、资料保护相结合的宁夏方言文化博物馆。通常语言文字博物馆采取"1+n"模式建设，"1"代表一个核心平台——语言文字博物馆，而"n"则指若干高校、科研机构、博物馆等单位作为联合共建单位，形成一个共建共享的集资料收藏与科研于一体的总平台。在这一过程中，应充分发挥相关单位及社会大众的积极性，鼓励更多的人参与到语言文字的保护和传承中来。例如通过互动体验设备增强公众的参与感和体验感。据此建议，在工业街区遗址、移民搬迁资料馆、城市街区中建设方言活态展示区，使用动态方言影像资料展示宁夏社会变迁中人民的生产生活，以鲜活的形态展示宁夏在发展建设中的奋斗精神。

（五）以宁夏方言数智产品文艺文旅产品的开发创造经济效益

语言能力是劳动力的重要构成要素，新知识经济背景下信息化智能化迅猛发展，应充分利用大数据、云计算、人工智能、移动互联网等前沿信息技术，探索解决自动翻译、语音识别、语音导航、配音制作、广告制作等关键技术问题，以"语言+数据"作为新质生产力赋能新经济产业发展。另一方面，要挖掘新时代宁夏方言中的文化精神，创作方言文艺作品，制作以传承中华优秀传统文化为内容的方言网络游戏，结合信息技术手段，传承宁夏花儿与宁夏坐唱等表演形式，开展进校园、进社区活动，培养文艺工作接班人。在现有旅游街区中开发方言旅游街区、文创产品，进一步促进文旅融合，打造宁夏方言经济，实现文化繁荣与经济效益的双丰收。

红色文化资源推进铸牢中华民族共同体意识的作用研究

马晓琳

红色文化资源，作为承载中华民族历史与文化的重要媒介，蕴含着丰富的革命精神和民族精神，与铸牢中华民族共同体意识有着内在一致性，具有深厚的历史意义和时代价值。其经济、文化和教育功能，以促进民族地区经济高质量发展、加强各少数民族之间交往交流交融、提升各少数民族群众获得感幸福感安全感、构建中华民族共有精神家园等形式对铸牢中华民族共同体意识起到积极推进作用。我们要把红色资源利用好、把红色传统发扬好、把红色基因传承好，特别是要发挥好红色文化对于推进铸牢中华民族共同体意识的作用。[①]

中华民族共同体意识是国家统一之基、民族团结之本、精神力量之魂。习近平总书记在党的二十大报告中指出："以铸牢中华民族共同体意识为主线，坚定不移走中国特色解决民族问题的正确道路。"[②]宁夏回族自治区第十三次党代会提出，要加快建设铸牢中华民族共同体意识示范区，让宁

作者简介　马晓琳，中共银川市委讲师团讲师。

[①]习近平：《用好红色资源，传承好红色基因，把红色江山世世代代传下去》，《求是》2021 年第 10 期。

[②]习近平：《高举中国特色社会主义伟大旗帜　为全面建设社会主义现代化国家而团结奋斗——在中国共产党第二十次全国代表大会上的报告》，《党建》2022 年第 11 期。

夏的民族工作成为新时代民族工作高质量发展的全国典范。①作为革命老区，宁夏丰富的红色文化资源，为开展民族工作注入了不竭动力。立足新时代，必须着眼于党的民族工作面临的新形势、新任务、新要求，以铸牢中华民族共同体意识为根本方向，持续深化民族团结进步创建工作，这是凝聚力量促进民族地区发展、维护祖国统一、促进社会稳定的必然要求，也是为推进中国式现代化凝聚共识和力量。

一、宁夏红色文化资源现状

宁夏是一片有着光荣革命传统的红色土地。1926 年，宁夏就建立了我们党的组织。红军长征和西征都曾转战宁夏，之后宁夏人民又为陕甘宁革命根据地、陕甘宁边区建设，为抗日战争、为中国革命胜利作出了重要贡献。②宁夏的红色文化资源丰富，根植于中华优秀传统文化，形成了独特的革命精神，具有光荣的革命传统和厚重的革命历史。从宁夏的地理位置和地域划分来看，宁夏的红色文化资源在彭阳县、海原县、西吉县、同心县、盐池县等地均有分布。红色文化资源类型丰富，比如遗址、遗迹、墓地、纪念碑等多种类型，构成了现存的红色物质性资源，如固原六盘山红军长征景区、纪念馆，盐池革命历史纪念园，单家集红军长征遗址等。除此之外，还包括能够体现宁夏革命历史和精神的红色非物质文化形态，比如民族政策制度、文件、标语等红色文献。这些资源将红色革命的道路、文化、事件、物态、人物、精神等融为一体，承载着红色价值，是我们党在百年奋斗历程中生成的宝贵财富，既是中国共产党领导宁夏人民建立民族统一战线、拯救民族危难光辉历史的真实写照，也是宁夏人民争取自由解放的坚定信念的生动体现，更是铸牢中华民族共同体意识的精神力量和生动载体，具有重要价值。

---

① 《牢记领袖嘱托　担当使命任务——加快建设铸牢中华民族共同体意识示范区》，载中国民族网，https://www.56-china.com.cn/show-case-7505.html，2024 年 9 月 30 日。

②习近平：《用好红色资源，传承好红色基因，把红色江山世世代代传下去》，《求是》2021 年第 10 期。

随着历史的变迁和时代的发展变化，宁夏红色文化资源也逐渐显示出自身特色。一是地理环境的独特。宁夏地处西北边陲，地形地貌丰富多彩。北部地区地势平坦，得益于黄河的滋养，土壤肥沃，沟渠纵横。中部地区则呈现出干旱少雨、土壤贫瘠的特点。南部山区沟壑纵横，峰峦叠嶂。正是这些独特的地形地貌，使得宁夏拥有"塞上江南"的美誉，其特殊的自然地理环境也为红色文化资源赋予了别样的风貌和魅力。二是革命历史的见证。宁夏的红色文化资源丰富，涵盖了各个历史时期的革命活动。如红军长征时期的会师地、抗日战争时期的抗日根据地，家喻户晓的"单家集夜话"，任山河战斗等，都是以历史轨迹的方式见证了中国共产党带领宁夏人民进行艰苦卓绝的革命斗争的光辉历程，在这个过程中创造了宁夏红色文化，彰显着中华民族文化自信、历史自信。红色文化承载着宁夏各族人民共同的奋斗历程，也延续着共同的精神特质和理想追求，坚定各族人民的文化自信，为铸牢中华民族共同体意识夯实情感根基。三是民族文化的融合。宁夏，作为五个自治区之一，位于中国的西北内陆地区。在这片美丽的土地上，汉族、回族、满族、蒙古族等多个民族聚居在一起，和谐相处、和睦相亲。这片土地上形成的红色文化、黄河文化、长城文化等，深深扎根于中华文化的沃土，传承并不断丰富和发展着中华优秀传统文化基因，中华文化内涵和特质明显，是宁夏各族人民的心灵归宿和精神寄托。2024年6月，习近平总书记来宁夏考察，听取自治区党委和政府工作汇报，对宁夏工作取得的成绩给予肯定。强调"要全面贯彻新时代党的民族工作大政方针，努力创建铸牢中华民族共同体意识示范区"，"要不断铸牢中华民族共同体意识，把各族人民的心紧紧连在一起，把各方面的力量广泛凝聚到一起，共同推进中国式现代化，共襄中华民族伟大复兴的盛举。"[1]这也将继续鼓舞宁夏各族人民手挽着手、肩并着肩，为实现中华民族伟大复兴共同努力奋斗。宁夏民族团结、宗教和顺，各族儿女像石榴籽

---

① 《习近平在宁夏考察时强调：建设黄河流域生态保护和高质量发展先行区　在中国式现代化建设中谱写好宁夏篇章》，载新华社，https://www.gov.cn/yaowen/liebiao/202406/content_6958575.htm?menuid=197，2024年6月21日。

一样紧紧抱在一起，共同团结奋斗、共同繁荣发展，"两个共同""三个离不开""五个认同"思想深入人心，民族团结、平等、互信、互助的氛围更加浓厚，一片欣欣向荣，为铸牢中华民族共同体意识奠定共同理想信念，为构筑中华民族共有精神家园注入不竭动力。

为进一步发挥宁夏红色文化资源的优势，近年来，宁夏深度挖掘红色文化资源的精神内涵和时代价值，先后建成六盘山红军长征纪念馆、将台堡红军长征会师纪念园等红色景区景点 12 个，举办 2023 年宁夏首届红色文化节、红色故事讲解员大赛等活动，推出精品红色研学线路，组织中小学校开展红色研学活动等。近 5 年来，宁夏红色旅游共接待游客 1530 万人次，年均增长 36%，红军寨、龙王坝、乔家渠等众多红色景点成为中老年人重温激情岁月、感怀时代变迁的体验地和年轻人聆听红色故事、缅怀革命先烈的打卡地。①

二、宁夏红色文化资源推进铸牢中华民族共同体意识存在的问题

尽管宁夏的红色文化资源具有丰富的历史内涵和独特的地域特色，但在推进铸牢中华民族共同体意识过程中，其作用发挥方面仍存在一些问题，比如红色文化资源遗存没有得到很好的保护和利用，存在红色史料遗失、征集难度大等情况。一些红色文化资源认知度较低，遗存与现存量不相称，内涵挖掘不够，其价值功能没有得到充分发挥。研究宁夏红色文化的相关学者和专家对宁夏红色文化资源助推铸牢中华民族共同体意识的内容提炼、价值挖掘等方面还不够系统、深入。以宁夏红色文化、红色旅游为主体，拓展传播途径、内容创新、文旅融合等方面，还存在一定差距等。

三、宁夏红色文化资源推进铸牢中华民族共同体意识对策及建议

红色文化资源是社会主义先进文化的重要组成部分，是党和人民在革

---

① 王涛：《宁夏研讨红色旅游资源开发利用与管理》，《中国旅游报》2024 年 4 月 19 日。

命、建设和改革中形成的精神财富。①蕴含着对中国特色社会主义共同理想的向往、对民族精神的传承和对时代精神的创造，是铸牢中华民族共同体意识的精神基础，也是我们坚定文化自信的重要基石。挖掘和利用红色文化资源，有助于弘扬以爱国主义为核心的民族精神，以红色文化的传承发展推进中华民族共有精神家园建设。

（一）进一步发挥宁夏红色文化资源的政治功能

一是增强政治认同。紧紧围绕铸牢中华民族共同体意识工作主线，发掘和传播红色文化价值，深化民族团结进步教育，不断增进宁夏各族人民对中国共产党领导和中国特色社会主义道路的政治认同，为宁夏经济高质量发展凝聚奋进力量。二是加强研究阐释。做好宁夏红色文化研究阐释工作，有助于凝聚宁夏各族人民的价值共识、铸牢中华民族共同体意识。一方面，要深入研究阐释宁夏红色文化形成的历史渊源、发展脉络、基本走向，发掘宁夏各民族文化中蕴含的共同性，进一步阐释中华优秀传统文化对民族品格影响的形成以及对铸牢中华民族共同体意识的重要意义。另一方面，要主动挖掘宁夏各族人民在革命、建设、改革过程中所蕴含的丰富革命精神，注重从红色文化中汲取文化自信的力量，发挥好红色文化在铸牢中华民族共同体意识中的独特作用，在传承与发展中进一步筑牢中华民族共同的理想信念。三是做好资源库建设。建立红色文化资源数据库，实现资源信息的共享和互通，不断推进红色资源数字化，探索与时俱进的传播方式，让更多人受到教育、得到启迪，提升红色文化数字化资源库的利用率。

（二）进一步发挥宁夏红色文化资源的文化功能

一是加强创新传播。结合宁夏地方文化特色，对宁夏红色文化资源中具备铸牢中华民族共同体意识的特质元素或资源进行提炼和总结，策划宣传主题，注重突出体验感和互动性，借助短视频、动画、云直播等群众喜

---

① 韩小军：《浅析地方红色文化资源的当代价值及开发利用》，载新华网，http://www.xinhuanet.com/expo/20240830/72854122cede408eab06c04330f95f87/c.html，2024 年 8 月 30 日。

闻乐见的形式，让红色文化充分融入群众生活，使铸牢中华民族共同体意识"有形"可感。二是组织精品展陈。依托红军长征、西征等在宁夏的红色记忆，围绕重大历史事件和时间节点，策划推出主题突出、内涵丰富、形式新颖的主题展览、流动展览和云展览，全面展示中国共产党在宁夏的革命历程，使铸牢中华民族共同体意识"有形"可看。三是抓好红色基因传承。深入实施红色基因传承工程，组织开展社会主义核心价值观宣传教育、群众性主题宣传教育、爱国主义主题教育等，加强红色资源背后的故事挖掘和宣传，让宁夏各族人民从百年党史中汲取奋进力量，知史感恩共产党，使铸牢中华民族共同体意识"有感"可悟。

（三）进一步发挥宁夏红色文化资源的经济功能

一是高质量建好长征国家文化公园。扎实推进长征国家文化公园（宁夏段）建设。积极争取中央财政转移支付资金的支持，对宁夏红色文化资源发展相关的配套基础设施建设、公共服务设施建设、环境整治、文物保护等工作予以扶持。二是加强红色文旅深度融合。红色文化资源具有高品质、高附加值等特点，发扬红色文化资源中蕴含的创新精神，不断发展红色文化产业，也有利于进一步调整和完善产业结构，促进经济高质量发展，不断夯实中华民族共同体的物质基础。三是推进红色文化资源深度开发。重点以开发红色影视产品为渠道，深入挖掘宁夏本地红色文化历史典型事件和人物，钱崝泉烈士的故事、崔景岳烈士的故事等进行开发。创新各类红色工艺美术、红色非遗剪纸、红色 IP 衍生品等文创产品，将地域特色、艺术性、文化元素等融为一体，带动区域经济社会发展。

（四）进一步发挥宁夏红色文化资源的育人功能

一是用好用活红色资源。一方面，强化对红色档案的挖掘意识，讲好红色故事、"身边的故事"。铸牢中华民族共同体意识，就是要引导各族人民牢固树立休戚与共、荣辱与共、生死与共、命运与共的共同体理念。①在感知、体悟红色精神的过程中不断强化铸牢中华民族共同体意识教育。另

---

① 习近平：《铸牢中华民族共同体意识　推进新时代党的民族工作高质量发展》，《求是》2024 年第 3 期。

一方面，用好革命遗址、红色遗迹等资源，创新体验方式，提升宣传教育效果。二是持续完善分层教育。充分发挥红色文化培根铸魂的作用，把红色文化融入社会主义核心价值观教育，使宁夏各族人民坚定理想信念，使中华民族共同体意识内化于心、外化于行。根据不同受众群体的接受能力和特点，将红色文化中的代表性场景、榜样人物、经典故事等，以宣讲、参观、研学、培训等方式广泛传播，不断增强红色文化的吸引力、感染力。持续推动红色文化、红色资源进学校、进课堂，支持中小学校开展"红色寻迹""我是小小红色宣讲员"等研学实践活动，让红色基因代代传承。三是加强定向人才培养。持续提升红色讲解员、培训教师等专业人员的综合素质，注重挖掘像老干部、老模范、老教师、老战士、老专家等其他行业领域的优秀宣讲人才，多形式开展义务讲解，多方面推动人才的培育。

红色是中国共产党最鲜亮的底色，红色文化是鲜活、珍贵的历史教材，用红色文化培根铸魂是发展社会主义先进文化、坚定文化自信的必然选择。深入挖掘、阐释、利用好宁夏红色文化资源的时代价值，进一步发挥其对助推铸牢中华民族共同体意识的积极效用，让中华民族共同体意识根植于宁夏各族人民的心灵深处，凝聚起同心共筑中国梦的磅礴力量，为续写新时代新篇章作出宁夏贡献。

文旅融合篇

WENLÜ RONGHE PIAN

西夏陵申遗与保护述论

张玉海

　　西夏陵作为西夏王朝留存至今，规模最大、等级最高、保存最完整、最具代表性的历史物质文化遗产，直接反映了西夏时期的政治、经济、文化和社会生活，是11—13世纪中华民族多元一体格局形成过程中的特殊见证，展示了中原文化与边疆多种民族文化以及中西文化尤其是丝路文化的交流交往交融，集中体现了中华文化的"五个突出特性"，是该时期人类文明多样性的珍贵物质遗存，在世界墓葬史、文明史上占有特殊的地位。它不仅是中华民族的文化瑰宝，也是不可多得的全人类共同的宝贵财富。

　　1988年，西夏陵被列为全国重点文物保护单位。1998年，西夏博物馆建成，并于2019年迁出西夏陵保护区，重新开馆。2000年，宁夏银川西夏陵区管理处开始与敦煌研究院合作，先后完成西夏陵9座帝陵和44座陪葬墓的加固保护。2003年2月19日，《银川市西夏陵保护条例》颁布，并于2016年进行了修订。从20世纪90年代末开始，在国家文物局和宁夏回族自治区党委、政府的支持下，西夏陵按照世界文化遗产申报条件积极整改，多次召开全国性论证会，并于2013年出版《西夏陵突出普遍价值研究》，对西夏陵的独有文化价值进行了系统阐释。2024年，国家文物局公布西夏陵作为2025年中国向联合国教科文组织申报的世界文化遗产项目。

作者简介　张玉海，宁夏社会科学院历史研究所副研究员，《西夏研究》副主编。

一、西夏陵考古与研究概况

西夏陵考古与研究是西夏考古和西夏研究的重点，始于 1972 年，共 7 次，曾入选"中国 20 世纪 100 项重大考古发现""百年百大考古发现"。据不完全统计，截至 2024 年，出版西夏陵考古调查、发掘与研究专著 18 部，发表论文 103 篇，加上其他研究成果涉及部分，基本摸清了西夏陵分区、帝陵陵园布局、陪葬墓类型、墓葬形制、出土文物等基本情况。

1972—1978 年，在周恩来总理的直接过问下，宁夏博物馆首次对西夏陵区进行大规模考古调查，在摸清了陵区的范围、分布、排列与形制的基础上，主要对 8 号、101 号、108 号陵墓进行了发掘，发表了 8 号、101 号、108 号墓的发掘报告。1984 年，宁夏博物馆整理，李范文编释的《西夏陵墓出土残碑萃编》出版，该书缀合、识读了部分陵园出土的残碑碎片。

1986—1987 年，宁夏文物考古研究所对陵区北部城址进行了大规模发掘，探明北端建筑遗址是由外部的夯土墙体围合而成的三进式院落。《银川西夏陵区三号陵园东碑亭遗址发掘报告》《西夏陵园北端建筑遗址发掘简报》分别对这次 3 号陵东碑亭和北端建筑遗址调查与发掘的情况作了介绍，指出 3 号陵东碑亭平面形制为方形，由夯土台基、圆形基址与踏道等部分组成；探明北端建筑遗址是由外部的夯土墙体围合而成的三进式院落。

1990 年、1991 年，分别对陵区进行了调查与测绘，将西夏陵由南向北分为 4 区，重点对 3 号陵东、西碑亭及北端建筑遗址进行了发掘。1995 年出版的许成、杜玉冰《西夏陵——中国田野考古报告》和韩小忙《西夏王陵》，全面介绍与披露了当时西夏陵考古发掘的基本情况与认识。《宁夏银川西夏陵区调查简报》公布了西夏陵及陪葬墓的分布、陵园性质与布局、陪葬墓性质、建筑遗址与遗物等。

2000—2001 年，宁夏文物考古研究所对 3 号陵地面建筑遗址进行了清理和发掘。《宁夏银川市西夏 3 号陵园遗址发掘简报》，记录了当年对 3 号陵的 3 次考古发掘概况。《西夏三号陵——地面遗迹发掘报告》系统全面地总结了这一时期对 3 号陵地面遗迹进行的 4 次发掘情况，认为 3 号陵阙台、角阙、门阙、陵塔为圆形，在唐宋帝陵中较为罕见。

2007—2008 年，对 6 号陵地面建筑遗址进行了清理发掘。庄电一《西夏陵六号陵地面遗迹有重要发现》，认为 6 号陵台基本可以确定为八角七层塔式建筑，陵主可能是夏崇宗乾顺。宁夏文物考古研究所、银川西夏陵区管理处编《西夏六号陵》，明确了 6 号陵陵园的布局结构和建筑特点，第一次指出 6 号陵献殿采用了减柱移柱技术。《西夏陵碑亭考古》对 9 处西夏帝陵碑亭遗址、3 处陪葬墓碑亭遗址的清理收获作了介绍。

2013—2016 年，调查陵区陪葬墓与防洪工程遗址，查清陪葬墓共有271 座，新发现防洪工程遗址 32 处。2024 年，发掘 2 号陵西侧、Ⅱ区 28号陪葬墓、Ⅲ区 93 号陪葬墓防洪墙。2013 年，沈自龙主编《西夏陵》，宁夏文物考古研究所、银川西夏陵区管理处编《西夏六号陵》和 2016 年出版的《西夏文物·宁夏编》（3—12 册）全面介绍了历次西夏陵考古与发掘的情况。《西夏陵陪葬墓的地球物理考古勘探研究》介绍了采用磁法、电磁法（GEM-2）、探地雷达等探寻西夏陵地下陪葬墓的空间分布信息。牛达生《西夏遗迹》对西夏陵出土的残碑及遗址考古收获做了详细的叙述。刘峰《西夏陵出土文物纹饰研究》对西夏陵出土文物纹饰分类并分析、归纳了其特点和文化意蕴。

二、西夏陵在世界墓葬史、文明史上占有特殊的地位与作用

西夏陵是中国古代陵寝文化连绵不绝的文明史证，体现了中华文明"五个突出特性"，是中国陵寝规划在中古时期的开创变革，首创了在中轴线上设置建筑、陵园多进院落及无排水系统的有组织排水模式。其陵寝制度、建筑布局、出土文物是中华民族多元一体的重要历史见证，以实物体现出历史上中华民族在西北地区的交流、融合与发展，对于增强中华民族共同体意识具有重要意义。西夏陵本身形态体现了中国陵寝布局演变的中间状态，在中国陵园建筑中别具一格，如密檐式多层实心陵台等，在继承了中国传统陵寝制度与文化的基础上，吸收了周边民族与佛教文化、吐蕃文化、回鹘文化等多元文化，带有鲜明的民族特色、地域特色和多元文化特征，是中华帝陵体系不可缺少的一环，是代表了 11—13 世纪人类文明多样性的珍稀物质遗存，在世界墓葬史、文明史上占有特殊的地位，也是

11—13世纪中国和西方沿丝绸之路进行经济文化交流的重要见证，对阐释包括西夏、吐蕃、西域等中国边疆地区的历史文化和中华民族共同体的形成具有特殊的重要价值。

三、西夏文化在中华文化史、世界文明史上的地位

以西夏陵为代表的西夏文化是中华文化多元一体中的"一元"，是人类文化多样性的典型代表，是不可多得的世界文化遗产。第一，西夏文化是以唐宋文化为主体，吸收、融合了周边民族文化而形成的一种中国边疆文化，是中华文化在边疆地区的特殊反映，是中华文化的有机组成。它孕育、滋养、融入于中华文化沃壤之内的民族地区和边疆地区，具有鲜明的民族特色、地域特色和边疆特色，既体现了中华民族多元一体格局形成过程中的历史必然，又贡献了中华民族共同体发展过程中的西夏样本。[1]第二，西夏文化是敦煌文化的组成部分，敦煌西夏石窟丰富、充实了敦煌文化的内涵。第三，西夏与西夏文化在边疆地区实现了局部统一，客观上结束了唐五代以来"河西走廊"群雄割据的战乱局面，把丝绸之路、贺兰山一带连成一体，完成了地方局部统一，从政治、经济、文化等方面为元代统一奠定了基础。宋元之交，西夏成为青藏高原与草原文化、中原文化交流的纽带，最终为元代藏、羌、回鹘、契丹、蒙古各民族融入中华一体作出了突出贡献。[2]第四，西夏语作为仅有的4种可以帮助我们建立汉藏语系之一的少数民族语言，具有重要的不可替代的语言学价值。同时，西夏语也是仅存的13种体现民族交流交往交融内容的民族语言之一，是研究民族交流交往交融的稀缺资源。第五，通过对西夏文本的译释，可以复原已经佚失的汉文本文献面貌，弥补部分珍贵历史文献佚失的缺憾。如借助西夏文吕惠卿注《孝经传》可以初步复原已经佚失的汉文本吕注《孝经传》原貌。第六，维护国家统一，争夺国际学术话语权的必然要求。西方研究者把西夏

---

① 周鑫一、吴宇：《宁夏社会科学院开展西夏陵申遗与西夏学科建设调研》，《西夏研究》2024年第2期。

② 周鑫一、吴宇：《宁夏社会科学院开展西夏陵申遗与西夏学科建设调研》，《西夏研究》2024年第2期。

作为"征服王朝",党项人作为中亚民族,将其与中国和中华文明割裂开来,变相为分裂势力提供了理论支持。因此,我们必须掌握西夏研究的国际话语权,从中华民族共同体与中华文化多元一体的高度去理解、认识、阐释西夏和西夏文化为中华民族与中华文化不可分割的一部分,维护国家统一与民族团结。

四、西夏陵申遗与保护的建议

目前世界文化遗产中,墓葬类的世界文化遗产仅有两个实例:秦始皇陵(公元前 3 世纪)和明清皇家陵寝(14—19 世纪)。西夏陵恰好处于中间(11—13 世纪),具有独特的申遗优势。

(一)组合申报

考察现有世界文化遗产中仅有的两个墓葬类建筑遗址——秦始皇陵与兵马俑组合、明清皇家陵寝组合均为多重遗址组合,西夏陵的规模体量和遗产密度偏小,因此建议与其他西夏建筑遗址组合申报。除陵区外,还应该包括附近的重要西夏遗迹如拜寺口双塔、承天寺塔、贺兰山西夏题刻,以及新发现的贺兰山苏峪口西夏窑址等。

(二)加快西夏陵的数字化进程

在加强地面遗迹保护的基础上,运用红外线、多频脉冲技术对地上、地下建筑进行立体扫描,建成全部建筑与文物的数字化档案,建立西夏陵立体全息数字模型与文物数字模型,博物馆引入 VR、AR 等馆内数字设备,增强参观者与文物的交互性。构建西夏陵建筑的数字复原模型,使用 MR 设备,使游客在遗址现场感受到虚拟的历史原状。

(三)对西夏陵加强保护

"要按照总书记的重要指示,认真贯彻落实党中央关于坚持保护第一、加强管理、挖掘价值、有效利用、让文物活起来的工作要求,全面提升文物保护利用和文化遗产保护传承水平。"①加强与敦煌研究院等文物保护单

---

① 马晓芳、姜璐:《西夏陵申报世界文化遗产领导小组召开第一次会议》,《宁夏日报》2024 年 3 月 27 日。

位的合作和西夏陵区的土壤、气候的研究，对地上地下遗址、文物进行系统保护。

（四）加强西夏陵的研究与宣传，使西夏陵"活起来"

西夏陵是研究西夏历史的重要文化遗产，西夏学是宁夏的文化名片，宁夏要借助申遗，让宁夏的文化名片"亮"起来。西夏陵作为可与敦煌石窟相媲美的历史文化遗迹，有深远的研究价值，但现在对西夏陵的研究、阐释及宣传皆远远不如敦煌石窟。迄今为止，9 座帝陵、271 座陪陵中仅 7 号帝陵墓主可以确定为第五帝仁孝外，其他墓主身份都尚未确定。因此，我们要当前保护与长远利用，深入挖掘西夏陵遗址文化价值，持续深入做好并珍视这一重要的文化遗产，在保护第一的前提下，以这次申遗为契机，统筹系统保护和研究阐释工作，"充分发挥西夏陵在实证中华文明多元一体格局形成和发展过程的作用，让西夏陵成为在新的历史起点上构筑中华民族共有精神家园的重要载体"。[1]

（五）加强西夏文化研究

西夏文化属于中国古代历史文化的特殊构成。它孕育、滋养、融入于中华文化沃壤之内的民族地区和边疆地区，具有鲜明的民族特色和边疆特色，既体现了中华民族多元一体格局形成过程中的历史必然，又贡献了中华民族共同体发展过程中的西夏样本。应加强包括西夏陵在内的西夏研究，提高认识，总结经验，加强领导，在过去的基础上，认真推动西夏学的健康发展。

---

[1]马晓芳、姜璐：《西夏陵申报世界文化遗产领导小组召开第一次会议》，《宁夏日报》2024 年 3 月 27 日。

非遗创造性转化和创新性发展探析

万亚平

党的十八大以来，习近平总书记高度重视非遗保护传承工作，多次发表重要论述、作出重要指示批示，为我们做好非遗保护工作提供了根本遵循、指明了方向。2024 年 11 月 7 日，习近平总书记在中共中央政治局第十七次集体学习时强调：“要在创造性转化和创新性发展中赓续中华文脉。高扬中华民族的文化主体性，把历经沧桑留下的中华文明瑰宝呵护好、弘扬好、发展好。”在实践中探索非遗创造性转化和创新性发展路径，不断激活中华文化的优秀因子，推进非遗反映时代属性、体现时代新进展，实现“人民的非遗人民共享”，是贯彻落实习近平总书记重要论述和重要指示批示精神，研究推动非遗保护高质量发展的时代课题。

一、宁夏近五年的实践成效

（一）制度设计强化支撑

修订《宁夏回族自治区非物质文化遗产保护条例》，在“非物质文化遗产的保护和利用”章节，对合理开发利用非物质文化遗产代表性项目、开发旅游项目和旅游产品、支持建设非物质文化遗产创业创新平台等方面作

作者简介　万亚平，宁夏回族自治区文化和旅游厅公共服务和非物质文化遗产处一级调研员。

出明确规定。编制《黄河流域宁夏非物质文化遗产保护传承弘扬专项规划》，制定《宁夏回族自治区非遗与旅游融合发展项目资金管理暂行办法》《宁夏回族自治区非遗工坊管理办法》等，构建形成符合宁夏实际的政策法规体系，为加快推进非物质文化遗产创造性转化和创新性发展提供了强有力的支撑和保障。

（二）研培增强创新理念

集中研培强专业。建立自治区、市、县三级研培机制，分期分类举办专题研培班，每年集中办班 30 多期，集中培训 3000 多人。现场传习强实操。依托非遗保护传承基地、非遗工坊等场馆常设培训课堂，传习中务实培训、培训中稳步提高，增强教学的现场感、实操性。品牌合作强创意。联合区内外知名文化企业开展非遗产品设计提升研学活动，提高传承人群创意设计和市场营销水平。院校研培强理念。在宁夏大学、北方民族大学、宁夏艺术职业学院设立国家级非遗传承人研培基地，在北方民族大学设立宁夏非物质文化遗产研究基地，强化非遗专项多元研发培训和理论研究。以赛代训强素养。结合"非遗进万家　文旅展风采"——黄河流域非遗作品创意大赛等活动，现场展示、专家点评、互观互学、对话交流，提升传承人研发非遗产品的综合水平。

（三）活动引领时代潮流

展赛矩阵推动创新。"在宁夏·非遗过大年"、非遗作品创意大赛、非遗巡讲、非遗购物节、非遗美食节等系列活动相互关联，线上线下互动传播，非遗"见人见物见生活"的时代气息日益浓厚。"非遗市集"带"火"城市经济。推动传统手工艺、传统美食、传统音乐等融入景区、商圈、夜市等空间，让城乡的人间烟火情境在传统文化与现代生活共融中靓丽呈现。"非遗+旅游"双向奔赴。非遗融入现代旅游空间，多姿多彩的非遗展演体验活动丰富旅游供给，吸引游客品非遗、享生活、快乐旅游。统筹传统音乐、传统戏剧、民俗等非遗资源，创排花儿歌舞剧《柳毅传书》、《看见贺兰》等实景演艺嵌入旅游景区，装扮旅游场景更时尚、更抢眼。

（四）交流拓宽发展视野

"走出去、请进来"，广领域、深层次、高水平开展非遗产品互鉴交流、非遗炫技展演活动，拓宽非遗产品研发视野境界，推动非遗产品创意研发在整体印象深、技艺水平高、文化特色显、时尚创新强、市场转化快五个维度互鉴相长，激发非遗转化利用动力，开辟非遗发展新模式、新路径，让非遗之美在新时代焕发更加迷人的光彩。

二、创造性转化和创新性发展路径

（一）树立创新思维理念

非遗的创造性转化和创新性发展是新时代非遗再生产、再传播的文化重构过程，审时度势，理念先导，是必要前提。

1. 树立运用经济思维模式促进非遗转化利用的理念

既把非遗作为精神财富守护好，也要将其作为发展文化产业的经济资源来看待，强化用经济思维策划、市场化手段运作、专精化产品营销。

2. 树立"见人见物见生活"理念

体现非遗以人为本的活态性、本真性、生活性的高度统一，关注传承主体，促进城乡共融，推动非遗与现代生活双向奔赴可知可感可体验，烘托"遗产丰富、氛围浓厚、特色鲜明、民众受益"的"人间烟火气"。

3. 树立"工匠精神"理念

培育非遗保护传承弘扬主体的"执着专注、精益求精、一丝不苟、追求卓越"的工匠精神，强化工匠人才的主体责任，加大非遗内容的阐释和实践解读，深化非遗情感的时代升华和"匠心匠品"的打造。

4. 树立可持续发展理念

切忌急功近利、昙花一现，梳理非遗资源，建立重点支持研发转化利用的项目清单，制定规划方案，配套政策措施，培育产业化持续化发展链条，绵绵用力，久久为功。

5. 树立团队实力提升理念

坚持"德才兼备"的总体要求，把保护传承弘扬非遗人群的道德素养放在首位，兼顾核心技艺、创意研发、推广营销等方面素养全面提升，培养手艺人在做好"守艺人"的前提下，成长为现代设计思维与美学修养的创意人和建设者，打造综合实力过硬的人才团队。

（二）理解"守正创新"含义

法必宗如古，式必从其新。不变的是非遗本有的传统内核，变的是契合时代需求的呈现方式和内容，在变与不变中体现传统基调下的非遗时尚之美，这是"守正创新"的含义所在。守正是创新的前提，本质在于"守魂、立根、靠本"。"守魂"就是守住非遗所蕴含的体现中国精神内核的思想观念、人文精神、伦理道德、思维方式和文化意识，赓续绵延中国精神命脉，涵养社会主义核心价值观，大力弘扬非遗所蕴含的历史价值、文学价值、艺术价值、科学价值；"立根"就是立牢历史传统根基，坚守非遗的传统技艺流程、基本特点和民族特色，注重非遗的真实性、整体性，尊重其历史原貌、形式和内涵，禁止歪曲、贬损，体现非遗的差异性和多样化，保持其既多元一体又各美其美；"靠本"就是坚持以人为本的"活态传承性"，通过认定代表性传承人、支持传承人传艺带徒，发展壮大传承队伍，依靠传承梯队的接棒赓续，把老祖宗留下来的文化瑰宝一代一代传下去。

（三）把握社会生活潮流

现代化是涵盖经济、社会、政治、文化诸多方面的社会转型过程，在传统文明向现代文明迁移演变进程中，促进社会群体向个体转变的同时，激起很多人内心对传统生活、自然和谐、宁静恬适、淳朴简单场景的追溯和向往，逐渐形成新时代一种生活新潮流。及时把握人们的审美情趣，捕捉人们的心想所念，打造契合大众要求的精神家园，让非遗创造性转化和创新性发展精准对标时代新要求。通过传统文学、传统音乐、传统美术等演绎，实现人们对美文、美器、美舞、美境的美好追求；通过传统村落、古街区等生活场景的修复还原，让人们在感受时空穿越中满足一种怀旧追求；通过传统美食、传统服饰、风情民俗的品鉴体验，达到人们对生活多样性、多彩性的追求。

（四）彰显时代价值意义

非遗创造性转化和创新性发展在彰显历史、文学、艺术、科学价值的基础上，还应重视研究非遗在当代背景下集聚显现的审美价值、教育价值、经济价值、可持续价值等。即非遗产品在展现技艺、智慧、功能的同时，包含了传承人和受众非常浓厚的情感内涵和价值判断；非遗是动态的生命体，非遗产品的生产是过程中价值体系的再现；非遗的创造和再创造是对未来去向的价值判断，价值意义在于驱动人类文化演进；非遗的转化体现人类的创新精神，赋予产品丰富的生命力；祖先留给后代的文化财富，是把自己的情感、价值判断投入当中，后人依然带着情感价值去创造创新；创造创新既让人们更好地了解和传承中华民族的优秀文化，又要唤醒人们的历史感、增强人们的幸福感、培育人们的民族认同感，不断激发中华民族的自豪感和自信心。

（五）促进生活化、时尚化

1. 生活化、时尚化是非遗的天然属性

非遗先天具有市场基因，从诞生起就在创造、生产和销售中借助商业的力量绵延不息，可以多种形式打开。主要体现在：传统工艺的文化特质与时尚元素相契合；小批量生产和私人定制是时尚对个性的体现；材美工精和质感是时尚对细节的要求；手工艺慢生活是时尚的一种生活方式；手工艺"制随时变"是时尚融合传统与现代的体现。

2. 生活化、时尚化条件储备

非遗的创造创新关键在人，培养壮大非遗传承人群主体是第一要务；对标"工匠精神"培育非遗"工匠"，力求匠人匠心出匠工匠品；着眼长远做好生活化、时尚化，渐进式、可持续的规划设计；力求德才兼备、德艺双馨，从道德修养和艺术素养两个方面不断提升非遗人才队伍的综合能力，培养储备一批坚定文化自信、善于创新的领军人才。

3. 积极融入大众生活市场

传统文化现代演绎、传统资源现代利用。不断拓展传播形式和空间，让各具特色的非遗产品走进老中青不同人群的生活场景，引领"国风""国潮"的兴起，推动饱含古风新韵的非遗焕发新的生机和活力；体现好做、好看、好卖、好带、好用特点，创意研发多样化的非遗产品；坚持市场导向，专精提升产品品级，做大市场规模，研究运营策略，面对大众市场需求能够接得住、供得上、传得远；引导人民大众养成非遗生活习惯、生活态度、生活方式，培育拓展非遗生活市场。

（六）构建融合大格局

聚焦增强文化自信、凝聚文化认同、铸牢中华民族共同体意识，衔接国家文化公园、乡村振兴、全域旅游、文化生态保护区、新型公共文化空间等重大建设项目，统筹优化融合发展基础条件。通过"非遗+""+非遗"多种形式，建立区市县乡村五级协同联动机制，制定年度和中长远工作计划，形成非遗与农业、水利、工业、交通等领域和部门纵横链接的"矩阵"，实行非遗创造转化的系统化设计、同步化实施、一体化推进，通过资金扶持、资源整合、服务优化等多种方式，对传统村落、特色街区、民间文化艺术之乡、非遗馆、非遗保护传承基地、非遗工坊、传承人工作室等设施功能进行提升拓展，增强非遗市场化转化的整体实力，推动非遗与当代发展要素高效融合，形成非遗多领域、多维度融合发展架构。在更广范围体现非遗融合的覆盖性，在更深层次体现非遗的当代创造和沉浸嵌入，在更高水平体现非遗的时尚潮流，打造高品质体验场景。

（七）精耕细作品牌产品

1.增强品牌意识

创造性转化和创新性发展不是简单的作品形式改造和再生产，而是匠心内涵式的创造，应坚持立意新、起点高、出精品、"品牌为王"的价值取向和思想导向。

2.遵循品牌规律

以当地文化特质和市场需求的客观实际为出发点和落脚点，遴选符合市场发展规律的非遗项目，创意研发契合市场受众情绪的系列产品，倾注情感心力专精打造，把握渐进式心路历程，从普品到高端再到品牌名作。

3.定位品牌形象

立足于当地生活特征、风尚习俗、风土人情，看准目标市场和目标消费者，认清品牌的核心竞争力和差异化优势，在诸多非遗资源中萃取体现当地独特文化气质的代表性项目，研究设计融入当地文化元素和精神情怀的具有一定层次深度、与众不同的产品标识来准确定位品牌形象，树立非遗产品个性化、市场化、持续化生产发展的形象标杆。

4. 确立品牌价值

研究阐释非遗所蕴含的精神内核和当代价值，将非遗—创意—产品的研发过程紧紧关联在价值要义的表达上，形成非遗与品牌的价值共振效应。

5. 推动品牌传播

制定品牌市场推广方案，线上线下共同发力，广泛宣传、推广、营销，增强品牌的曝光度、美誉度和影响力，让非遗创造性转化和创新性发展的成果发挥更加广阔久远的普惠效应。

（八）推动数字化传播

非遗进入数字时代是发展的客观现实，非遗与"数智"碰撞融合，为非遗新创意、新呈现和新体验提供更多可能。文化基因的数字呈现、时空流变的数字重构、审美体验的数字化融通、社会价值的数字化普及，构成数字时代非遗创造性转化和创新性发展的主要内涵，数字化推动传统与现代的融合互补，开启非遗新的文化延续形态，为非遗的多样多彩呈现开辟更为广阔的空间。利用 VR、3D、5G 等数字技术，提炼聚拢传统，链接沟通现代，打破时空疆界，诠释非遗的时代内涵、激发非遗的时代活力。让非遗的表现形式超越传统的物理、时间和空间限制，在虚拟和现实之间搭建桥梁，建立扩大非遗"朋友圈"，促进文化的跨时代对话，在动态的数字时空中激活和理解非遗流变的"活态"基因，为唤醒记忆、场景互动、情感共鸣、思想交流赋予新的维度，实现"人民的非遗人民共享"。

宁夏黄河文化的传承路径研究

黄浩宇

作为中华民族的母亲河，黄河孕育了灿烂辉煌的文化，世世代代滋养着华夏大地。习近平总书记曾在 2019 年强调："黄河文化是中华文明的重要组成部分，是中华民族的根和魂。要推进黄河文化遗产的系统保护，守好老祖宗留给我们的宝贵遗产。要深入挖掘黄河文化蕴含的时代价值，讲好'黄河故事'，延续历史文脉，坚定文化自信，为实现中华民族伟大复兴的中国梦凝聚精神力量。"[1]这就指明了黄河文化的重要地位，以及保护和传承黄河文化的重要意义。

在新时代背景下，深入挖掘黄河文化的内涵与价值，积极探索其传承与发展路径，可以有效增强中华民族的文化自信，推动社会主义文化繁荣兴盛。而对于宁夏来说，其美丽富饶的土地自古以来便源于黄河母亲的滋润。相应地，由黄河所孕育出的文化，至今仍影响着这片土地上的各族人民。面对新的时代要求，宁夏有必要发掘黄河文化中的"宁夏部分"，将保护、传承、发扬"宁夏黄河文化"作为新定位、新要求、新使命。

面对这一光荣使命，近年来，相关领域专家的研究日益深入，涌现出

作者简介　黄浩宇，宁夏民族艺术研究所资料档案部主任，副研究馆员。

①习近平：《在黄河流域生态保护和高质量发展座谈会上的讲话》，《求是》2019年第 20 期。

大量研究成果。这些研究对于宁夏黄河文化的内涵、特点、价值，以及传承与发展的重要性等方面有着深入分析和诸多见解，具有理论和实践意义。然而也应明确，宁夏黄河文化的传承路径研究尚有补充的空间。在新的时代背景下，如何创新宁夏黄河文化的传承方式、拓宽其传播渠道是有待继续深入的问题。因此，本文采用文献研究法、实地考察法和案例分析法等多种研究方法，结合宁夏黄河文化的历史与现实背景，分析其当前传承的路径、成效及面对的挑战，并参考其他地区的成功案例，提出相应的路径建议。

一、宁夏黄河文化传承的方式与成效

宁夏黄河文化是宁夏人民在长期历史发展过程中，通过生产实践、精神创造和社会交往等活动孕育而成的一种具有民族特色、地域特色和时代特色的文化形态。它涵盖生态文化、物质文化、精神文化、制度文化等多个层面，内容涉及宁夏黄河沿岸的自然景观、历史遗址、民俗风情、文化创造、宗教信仰等，丰富而精彩。根据文献整理与实地调研，目前这类文化的传承方式主要有如下三种。

一是口头传承，即通过民间故事、歌谣、传说等方式代代相传。宁夏民间流传着很多有关黄河的传说，经过实地考察和口头采访，笔者了解到一则关于"黄沙古渡"的传说。相传在远古，有一年秋天，黄河淹没了村庄，百姓叫苦连天。这时从黄河东岸大草原上跑来一匹金马驹，后面有无数人追赶捉拿。于是金马驹跳入黄河，结果陷入稀泥之中。追赶的人马无法过去，便在河岸边守候。岂料过了一个月后，洪水退去，金马驹却变成了一座沙梁。追赶的人便不断挖掘沙梁，可是一无所获，以后历代也有权贵希望挖出金马，也终是徒劳。直至今天，沙梁还在那里，而周围因为不断挖掘，形成了人来人往的黄沙渡口。这则故事由古代口耳相传，至今不辍，可见口头传承的有效性。

二是文献传承，即通过诗歌、史书等文字记载方式传承。中国是诗歌的国度，诸多脍炙人口的诗作自古传诵。其中，清代的贡生胡秉正作为宁夏人，留下了两首涉及黄河宁夏段的诗。其一为《晓渡黄河》："归舟喧渡急，移棹荡波纹。两岸山光合，中流树色分。沙明争映日，浪涌欲吞云。何处渔歌发，惊飞鹭一群。"①其二为《咏贺兰山》："西北天谁补，此山作柱擎。蟠根横远塞，设险压长城。俯瞰黄河小，高悬白雪清。曾从绝顶望，灝气接蓬瀛。"②两首诗意象高远、气势豪迈，将塞上黄河文化诠释得淋漓尽致。以之为代表，可见文献对于宁夏黄河文化保存、传承的重要作用。

三是实物传承，即通过历史文物、建筑、艺术品等实物形式传承。在这一方面，贺兰山岩画名声在外，自不必多说。值得一提的是胡旋舞石刻（见图1），"在悠久灿烂的宁夏黄河文化中，宁夏博物馆所藏唐胡旋舞石门则是宁夏黄河文化中多元丝路文化交融汇聚的典型代表"。③胡旋舞流行于隋唐，由粟特人创造，经丝绸之路传入中国。由之，它成为古代中外文化交流的有力见证，彰显着依傍黄河而生的多元一体的中华文化的开放包容和深远影响力。以之为代表，可见实物在宁夏黄河文化保存、传承中的重要价值。

图1 胡旋舞石刻（现藏宁夏博物馆）

以上三种传承方式是较为传统的方式。它们的重要作用在于保证了宁夏黄河文化流传至今而不失。而到了今天，它们也是最基本的传承方式，需要今人继承发扬。当然，近年来，在党中央、国务院的高度重视下，黄

---

①尤艳茹：《雄浑贺兰 多彩银川》上卷，宁夏人民出版社，2008年，第132页。
②尤艳茹：《雄浑贺兰 多彩银川》上卷，宁夏人民出版社，2008年，第133页。
③苗亚娟、王胜泽：《黄河文化传承与弘扬的路径探析——以宁夏博物馆藏胡旋舞文创产品的设计应用为例》，《民族艺林》2020年第3期。

河文化的保护与传承工作日益得到重视，宁夏也在传统传承方式的基础上出台了一些新方法。一方面，各级政府和相关部门加大了对黄河文化文物、遗址等资源的保护力度，将一系列抢救性保护工程推至台前；另一方面，各部门也通过举办黄河文化节、开黄河文化论坛、发展黄河文化旅游等方法，试图增加黄河文化的传承发扬方式。可以说，这些方法取得了一定成效，提高了公众对黄河文化的认知度和认同感，但是仍然有所不足。在新时代背景下，宁夏黄河文化的传承工作仍然面临着巨大挑战。

二、宁夏黄河文化传承面临的挑战

黄河自宁夏中卫市南长滩进入宁夏境内，途经中卫、中宁、青铜峡、吴忠、银川、灵武、石嘴山等 11 个市（县），全长 397 公里。由此，宁夏大部分地区都受到黄河滋养，故有俗语称"天下黄河富宁夏"。而银川更是因为黄河才成为稻香鱼鲜的"塞上江南"。宁夏人民受惠于黄河，故而更容易传承、发扬黄河文化。然而随着社会的进步、经济的发展，今时相比往日有着翻天覆地的变化。新的境遇也带来新的机遇和风险，宁夏黄河文化的传承也就因之面临新的挑战，主要有如下三种。

一是多元文化冲击。随着全球化进程的加速和互联网的普及，多元文化对宁夏黄河文化的冲击日益加剧。信息接收渠道的广泛使人们的注意力被大大分散。一方面，各种流行文化的风行使得部分年轻人对传统文化产生疏离感；另一方面，国内其他地域文化的兴起也分散了公众对黄河文化的关注度。在琳琅满目、源源不绝的多元信息轰炸下，宁夏黄河文化几乎被淹没，上文所说的三种传承方式所发挥的作用已经逐渐式微。

二是线下传承方式单一。如前所述，当前宁夏黄河文化的传承方式仍相对单一，以口头、文献、实物传承为主。这些传承方式不仅效率低下，而且难以适应现代社会的快节奏生活。更为重要的是，大部分中青年人的主要信息接收渠道已经游离于这三种方式之外，也就使得他们较难接触到宁夏黄河文化。

三是线上传播渠道不畅。在科技的推动下，宁夏相关部门也开始运用新的媒介手段传播黄河文化，但就目前来说，其主要运用的还是传统媒体，传播渠道相对狭窄。这种传播方式不仅覆盖面有限，还难以吸引年轻人的关注。而且，由于缺乏有效的互动机制，公众对黄河文化的参与度和体验感较低，从而不能全面发挥出线上传播的潜力。

三、宁夏黄河文化传承的路径建议

宁夏黄河文化的传承路径若固守传统而不思新变，则难以适应新的形势。因此，本文结合时代背景与宁夏地域特点，参考陕西、河南、山东的成功案例，为宁夏黄河文化的传承提出如下建议。

（一）加强对宁夏黄河文化的挖掘与整理

在多元文化的冲击下，宁夏黄河文化日渐式微，非常有必要在加强保护的基础上深入研究，挖掘其潜在价值。对此，河南就做得很好，已经"先后建成殷墟、隋唐洛阳城等 7 处国家考古遗址公园，打造了三门峡—洛阳—郑州—开封—安阳沿黄世界级大遗址公园保护走廊；建成开放了郑州商都遗址博物院、二里头夏都遗址博物馆、殷墟博物馆、庙底沟仰韶文化博物馆等，形成了黄河文化博物馆群落"。[1]对遗址公园和博物馆的大力建设，不仅保护了黄河文化遗产，也能吸引大量参观者，促进文化传承，值得宁夏借鉴。

此外，河南还"实施《艺术家》口述史影像档案工程，以口述历史纪录片形式为 70 岁以上具有代表性的河南戏曲名家留档存史，这既是对艺术前辈的致敬，也是对黄河文化遗产的抢救性保护"。[2]将黄河文化录入影像中，可以有效吸引青年人群，发挥其时代价值。宁夏可以以此为基础进行创造性发挥，建立黄河文化素材共享平台。即以实地调研、公开征集等方式，从宁夏各地市征集与黄河文化相关的文字、影像、口述史等资料，把能够体现宁夏黄河文化特色的元素、符号和精神标识提炼出来，分门别类

---

[1]郭歌、杜军：《守好历史文脉 传承黄河文化》，《河南日报》2024 年 10 月 23 日。

[2]郭歌、杜军：《守好历史文脉 传承黄河文化》，《河南日报》2024 年 10 月 23 日。

地进行标签化保存，构建出宁夏黄河文化素材库。如此，既加强了对宁夏黄河文化历史脉络的梳理和整合，又能适应时代要求，为各类新型传媒提供线上传播资料，非常有利于文化的传承。

（二）创新宁夏黄河文化的线下传承方式

在文旅热潮的时代背景下，拓展传统线下传承方式，最不能忽略的就是文化旅游。宁夏对此是做了工作的，但是相较其他省区仍显不足。比如陕西，截至 2024 年 11 月，"陕西省黄河流域 A 级旅游景区达 430 家，其中 5A 级 11 家、4A 级 117 家、3A 级及以下 302 家。沿黄生态观光旅游线路成为陕西旅游发展的重要板块和新名片"。[1]旅游产业如此兴盛，值得宁夏学习。宁夏黄河文化资源十分丰富，有黄河水运渡口码头、引黄古灌渠水利工程遗产、历史建筑、工业遗产、传统村落、革命文物等。有必要进一步打造黄河文化旅游品牌、开发黄河文化创意产品，推动黄河文化的产业化发展，以实现宁夏黄河文化的经济价值和社会效益的双重提升。

文旅之外，黄河文化节、黄河文化展览等活动，有助于黄河文化的展示和宣传；文艺演出、民俗展示等活动，则可以提高公众对黄河文化的参与度和体验感。2024 年 6 月，在陕西，"'文化和自然遗产日'前后，全省各地共开展 1156 场非遗宣传展示活动，其中线下 226 场、线上 930 场。这些带有鲜明黄河文化特色的非遗活动吸引了 3000 余万名群众参与其中，展现了黄河文化之美"。[2]宁夏也可以举办大量以黄河文化为主题的活动，如果条件允许，还可以推进黄河文化的国际交流与传播。比如举办国际学术研讨会、国际文化节等活动，在其中融入黄河文化元素。同时，加强与海外华人华侨的联系与沟通，发挥他们在传播黄河文化中的桥梁和纽带作用。

---

[1]孙亚婷、李卫：《唱好新时代"黄河大合唱"——陕西黄河文化保护传承弘扬工作观察》，《陕西日报》2024 年 11 月 6 日。

[2]孙亚婷、李卫：《唱好新时代"黄河大合唱"——陕西黄河文化保护传承弘扬工作观察》，《陕西日报》2024 年 11 月 6 日。

（三）拓宽宁夏黄河文化的线上传播渠道

全媒体时代，文化的宣传绝不能抛弃线上方式。如今，文化传播的主要渠道已经改变，短视频、新媒体、在线直播成为主流。面对日新月异的媒体科技，如前所述，宁夏可以利用大数据、云计算等现代信息技术手段，对黄河文化资源进行数字化处理和存储，打造黄河文化数字资源库。在整理好文化资源后，可以利用微博、微信、短视频等新媒体平台进行宣传推广，还可以运用大数据精准把握受众的文化需求，大力开发适宜互联网、移动终端等载体的数字文化产品。

因此，促进黄河文化与新媒体产业融合就非常重要。在这一方面，可以以经典的黄河流域民间传说、历史故事以及其他各类资料为原型，拍摄影视剧和综艺节目、塑造动漫形象、创造网络小说、建造主题景点和 VR 体验馆等。简单讲，就是对黄河文化进行适应人民兴趣、平台特性的改编创作。山东就强调要"繁荣黄河文化艺术创作，以文学、影视、动漫等艺术形式，打造一批展现黄河特色的艺术精品"[1]，非常符合时代发展要求。宁夏也应重视这一点，大力推进黄河文化的线上传播，促进优秀文化产品多终端推送、多渠道传输、多平台展示，充分彰显黄河文化的当代价值。

四、结语

黄河文化是中华民族的精神家园和文化根基。在新时代背景下，深入研究和探索黄河文化的传承路径对于发扬文化特色、增强文化自信、铸牢中华民族共同体意识具有重要意义。"在沿黄 9 个省区中，唯一全境属于黄河流域的省份，就是宁夏"[2]，故而宁夏受黄河影响极深，所产生的黄河文化也极为丰富。本文通过分析宁夏黄河文化的传承现状、面临的挑战，提出了加强挖掘整理、创新线下传承方式、拓宽线上传播渠道的路径建议，

---

[1] 李西香、王鹏：《山东省黄河文化的内涵与保护传承路径》，《滨州学院学报》2022 年第 5 期。

[2] 陈育宁：《传承黄河文化，促进宁夏高质量发展》，《中国民族报》2023 年 6 月 28 日。

并给出了具体方法。相信这些方法对于促进宁夏黄河文化的传承会有一定作用。当然，发展就会有困难和险阻，但只要宁夏认真贯彻习近平总书记关于保护、传承、弘扬黄河文化的重要论述精神，坚持"高标准规划、系统性保护、创新性发展"的原则，在自治区党委和政府的领导和人民群众的共同努力下，必能奋力谱写出黄河文化欣欣向荣的"宁夏篇章"。

宁夏"两长一河"国家文化公园文化遗产系统性保护开发利用研究

张万静

从 2019 年开始，我国先后启动长城、大运河、长征、黄河、长江五大国家文化公园规划建设。建设国家文化公园是传承发展中华优秀文化的重要举措，是中国式现代化在文化建设领域的全新探索。宁夏是长城、长征、黄河国家文化公园（以下简称"两长一河"国家文化公园）建设的重要组成部分，文化遗产独具特色、多元共存和一体发展，是铸牢中华民族共同体意识示范区的重要资源。"中华民族共同体意识是中华民族在长期的生活实践中所形成的具有客观性的精神形态，这一意识呈现了共同缔造的历史记忆、共同书写的灿烂文化、共同交往的感知与期许、共同奋斗的理想信念。"①宁夏"两长一河"国家文化公园建设初见成效，成为宁夏文旅融合发展的集中展示空间，但是还存在文化资源保护与开发不均衡、游客体验不佳、社区参与度低、可持续发展后劲不足等问题。对此，需要通过完善文化遗产系统性保护与开发，促进文化遗产保护主体之间的合作和强化产业链上下游的互动支撑等路径，以实现文化遗产的有效保护、合理利用与可持续发展，提升国家文化公园的社会、经济、文化价值和国际影响力。

作者简介　张万静，宁夏社会科学院古籍文献研究所所长，研究员。
①陈飞：《共同体意识与中华民族共同体建设》，《宁夏社会科学》2023 年第 3 期。

一、国家文化公园建设视域下的文化遗产保护与推介

有效保护与合理利用文化遗产，首先要对文化遗产进行全面翔实的梳理，全方位衡量其历史地位和文化价值；其次要实施科学的保护措施，保持遗产内核的完整性，确保遗产资源的原真和完整；最后要活化利用文化遗产，与现代社会的发展需求互动与对话。目前，宁夏"两长一河"国家文化公园建设，对于文化遗产保护开发，同质化竞争、模式化复制问题比较突出。

文化遗产的多样性是构建国家文化公园的核心。目前的文化遗产保护侧重于文明遗迹和遗址，在开发层面上，侧重于将文化遗产转化为促进现代化发展的动力。国家文化公园建设还应围绕文化遗产与当代生活方式的有机结合，开发过程促使当地社区参与，并探索创新性表达和体验方式；强化区域特色文化的深度挖掘与创新表达，全面激活文化遗产的内在活力，形成可持续发展的文化生态系统，讲好文化公园故事，全面系统展示长城文化、长征精神、黄河文化。

国家文化公园对外展示的形象和内涵不仅要突出文化的深度和广度，更应构建起社会认知度。国家文化公园的社会认知度涉及多个维度，一是对外宣传的广度与深度，公众的认知与接受程度以及文化与教育层面的互动与传播。二是在实际操作层面，通过增设文化符号的物化表达、优化文化遗产解读、加强文化节庆活动的组织与宣传，有目的地提升国家文化公园的社会认知度。三是游客体验与认知评估在国家文化公园认知中居于核心位置。在打造标志性自然景观的同时，注重提升游客的参与度和体验感，激发游客的情感认同，丰富文化体验的层次。四是在文化认同方面，不仅要促进游客对长城文化、长征精神、黄河文化的认知与感受，同样也要加深当地居民对于文化遗产的珍视与保护。

二、文化遗产系统性保护开发原则

系统性保护的理论依据，魏宏森教授与曾国屏教授合著的《系统论——系统科学哲学》指出"在 20 世纪 80 年代钱学森'广义系统论'思

想的基础上，提出了系统论的八大基本原理，即整体性、层次性、开放性、目的性、突变性、稳定性、自组织和相似性。"①系统性保护理论在文化遗产保护、生态环境保护等领域受到广泛关注与重视。

（一）可持续发展原则

国家文化公园的可持续发展原则，核心在于构建一个能够维系自身生命力、促进地区经济与环境和谐共生的文化生态系统。文化生态系统的保持，必须基于文化遗产的传承保护和创新性转化，确保文化遗产资源能持续发挥教育和启发公众意识功能。加强政策制度建设，为国家文化公园建设提供稳定的法律和政策环境，形成一个全方位、多层次的保护网络。这就要求一个系统化的管理机制，实现动态可持续管理。具体到政策实施层面，应通过构建以文化遗产、文旅产业和创意产业的"三位一体"模式，发挥市场在资源配置中的决定性作用，解决建设保护资金的持续供给问题，同时营造有利于社会资本投入的环境，提高投资的回报率和吸引力。此外，社区民众的参与和支持对于国家文化公园的可持续发展至关重要。需鼓励当地居民成为维护和推广文化遗产的积极参与者，形成社会共享共治格局。

（二）资源整合最大化原则

国家文化公园建设，资源整合最大化原则显得尤为重要。挖掘文化遗产，实现资源最优配置和利用。打造一个有机融合历史与现代、传统与创新的国家文化公园，实现文化遗产的动态保护和可持续发展。整合亦需区域协同，注重与黄河流域各省区的交流与合作，根据宁夏地理环境和文化特征，制定以资源发掘与保护为核心、多元文化融合和传承的项目规划。挖掘民间艺术、仪式、节日习俗等非物质文化遗产，进行系统性的记录和研究，依托地方社区的原生态环境和生活习俗予以传播与展示。"非遗介入景区开发，本身即是一柄双刃剑。利用得好，可以促进非遗传承，增加地方收入，同时还可以增加景区文化内涵，促进景区旅游的可持续发展。但如果处理得不好，不但会破坏非遗的真实性，还会使景区因造假而名声

---

① 魏宏森、曾国屏：《系统论——系统科学哲学》，清华大学出版社，1995 年，第201 页。

一落千丈。"①宁夏地域面积小，文化遗产资源集中，"两长一河"国家文化公园可以一体规划、统筹推进。

（三）社区参与和利益共享原则

社区参与和利益共享是国家文化公园建设中不可或缺的环节。通过将社区成员纳入国家文化公园的规划、建设及运营过程之中，不仅满足当地民众的文化需求，而且能有效提升他们对国家文化公园建设的归属感和认同感。社区居民是参与者而非旁观者，保证居民在文化传承与发展中扮演主体的角色，确保居民在享受文化盛宴的同时，也能在经济上获益。在执行层面，国家文化公园建设项目，应与当地居民紧密联系，尤其是在非遗方面可直接参与和执行，这不仅有助于保护和传承特色非遗，还能带来相应的经济收益。在经济共享方面，国家文化公园应与社区建立多方共赢的经济模式，借助市场化投融资模式，吸引和鼓励社区成员投资国家文化公园项目，享有公园收益的分红权益，激活社区经济发展。这种模式不仅能够提升公园项目的经济活力，还能增强社区成员的经济自主权，促进区域经济和文化的繁荣发展。

三、文化遗产系统性保护开发建设路径

（一）政策制度保障

国家文化公园建设，在政策制度保障方面刻不容缓。必须建立健全涵盖法律法规、财政投入、项目支持、人才培养等多维度的政策体系，确保国家文化公园的长期可持续发展。加强部门之间的协作，形成多部门联动机制，确保文化遗产保护措施的有效落实。确立国家文化公园在国家战略中的重要性，为保护和发展工作提供法律支撑与政策指引。根据《关于建立以国家公园为主体的自然保护地体系指导意见》等文件提出的划定并严守"三区三线"政策，宁夏"两长一河"国家文化公园应嵌入其中，确保文化遗产的有效保护和合理利用。财政资金的稳定注入，是公园建设不能

---

① 苑利、顾军：《非物质文化遗产进景区的"功"与"过"》，《旅游学刊》2021年第 5 期。

忽视的动力。国家文化公园建设更应成为中央和地方财政投资的重点项目，合理安排资金配置，监管使用效率，确保资金发挥最大效能。项目支持方面，要依托中共中央、国务院印发的《黄河流域生态保护和高质量发展规划纲要》中涉及的生态补偿机制和林业碳汇交易等措施，探索创新型项目融资渠道，引入社会资本，形成多元化的资金支持体系。在人才培养方面，必须注重专业人才培养与引进，通过与高校、研究机构的合作，为国家文化公园的可持续发展提供有力保障。与此同时，政策制度的不断完善和动态调整，也是推进公园建设从量变到质变的关键。

（二）文化遗产保护与利用

国家文化公园建设，旨在通过有效保护和合理利用文化遗产，使其在推动经济发展与社会进步中发挥积极作用。传统村落不仅是文化遗产的重要组成部分，更是地方传统和乡土记忆的载体。因此，对这些村落的保护意味着对整个国家文化公园文化遗产的保护。在文化遗产的利用方面，将文化遗产转化为旅游资源，促进餐饮、住宿、传统手工艺品等相关产业的发展，从而形成一条长效、可持续的文旅产业链。此外，与地域文化相结合的现代创意产品和体验式旅游的开发，都是实现文化遗产保护性开发和利用的重要途径。将这些措施落到实处，不仅需要政府和相关机构的大力支持，还需要民众、企业和学术界的积极参与，形成合力，共同推进国家文化公园建设。

（三）旅游开发与市场营销

国家文化公园建设在打造文化旅游品牌的过程中，需精准定位市场需求，实现旅游资源与市场需求的有效对接。长城文化、长征精神、黄河文化作为中华民族文化的重要组成部分，其独特性与多元性为国家文化公园旅游开发提供了坚实的文化支撑，同时在国际旅游市场中具有独一无二的竞争力。"习近平同志像看待基因遗传一样审视中华优秀传统文化的传承，主张结合时代要求有鉴别的对待、有扬弃的继承，重点做好创造性转化和创新性发展，这就科学阐明了对待中华传统文化的正确态度。"[1]构建以国

---

[1]耿识博：《习近平"文化基因"论的内涵探析》，《中共中央党校学报》2016年第3期。

家文化公园为核心的全域旅游发展模式，塑造长城、长征、黄河文化的品牌形象，提升国家文化公园的知名度和吸引力。国家文化公园的建设与市场营销策略需采用差异化的定位，司空见惯的传统推广方式对文旅产业的长远发展造成制约。因此，需创新旅游产品与服务，如引入智能化导览系统、开发沉浸式体验活动等，使游客能够深入体验文化的魅力。市场营销策略方面，借助现代信息技术，如新媒体营销、数据分析等，实现对目标市场的精准推广和口碑效应，拓展宁夏"两长一河"文化旅游影响力。国际市场的开拓则应依托于"一带一路"建设，深化与共建国家和地区的文化交流与合作，打造符合国际市场需求的旅游产品，推动国家文化公园走向世界。

（四）科技创新与国家文化公园融合

宁夏"两长一河"国家文化公园的构建，重点突出科技创新与国家文化公园的融合。借助现代科技手段，为传统文化提供新的演绎平台，赋予国家文化公园更加丰富多样的体验与传播途径。有效利用现代信息科技，如地理信息系统（GIS）、大数据分析、云计算和人工智能（AI）等技术对文化遗产进行深入挖掘与管理。依托数字技术手段，运用虚拟现实（VR）和增强现实（AR）技术，打造沉浸式文化体验空间，从而增强公众的互动参与感和体验感。打造与国际接轨的国家文化公园虚拟体验中心，实现文化遗产的数字化传播，为游客提供沉浸式的文化体验与互动参与的机会。此外，构建跨学科合作机制，联合人文与自然科学等领域的专家学者，搭建科研平台，打造科研成果转化与创新发展的有效载体。研究成果应及时转化为国家文化公园建设的实际应用，如景观再现、非物质文化遗产数字化保护、文化产品创新等。综合运用多维度的科技手段创新国家文化公园管理和运营模式，致力于构建特色鲜明、功能完善、管理科学、保护先进的国家文化公园体系。

（五）品牌战略与国际合作

国家文化公园建设，对于宁夏培育地区文化品牌，打造国际旅游目的地有着重要意义。不仅要展现文化遗产的厚重，更需通过精准的品牌战略和国际合作，将宁夏的文化遗产推向世界。在构筑国家文化公园品牌形象时，必须深入挖掘传统文化中包含的哲学思想、历史记忆、民族精神与艺术表达，确保品牌战略的文化内核具有高度识别性，并且能与现代审美和国际文化语境产生共鸣。针对国家文化公园的"国家"属性，整合宁夏的人文景观和非物质文化遗产，采用故事化的营销技术，提升国家文化公园的吸引力与影响力，建立起坚实而独特的品牌形象。在国家战略的指导下，宁夏"两长一河"国家文化公园可与国内外众多高校、科研院所、文化艺术中心、产业园区建立长效的合作机制与交流项目，实现文化遗产的多元开发和共享，提升国家文化公园的专业性与国际化程度。

四、结语

建设宁夏"两长一河"国家文化公园，必须深入探讨文化遗产系统性保护开发利用，确保其可持续发展及对区域经济社会的积极影响。在实践中，以黄河流域生态保护和高质量发展的要求为指导，确保国家文化公园文化旅游的可持续发展。在保护与发展之间找到恰当的平衡点，实现文化的传承与创新并重，厚植国家文化公园的历史价值与现实意义。推进文化产业与地方经济融合发展的多元化路径，更加关注完善顶层设计和强化政策执行力度，以及地方政府的主导性和市场机制的有序参与。包括建立起更为完善的资金投入与激励机制，增加社会资本的参与度，注重区域间文化协同发展和资源共享。同时，也应注重激发地方居民和社区对国家文化公园建设的参与度和认同感，从而促进公众文化意识和社会责任感的提升，充分发挥国家文化公园在塑造国家形象和提升民族文化自信中的作用。

"智游宁夏"赋能旅游业高质量发展研究

任　婕　李昀霏

我国目前已经形成全球最大的国内旅游市场，成为国际旅游最大客源国和主要目的地[①]，在科技飞速发展、消费需求不断升级以及全球旅游市场竞争日益激烈的大背景下，旅游业积极推进数字化转型已成为极具关键意义的战略举措。文化和旅游部办公厅、中央网信办秘书局、国家发展改革委办公厅等 5 部门于 2024 年发布的《智慧旅游创新发展行动计划》（以下简称《计划》），对各地智慧旅游发展提供了全面指导。同时，也对旅游数字化建设提出更高要求，需要公众旅游服务更好依托于先进数字化技术，赋能旅游业高质量发展，以满足人民日益增长的美好生活需要。"智游宁夏"项目在这样的背景下实施，必要且及时。

一、"智游宁夏"建设现状与面临的挑战

（一）"智游宁夏"建设现状

"智游宁夏"是宁夏积极响应新时代旅游市场要求，实施"文旅创新升

作者简介　任婕，宁夏社会科学院文化研究所副研究员；李昀霏，中国海洋大学管理学院博士研究生。

[①]陈茜、高媛：《商务部：中国成为国际旅游最大客源国和主要目的地》，央视新闻，https://baijiahao.baidu.com/s?id=1808814977190218510&wfr=spider&for=pc，2024 年 8 月30 日。

级工程"的重点举措之一。该项目以小程序的形式于2024年4月30日在微信和抖音上线运行，宣传语是"一机在手，畅游宁夏"。资料显示，该程序的开发主要依托宁夏文旅现有应用平台，按照"1239"工作思路，建设内容包括"一中心、二程序、三配套、九板块"。即重点建立1个数据中心，在微信、抖音平台搭建2个小程序，搭载建设应急指挥调度系统与投诉咨询系统及开设宁夏文旅抖音官方直播间3个配套，为游客提供包括信息查询、线路推荐、出行提示、在线预订等9项服务。

据调研，目前"智游宁夏"的建设处于1.0版本，即在采购各类数据服务基础上，对"宁夏二十一景"元宇宙数字文旅服务、5G+VR实景直播、文旅行业应急通信调度系统以及运营和宣传推广服务等5个方面的配套服务进行了整合和升级扩充。实际页面显示为"重点景区""感知宁夏""定位导览""畅游宁夏"4个模块。"重点景区"模块下设"5A级景区""二十一景"和"热门景区"3个分项。"感知宁夏"模块含"景区""住宿酒店""美食场所"等28个分项介绍。"定位导览"模块可提供定位服务。"畅游宁夏"模块辖"主页""故事""温馨提示""我的"等分项，重点在"主页"中提供"最新活动""线路推荐""攻略大全"等23项服务。该程序通过集成多种服务和先进技术，从提供更准确、更优质的旅游信息着手，简化游客操作步骤，增强旅游服务便捷度，提升旅游管理效能。总体来看，"智游宁夏"的推出是2024年宁夏积极提升旅游公共服务智能化水平的集中体现，也是宁夏在智慧旅游领域的积极尝试，有助于提升宁夏的旅游形象，为旅游业高质量发展提供动力。

（二）"智游宁夏"建设面临的挑战

随着智能手机的普及，智慧旅游的发展离不开"一部手机游××"（简称"一机游"）平台这一关键工具。数据表明①，在智慧旅游服务领域，小程序相较于APP已经积累了更广泛的用户基础，发展潜力巨大。目前"智

---

①《全国智慧旅游发展报告2023》显示：我国旅游服务类APP月活跃用户量为1.36亿，而小程序的月活跃用户量高达2.53亿。旅游服务和长途出行相关的微信小程序月活跃用户量同比增长了80.4%。

游宁夏"小程序因在微信和抖音平台上访问的便捷性受到游客好评。然而，作为新平台，"智游宁夏"建设也存在现实挑战。一是作为新平台的运营挑战。面临用户习惯培养、系统稳定性和功能完善的挑战。二是技术整合的难度。小程序与VR、AR等技术的整合优化需要技术对接与兼容性，且需要持续的技术维护和更新。三是对用户反馈的吸纳程度。小程序需要不断吸纳用户反馈来优化服务，前提是要建立有效的反馈机制和快速响应用户需求的能力。

二、"一机游"平台建设经验

（一）"一机游"平台从APP到小程序

2018年以来，我国多地上线了"一机游"项目，将其作为推进地方智慧旅游发展、助力旅游转型升级的重要抓手。①从智慧旅游推进情况来看，"一机游"平台经历了从APP到小程序的转变和迭代。具体来看，一是服务功能的迭代升级。大到省区、小到景区，推出的"一机游"APP或小程序，其平台功能都在不断创新、迭代和升级。二是游客访问便捷性的提升。各地平台大多经历了从APP下载到搭载小程序便捷化访问的转变。在微信小程序中检索，国内仅以"智游"为名的旅游小程序，就有"智游海南""智游天府""智游青海""智游中山""智游桂林""智游太白山"等80余个，涉及省（自治区、直辖市）、市、县域及景区等。

据本文统计，全国34个省级行政单位中，已有28个推出了官方的"一机游"智慧旅游小程序，占比约达82.4%。"一机游"小程序的广泛建设表明，以智慧旅游平台建设为核心的旅游数字化和智慧化升级正在全面推进。

（二）"智游宁夏"可借鉴的经验

国内关于"一机游"小程序的探索大致可分为四类。第一类是省级政府或文旅厅推出的智慧旅游平台。第二类是市县区政府或文旅局推出的智

---

① 王洋：《"一机游"还有哪些提升空间》，《中国旅游报》2019年2月27日。

慧旅游主题平台，如重庆市渝中区的"一键游渝中"。第三类是知名景区（点）推出的智慧旅游平台，如"中国国家博物馆中华文明云展"。第四类是相邻地域合作开发的区域联动型智慧旅游平台，如"乐游京津冀一码通"。本文重点参考第一类智慧旅游小程序平台，即对标国内省级行政区推出的"一机游"智慧旅游小程序，梳理"智游宁夏"可借鉴的经验。

1. 跨界营销，"免费"出圈

"游陕西"小程序曾入选 2023 年全国旅游公共服务优秀案例。该平台与支付宝合作举办新春集五福活动，与盒马鲜生、华润万家、长安通等生活平台进行跨领域营销合作，通过一系列跨行业营销活动，将旅游产品代入多样化的消费环境。此外，"游陕西"还发布了"陕西免费景区人气榜"，涵盖 69 个景区（点），深受游客青睐。

"高德一键游内蒙古"是 2024 年内蒙古文旅厅与高德地图合作推出的自驾旅游平台，用户可在高德地图直接进入"一键游内蒙古"专区。该平台与导航软件的跨界合作是一种新的探索。

2. 适老功能，关怀模式

为便利老年人预约，"一部手机游甘肃"推出了包括字体增大、语音输入和语音提示等适老功能。"云游江西""乐游上海""游云南"针对老年游客和有特殊使用需求的游客分别推出了"关怀模式""关爱版""长辈版"（含"手语区"）。

3. 合作推介，一键跳转

"一部手机游甘肃"在主页以"新疆是个好地方"推介"游新疆"。"游山西"在主页以"法国很远，山东很近，去山东一定别错过这场展"推介"云游齐鲁"。以上两者都可一键点击转跳至推荐地区小程序或公众号。

4. 英文模式，优质服务

"乐游上海"在首页界面可自主选择中英文模式。"云游江西"通过"海外专区"向海外用户展示"江西风景独好"。

"优游香港"与"优质旅游服务"计划相结合，只有通过"优质旅游服务"计划认证的商铺和产品，才能准入"优游香港"平台，这无疑能极大地提升游客体验。

5. 突出文娱，欢迎"吐槽"

河北文旅在"乐冀游"展示"第二届中高等学校舞蹈专业教育教学成果展示活动"，江苏文旅在"苏心游"推广"南通紫琅音乐节"，广西文旅在"一键游广西"实时更新"2024年广西有礼特色旅游商品创意设计大赛"情况。此外，"游新疆"在首页界面明确设置了"吐槽"模块，针对游客提出的意见积极改善提升旅游服务。

三、"智游宁夏"建设要实施四个提升行动

（一）服务效能提升行动

本文访谈了30位"智游宁夏"小程序的使用者，分别选取19—44岁的青年人、45—59岁的中年人、60—74岁年轻的老年人各10人[1]，其中，区内与区外游客人数各占50%。样本游客普遍认为"智游宁夏"小程序能提升在宁旅游体验。其中，老年人反馈使用中"看不清""字体小"的占比为100%，"不太会用"的占比50%，因此本文认为，提升适老化服务水平尤为重要。此外，本文结合实际调研情况针对提升和增加细节化设计提出相关建议。

1. 提升适老化服务水平

一方面推动"一机游"平台服务适老化。支持"智游宁夏"进行适老化改造，不断优化老年用户使用体验。另一方面，对能提供适老化智慧旅游要素设施和服务的企业、景区等，择优在"智游宁夏"重点推荐。引导行业聚焦老年人旅游出行场景和真实需求，对食住行游购娱等旅游要素进行智慧适老化改造提升。

2. 提升和增加细节化设计

一是在"智游宁夏"主页突出"优惠"界面，含免费景区、打折门票、优惠政策、优惠项目等，便于游客清晰化选择。二是在主页重点推介相关文旅活动，尤其是旅游节、演唱会、音乐节、读书会等。三是在"宁夏二

---

①采用联合国世界卫生组织对年龄划分标准作出的新规定。在此基础上，结合旅游实际，将样本年龄选定在成年人范围。

十一景"板块中明晰推荐内容。以"宁夏酒堡""千年灌渠"为例，应从游客实际需求出发，标示出具体的酒庄、灌渠，酒庄列级、景区 A 级级别，目的地地址、门票信息情况等。目前界面仅能观看视频，无法获取有效旅游信息，便捷性不足。四是要把 A 级旅游景区的语音介绍全部搭载进平台，免去游客关注景区公众号再去转跳链接找讲解的烦琐步骤。五是在"酒店"页面内容中，宜明确标示酒店星级，或以"豪华型""舒适型""经济型"等分类。六要在"智游宁夏"中一键链接租车平台或租车公司联系方式。七是"智游宁夏"中推荐的旅行社全"未分级"，建议明确标示旅行社评定等级及联系方式，便于游客选择。八是公示各景区集章打卡的具体地点，以方便"集章游"的游客选择。

（二）管理水平提升行动

1. 提升游客投诉处理能力

"智游宁夏"在"我的"页面中设置了"旅游投诉"模块，但游客的"其他反馈"没有填写之处，尚待增加"吐槽"板块。且投诉类型较少，目前仅有"旅游景区""旅游酒店""旅行社"三个选项，因此所能衍生的投诉问题、原因、对象等就十分有限。建议一要将现有"投诉"模块更改为"吐槽"模块。内设"投诉"和"吐槽"两部分内容，一方面依法依规迅速处理游客投诉，另一方面引导和鼓励相关部门、企业、商家等，主动在"智游宁夏"平台上寻找被吐槽的点，自主改进改善。二要将"线路推荐"页面中的内容，设置为可评论模式，开放回复权限，访客之间可问可答。同时要求旅游地主管部门定期通过游客"槽点"，发现问题并及时解决。三要增加"游记"板块，以奖励制度引导和鼓励广大游客上传游记、视频日志等。

2. 提升平台综合服务能力

一是提高内容板块完善程度。首先，增设"研学旅游"模块，与小程序现有的"乡村旅游""葡萄酒庄""璀璨非遗"等置于同一层级推荐。同时要提高行业准入门槛，严把研学机构资质和研学导师资质认证关。其次，加载宁夏文旅志愿服务平台模块，壮大旅游服务队伍。最后，开发中英文模式切换功能，积极为打造国际旅游目的地作支撑。二是增加目的地信息服务。在小程序中加载实时旅游热力图，帮助游客自主选择与分流。三要提升用户利益保障服务和旅游安全保障服务。首先，构建准入标准，规范运营。设置准入门槛，建立黑名单制度。只有经过严格筛选后合格的酒店、民宿、旅行社、租车公司等才能进入"智游宁夏"平台的推荐，具体由归口的管理部门认定。其次，旅游安全的风险因素复杂多样，需要更系统有效的智慧型旅游风险预警提示以保障旅游安全。

（三）营销效能提升行动

1. 统筹线上线下宣传，全面加强小程序推广

一是把"智游宁夏"的程序码在游客中心、机场车站、服务区、景区内外等地大力推广宣传。二是加强与新媒体合作，尤其是与区内外旅游类公众号营销号、营销青年"新网红"等合作推介"智游宁夏"。三是将"智游宁夏"在"我的宁夏"中推广，加强在地营销。四是以小程序推介转跳的形式与合作省区互相推介。

2. 开展营销效果评估，有效提升营销成效

开展营销效果评估不仅是提升营销成效的手段，也是推动整个旅游业向智慧化转型的关键步骤。"智游宁夏"应探索建立合理的智慧旅游营销评价体系，从而有效提升营销成效。评价体系需要包含一系列符合宁夏实际的合理的评价指标，为了确保营销活动的成效可以被准确衡量和评估，这些指标要能同时满足"能量化""可追溯""适考核"的条件。通过这种方式，既为营销策略的实施带去实际成效，也为旅游推广和游客旅游体验带去积极影响。

（四）数据利用提升行动

1. 科学利用数据，挖掘潜在价值

一方面，利用游客旅游信息浏览、旅游产品购买、旅游消费行为、支付方式、游客投诉等方面的信息，挖掘其产品、服务、消费、体验等大数据规律，提升大数据辅助决策与监督效能，为实现智慧服务、智慧管理、智慧运营、智慧商务、智慧营销等提供参考。另一方面，在确保数据合规的前提下，提高旅游数据质量和真实度，推动数据资源的开发、开放和流通，为科学研究特别是旅游领域研究提供坚实可靠的数据支撑。

2. 做好数据安全工作

"智游宁夏"在利用大数据时，要严格遵循相关法律、伦理和道德规范。一要遵循《计划》，执行国家网络安全等级保护制度，加强旅游数据的分级分类管理，强化数据在全生命周期的安全控制。二要定期进行数据安全风险和隐患排查，提高数据安全应急处置能力。三要加强对旅游领域用户个人信息和隐私的保护。

宁夏工业遗产保护利用的研究

杜 军 马 骁

作为人类文化遗产的重要组成部分，工业遗产烙刻了工业时代的足迹，承载了工业文明，诉说了工业精神，积淀了城市的历史记忆。在保护中活化利用工业遗产、再塑文旅富矿，既是传承工业文明的必由之路，也是推动经济转型发展的重要途径，更是建设制造强国的精神动力。

近些年来，宁夏加大文化遗产保护力度，加强城乡建设中历史文化保护传承，开展工业遗产摸底调查，深度挖掘工业旅游资源，正在把工业遗产打造成为文化旅游产业的新载体、城市转型发展的新动力、工业成就的展示平台、学习科普的教育基地，实现了"工业锈带"向"生活秀带"的华丽转身。西北煤机一厂（宁夏天地奔牛实业集团前身）项目入围第五批国家工业遗产名单，实现宁夏在国家工业遗产名单中零的突破；大武口生态工业旅游休闲集聚区、百瑞源枸杞工业旅游基地等入选国家工业旅游示范基地；贺兰山·1958创意园、宁夏煤炭地质博物馆等入选全国工业旅游单位名录；石炭井"百里矿区"蝶变生态景区，《万里归途》《山海情》等40多部影片在这里取景拍摄。这表明，宁夏工业遗产已经完成了历史使命，而其历史文化价值才刚刚起步，需要进一步有效保护利用，推进文旅

作者简介　杜军，宁夏社会科学院民族研究所副研究员；马骁，宁夏社会科学院马克思主义研究所副所长。

融合，这正是我们下一步研究的重要现实课题。

一、宁夏工业遗产总体概况

工业遗产是在工业长期发展进程中形成的具有较高价值的物质文化遗产和非物质文化遗产的总和，包括四个组成部分：作坊、车间、厂房、仓库、码头、界石等不可移动物，工具、机械、设备、办公用具等可移动物，契约合同、产品样品、手稿手札、票证簿册、照片拓片、图书资料等记录档案，工艺流程、生产技能和相关的文化表现形式以及存在于人们记忆、口传、习惯中的非物质文化遗产。据宁夏工信厅不完全统计，目前宁夏工业遗产有 52 处（银川 16 处，石嘴山 29 处，吴忠 3 处，中卫 3 处，固原 1 处），主要集中分布在银川和石嘴山，分别占 30.8% 和 55.8%，采矿业、制造业等重工业比重较大。

（一）宁夏工业发展历史阶段

随着宁夏工业的发展，宁夏工业遗产逐渐生成。古代手工业时期，手工业主要分布在制造兵器、建筑材料和衣食物品等领域，目前发现的仅有清代的运煤古路遗址（惠农区红果子煤矿内）、惠安堡盐湖旧址（盐池县惠安堡镇）2 处。近代工业时期，1929—1947 年，虽然创办近代工矿企业 39 家，涉及 13 个行业，但目前尚未发现遗留下来的工业遗产。新中国成立后至 1960 年代初期，兴建了青铜峡水电站、吴忠仪表厂、银川橡胶厂等众多企业，遗留下了石嘴山钢厂、大武口洗煤厂、石炭井工业遗址群、中卫酿酒作坊遗址等 22 处工业遗产，占现有工业遗产的 42.3%。三线建设时期（1964—1980 年），从外地搬迁来不少工业企业，成立了长城机床铸造厂、有色金属冶炼厂、西北轴承厂等 20 多家企业，宁夏进入重工业时代，为如今宁夏工业体系打下坚实基础，遗留下了西北煤机一、二、三厂，银川涤纶厂，宁夏柴油机厂等 26 处工业遗产，占现有工业遗产总量的 50%。

（二）宁夏工业遗产种类

宁夏工业遗产可以分工业、工业相关产业、工业次生景观、工业文化四个大类。工业大类，包括采矿业（如石炭井采煤矿井），制造业（如西北轴承厂原厂区），电力、燃气及水的生产供应业（如青铜峡水利枢纽工程）

三个中类。工业相关产业大类，包括交通运输、仓储、邮政与通信业、水利工程、环保业、公共设施、居住生活设施五个中类，如石炭井遗址是"全国少有，宁夏独一"的完整工矿区。工业次生景观大类，包括采掘沉陷区、废弃露天采矿场、工业废弃物堆场三个中类，如惠农区采煤沉陷区、大武口白芨沟露天矿区、大武口区电厂粉煤灰场等。工业文化大类，包括工业物质文化、工业制度文化、工业精神文化三个中类，如贺兰山磷矿生产流程，原中卫县铁厂岗位工作职责，回忆老工厂历史的《西轴故事》《"网红小巷"旁的老柴油机厂》等。

（三）宁夏工业遗产利用价值

工业遗产核心的问题是价值问题。从历史文化价值上看，石炭井遗址、石嘴山钢厂、大武口洗煤厂等再现了工业生产的历史场景，保存的生产报表、技术图纸、车间管理制度、照片影像等见证了工业文化的孕育、成熟、变迁，可以打造工业文化品牌，提升城市文化品位。从社会价值上看，宁夏煤炭地质博物馆内低矮的矿工窑洞镌刻着工人艰苦创业的辛酸历程，石炭井遗址见证了人们进入工业社会的日常生产生活，这些引发地方认同感、归属感的标识，能够起到传承工人优秀品德、振奋精神的作用。从经济价值上看，能够为地区经济发展带来新的经济增长点，为资源枯竭城市注入新的活力，拓宽就业渠道。比如，贺兰山·1958创意园日营收额最高达4万元，2024年"五一"期间每天有5000多人次来这里体验参观。

（四）宁夏工业遗产开发模式

一是创意产业园模式。如贺兰山·1958创意园强调"保护为先""修旧如旧""以用促保"，进行"微更新""轻改造"，打造了住宿营地、餐饮美食、音乐广场、红酒品鉴、工业旧址、艺术鉴赏等六大空间，让昔日的"破乱旧"成了今日的"网红地"。二是博物馆模式。如宁夏煤炭地质博物馆利用影像、模型等现代技术形象展现煤的生成、煤炭开发技术、矿工生产生活、发展的惠农等。三是综合开发模式。如宁夏鲁银化纤有限公司把原银川涤纶厂厂房开发为青年学子创业的801创意园，园内有文化传媒企业、非遗馆、数字影院、超市、KTV、健身房、书吧、酒吧等，成了银川市一个全新的时尚休闲地标。四是公共游憩空间模式。如石嘴山国家矿山公园把矿山地质遗迹、矿业开采活动遗迹打造成童趣运动园、梦幻七彩园等，满足了人们消遣、求知、休闲、娱乐的复合型需求。五是工业特色小镇模式。如石炭井工业文旅小镇，建设影视拍摄基地、越野场地、民宿村、酒吧、超市、风味餐厅等，已逐渐成为现实主义、军旅题材、怀旧年代、未来科幻等影视剧的绝佳取景地。

二、宁夏工业遗产保护利用面临的困境

（一）家底仍然不清

目前，宁夏初步统计了工业遗产，只是"大概知道"，哪些是工业遗产，到底有多少工业遗产，工业遗产的详细分类分布、具体价值和保存状况如何，还"说不清，道不明"，这给"靶心不准"的工业遗产保护利用带来很大困难。工业遗产资源丰富的石嘴山市尽最大努力摸底调查、逐个筛选，把整理出的 27 个项目分为工业项目、工业遗址、历史组团、历史建筑、历史居民点五类，但还是"粗线条"，仍有进一步发掘的余地。

（二）认识上不到位

不少人认识不到工业遗产的价值，对工业遗产没有一个明确的概念，或是认为工业遗产是落后的、被淘汰的东西，或是开始重视厂房、机器等物质层面，却忽视了工艺流程、工业记忆等非物质层面，以致把工业遗产当成"废铜烂铁"处理，一些珍贵的工业遗产在不知不觉中消失。曾经拍摄过电视剧《远山的呼唤》的西北轴承厂遗址，当时在国内第一个生产出铁路货车轴承，如今却被拾荒者损毁，甚至连地基也因土地复垦而被推平。同时，开发利用意识薄弱，不少企业出于商业机密和安全生产等方面的顾虑，不想发展工业旅游；一部分企业因找不到工业与旅游的结合点，没想去发展工业旅游；少数企业因对自身的优势和特色认识不清，不会发展工业旅游。

（三）利用"症状"多发

一是开发层次低，再利用思路不宽。目前，宁夏开发较好的有贺兰山·1958 创意园、沙坡头娱岛艺术文旅小镇等，多数工业旅游开发项目仍处于初级阶段，趣味性、休闲性、创意性不足，配套设施不完备。银川 801 创

意园以外立面改造为主，其建筑空间、建筑构造、建筑结构并没有被更深入地挖掘，导致其被改建成的类型及使用功能有很大局限性。二是开发利用过度，失去原有特征。从工业遗产外观看，具有相似建筑个性的工业遗产在被改造过程中严重缺失了原有的场所空间特性，如被现代气息替代了原有"味道"的平罗糖厂、沙湖造纸厂。从工业遗产内部看，原有工业空间、工业技术、生产过程的空间展现、历史文化特征被弱化甚至不复存在，后人无从得知工业遗产以前的功能，如仅保留工业建筑外貌的银川801创意园。三是开发后活力不足，公众参与感不强。大武口奇石山只是在大武口发电厂粉煤灰场覆土1米后而成的奇石公园，文化景观功能过于单一，加上地处偏僻，游览人数较少，无法激起民众参观游览的热情。

（四）政策规划缺失

当前，国家层面已经先后出台了《关于推进工业文化发展的指导意见》《全国工业旅游创新发展三年行动方案（2018—2020）》《国家工业遗产管理暂行办法》，但省级层面缺乏工业遗产保护利用规范条例，仅有地方性的《石嘴山工业遗产保护与利用条例》。同时，工业遗产保护利用涉及住建、环保、文旅、财政、文物等多个部门，职能职责分散，资源不能得到有效配置，一些部门缺少长期规划，保护开发也流于形式。

（五）资金投入不足

目前宁夏还没有工业遗产专项资金支持，社会资本投资并不积极。西北轴承厂目前自身运营资金、工人工资发放已自顾不暇，对旧厂房保护更是心有余而力不足。石炭井矿区、大武口洗煤厂等具备开发优势的资产仍属宁煤集团，因资产权属复杂且资产处理程序复杂烦琐，招商引资困难，一些企业很有顾虑，不敢轻易投资。因此，工业旅游项目推进缓慢、基础设施无法改造，大部分工业遗址长期缺少有效管维，自然和人为损毁较为严重。

三、宁夏工业遗产保护利用对策建议

（一）彻底摸清家底，让工业遗产"清起来"

参考《国家工业遗产管理暂行办法》及其他省区经验，制定符合宁夏实际的工业遗产界定和评估标准，开展彻底的普查、登记、认定，系统整理工业遗产档案，建立工业遗产数据库。纳入相应级别历史建筑名单或文物保护单位，建立健全工业遗产分批次保护名录、分级保护机制。坚持"保护为先、合理利用"原则，摒弃"泛遗产化"和"去遗产化"两种极端倾向，借鉴天津"整体保护、有机更新、以用促保"经验，在"修旧如旧、新旧并置"的思路下"微更新""轻改造"，力求保持其原有风貌，守护好珍贵的城市历史文化记忆。

（二）营造浓厚氛围，让工业遗产"热起来"

线上线下同时发力，尤其是借助小红书、抖音、快手、腾讯视频等新媒体平台，做好工业遗产保护利用和宣传推介。将工业遗产相关知识纳入中小学教科书，鼓励高校和职业院校开设相关选修课，开展工业文化进校园、技能人才进课堂等活动。支持各地利用工业遗产、老旧厂房等设施设立体验中心、工业实训基地、青少年工业文化教育示范基地等，开展以工业遗产为主题的文化论坛、作品创作展览、科普教育参观等形式多样的工业文化科普教育活动。

（三）有效保护开发，让保护利用"火起来"

学习借鉴北京 798、上海 M50、景德镇"陶溪川"等活化案例，结合区域优势和地方特色，突出其独有的时代特征和工业风貌，着力打造一批文旅休闲、工艺品场馆展示、工业文化体验等创新性差异化产业项目，推动 5G、虚拟现实、元宇宙、人工智能等数字技术应用的产业项目，开发工业旅游创意产品，形成文创型、体验型、休闲型、科普型、观光型等多层次的产品体系。鼓励宁煤集团自行开发工业旅游项目，积极探索地企合作机制。鼓励企业与高校、科研机构等建立"产学研用"协同创新网络，聘（邀）请专家指导项目策划、景区规划、市场定位、宣传营销等，由专业化队伍设计产品、规划路线等。

（四）政策规划引领，让保护利用"强起来"

研究制定指导全区工业遗产保护利用的指导意见或暂行办法等，逐步形成宁夏工业遗产保护利用条例，推动形成支持工业旅游的政策体系。把工业旅游纳入宁夏全域旅游发展规划，整合区内工业遗产旅游资源，形成区域联动的工业旅游专线，与冬季旅游、传统观光旅游、工业科普教育结合，融入手工业、服务业、文化产业、商业等行业，力争打造出全国工业遗产保护利用示范区。

（五）增强支持力度，让保护利用"壮起来"

向工业旅游公共服务设施和优质项目倾斜，建立工业遗产保护利用基金，列入宁夏文化产业发展专项资金，争取纳入中央预算内资金支持项目和宁夏重点项目库，加强石炭井工业文旅影视小镇基础设施提升项目。列入宁夏文化旅游产业招商项目库，成立工业遗产旅游开发众筹基金，吸引股权投资基金、区内外资金，引入金融活水、社会资本，盘活存量项目和存量资产。充分发挥宁夏中小企业及非公经济发展专项资金引导撬动作用，通过购买服务、以奖代补、风险补偿等方式，鼓励企业采用先进技术重新定义、改造工业遗产，优先把创新性强的企业认定为示范基地。

宁夏文化产品高质量发展探索

于 璇 焦 月

2024年6月，习近平总书记在宁夏考察时指出，"加强文化与旅游深度融合，积极发展特色旅游、全域旅游"。①文化与旅游融合发展，离不开深厚、丰富、多样的文化产品。文化产品是一个时代文化高度的重要标志，也是满足人民精神文化生活需求的关键所在。以数字技术、人工智能技术为代表的新质生产力快速发展，不仅有利于文化产品高质量供给，还有利于扩大文化产品传播力与影响力，赋能旅游产业。联合国教科文组织将文化产品定义为"传递思想、符号和生活方式的消费品"。随着社会生活水平的不断提高，旅游产业蓬勃发展，催生出一个个"网红"城市，公众对高质量文化产品的需求和期待也在逐年提升。"叫好又叫座"的文化产品，不仅能够反映时代精神，增强精神力量，还能够扩大区域影响力，促进文旅产业持续发展，实现社会效益与经济效益的统一。本研究报告围绕新质生产力赋能宁夏文化产品高质量发展展开深入研究，聚焦2024年以来宁夏文化产品在应用新质生产力扩大网络传播力、影响力，实现高质量发展等方面所取得的成效，总结提炼宁夏文化产品高质量发展的方向与趋势。

作者简介 于璇，宁夏大学新闻传播学院副教授；焦月，宁夏大学新闻传播学院硕士研究生。

① 《习近平在宁夏考察时强调：建设黄河流域生态保护和高质量发展先行区　在中国式现代化建设中谱写好宁夏篇章》，新华社，2024年6月21日。

一、宁夏文化产品发展现状分析

（一）突破理念创新，人机智慧融入视听文化产品

当前，以 ChatGPT 为代表的生成式人工智能（AIGC，Artificial Intelligence Generated Content）技术凭借其颠覆性的技术力量，迅速引发了一场全新的科技革命，也对文化产品的生产、制作与传播产生深刻影响。2024年 5 月 29 日，宁夏日报报业集团出品的宁夏首部运用全 AI 制作的文化主题 MV《AI·穿越宁夏》正式上线，填词、作曲、演唱及场景生成全部由 AI 完成。7 月 16 日，宁夏广播电视台正式成立了人工智能（AIGC）工作室，重磅推出 AI 文旅宣传片《跟着星星看宁夏》，《中国日报》还将该 AI 作品翻译成英文在全球范围内进行传播。宁夏广播电视台还全面运用 AI 主播、AI 音频和 AI 手语等技术于《新闻早点到》和《黄河谣·宁夏故事》（第二季）等节目中。在人工智能技术的助力下，宁夏广播电视台生产出一系列具有鲜明西部特色的视听作品，例如在第四届中国（宁夏）国际葡萄酒文化旅游博览会开幕之际，宁夏广播电视台推出的 AI 系列短视频《诗词里的宁夏》，通过"思想+艺术+技术+融入"的有机融合与创新，将诗人笔下的豪迈与苍凉具象化，为文旅热潮的追随者了解宁夏、关注宁夏提供了一个全新的视角。9 月 10 日，宁夏回族自治区文化和旅游厅出品的文旅微短剧《此处通往繁星》，通过"微短剧+文旅"，为宁夏文旅宣传提供了全新的传播方式。此外，宁夏还通过打造精品文化产品，扩大全国影响力，电视剧《星星的故乡》在中央广播电视总台央视综合频道黄金时段播出，电视端观众规模超 1.8 亿。[1]

（二）内容特色鲜明，多维融入区域非遗文化符号

2024 年以来，全国文旅产业发展势头强劲，而高质量文化产品正是撬动文旅产业发展的重要抓手。内容特色鲜明、区域文旅符号特征突出的文化产品，强化了公众的在地文旅体验。除视听类文化产品外，文创产品是

---

[1]《〈星星的故乡〉〈庆余年第二季〉等热播，总台电视剧收视持续高位运行!》，央视网，2024 年 5 月 29 日。

一类能为青年群体提供高情绪价值的文化消费品。相较于视听类文化产品传播力、影响力难以评估衡量，文创产品则直接面向消费市场，接受消费者的检验。2024年以来，宁夏文创产品表现不俗，其中一款名为"羊氣羊"的文创产品在各大社交平台快速"出圈"，仅国庆假期就售出2万余件。网络数据显示[1]，网络用户对"羊氣羊"的积极情绪占比高达94.23%。同时，宁夏在"文创+非遗"深度融合方面继续发力，将麻编、贺兰砚、泥哇呜、剪纸等非遗融入文创产品中，将非遗文创产品推向全国。宁夏还积极尝试文创产品"跨界"销售，例如贺兰山岩画与茶饮品牌霸王茶姬共同打造联名周边文创产品。

表1 2024年宁夏热门文创产品梳理[2]

文创产品	产品形态	形象参考
骆驼系列文创	玩偶、手提包、手机背夹	沙漠中的骆驼
鎏金铜牛系列文创	开瓶器、冰箱贴、钥匙链、书签、流沙杯垫、徽章	鎏金铜牛（宁夏博物馆镇馆之宝）
琉璃鸱吻冰箱贴	冰箱贴	鸱吻(西夏建筑构件)
妙娃系列文创	夜光书签、行李牌、车挂、书签、冰箱贴	妙音鸟(迦陵频伽)
螭首西夏福禄寿喜财金属冰箱贴	冰箱贴	石螭首(宁夏博物馆文物)
岩画太阳神系列文创	钥匙扣、天气风暴瓶	贺兰山岩画太阳神
宁夏地图冰箱贴	冰箱贴	宁夏地图
羊氣羊	盲盒挂件	宁夏盐池滩羊

（三）传播形式多样，多种模态丰富文化体验

文化产品不仅涵盖物质产品，也包含精神产品。高质量文化产品需要多模态的传播形式来传达丰富的文化体验。2024年，石嘴山市积极发展生态工业文化旅游，打造"摇滚+工业"艺术音乐节。吴忠市已将早茶变为文化产品，"早茶美食文化节"影响力不断扩大。中卫市依托黄河文化和沙漠旅游资源，打造"青春漠漠搭"文化产品。固原市举办首届文创产品（作品）设计大赛并实现成果转化。国庆节期间，银川市兴庆区将历史建筑

---

①本数据来源于宁夏大学舆情中心数据平台。

②本数据来源于宁夏大学舆情中心数据平台。

与新技术融合，带来了鼓楼、玉皇阁 3D 灯光秀，吸引大量游客驻留观看。宁夏女作家阿舍的长篇小说《阿娜河畔》深情礼赞兵团的拓荒者与奠基人，叙说了几代兵团人为了家国、理想、生活而艰苦奋斗的感人故事，荣获"2023 中国好书"和第十七届精神文明建设"五个一工程"优秀作品奖等。除内容创新、体验创新、传播创新外，宁夏不断探索技术应用场景。宁夏回族自治区文化和旅游厅与上海市文化和旅游局联合支持推出大空间高沉浸探险体验项目《神秘的西夏陵》，该体验项目由宁夏本地动漫公司自主研发，利用 LBE 技术与 VR 技术，使用户能够沉浸式探索西夏陵地宫。在全球数字化浪潮的背景下，宁夏敏锐地把握住了国家"东数西算"战略所带来的机遇，提出了建设"算力之都"的愿景。2024 年 5 月 23 日，中国算力平台（宁夏）正式启动建设。人工智能技术的基础底座取决于算力，算力作为新质生产力，是大语言模型、多模态生产等信息生产环节的重要保障，也是赋能文化产品高质量发展的决定性技术要素。目前，宁夏在运用新质生产力提升文化产品供给质量、提升文化产品传播效果方面已经有了尝试与创新，在算力技术的支持下，相关人才、技术、资源将不断在宁夏沉淀，将有助于宁夏深层次运用前沿技术赋能文化产品高质量发展。

二、宁夏文化产品发展挑战分析

文化产品具有较强的时效属性，必须顺应时代与市场的要求，不断创新，推出新的形象、新的体验，才能够形成持续的影响力。目前，宁夏文化产品发展也面临多重挑战。

（一）市场竞争激烈

全球新经济行业第三方数据挖掘和分析机构艾媒咨询发布的《2023 年中国文创与礼物经济行业发展研究报告》显示，从 1998 年至 2022 年，中国居民人均教育文化娱乐消费由 195 元增长至 2469 元。[①]这一数据的变化折射出当前社会公众对文化产品的期待与需求也在逐年增高，社会公众更

---

① 艾媒咨询：《2023 年中国文创与礼物经济行业发展研究报告》，2023 年 9 月 6 日，第 29 页。

加看重文化产品背后的文化内涵、文化体验。但文化产品消费走高的同时，也需看到文化产品市场所面临的激烈竞争，特别是文化创意产品，不仅要防范同质竞争，还要适应市场需求快速迭代，满足不同场景、不同群体的需求。从宁夏现有文化产品供给来看，参与主体以政府部门、省级主流媒体为主，依靠市场化运作的文化产品样态较少，文化产品的供给能力较弱，灵活性、持续性、差异性不足，导致其短期"爆款""出圈"文化产品较多，但耐力不足，持久性不够，限制了宁夏文化产品在消费市场中的识别度与竞争力。

（二）IP识别度较低

文化IP犹如文化产品间的纽带，具有高辨识度、自带流量、强大的变现能力和漫长的生命周期。[1]文化IP的范畴并不局限于文学、动漫、影视作品，而是囊括了一切优质内容和作品。文化IP代表着某一类特定的标签或文化现象，对于消费者而言，不仅能够引起他们的兴趣，还能够将这种兴趣转化为消费行为。2024年以来，宁夏热门文化产品主要围绕文旅议题集中发力，以"星星"为主线索，可以看到宁夏在打造文化IP方面已经凝练出了较为鲜明的特色。鲜明的文化IP有助于文化产品释放其长尾价值，形成故事链、产品链、产业链。当前，宁夏的文化产品IP尚未实现与消费市场的良好对接，文化产品的吸引力不足，难以灵活应对市场需求。以镇北堡西部影城为例，其在《大话西游》电影之后，并未孵化出新的文化IP，导致其面向年轻群体时影响力有限。文化IP识别度较低，带来的最大挑战就是文化产品的"可被替代性"升高，因此必须要凝练文化IP特色并将其贯穿于文化产品生产的全过程。

（三）缺乏系统策略

2024年以来，宁夏文化产品在新媒体平台诸如抖音、微博、小红书等开展营销活动，传播效果显著，但同时也存在小、散、乱等问题，没有形成持续性、体系性的内容输出。文化产品的系统性传播需要明确目标用户，

---

①肖祖明：《文化IP为文化产业赋能》，《文化产业》2024年第24期。

以及为之建立起的一套完整体系链，从顶层设计出发，明确规划文化产品生产传播各环节，系统性传播。文化产品的背后，还需要有完整的服务体系来支撑。目前，宁夏商业公司平台推出的文化产品在系统规划方面还存在不足。以文创产品"羊氣羊"为例，其在社交媒体"出圈"后，立即形成了大量关注群体，但围绕"羊氣羊"制作厂家为何不是本地企业、"羊氣羊"缝制问题导致"变丑"等消费者质疑，运营方并没有快速介入，澄清问题。在"羊氣羊"广受关注之后，也并未持续推出相关产品或社交互动来维持高人气，社交平台粉丝逐渐流失。

三、宁夏文化产品高质量发展的路径创新

聚焦宁夏文化产品发展现状及所面临的多重挑战，宁夏文化产品高质量发展的路径创新应重点在以下三个方面发力：

（一）整合传播，优化顶层设计打造 IP

文化产品的制作与传播，是一项系统工程，包含策略、组织、流程以及制度等众多要素与环节。宁夏文化产品高质量发展探索，除积极运用新质生产力，不断提升社会公众的体验，还应集中优势资源，从顶层设计着眼，打造高识别度文化 IP。视听类文化产品不应仅关注前沿技术的应用、视觉体验的提升，还应重视提高视听内容的识别度，加强对视听类文化产品的运营。从"一次传播"到"系统传播"，在推出视听类文化产品前，就要做好系统传播的充分准备，多传播渠道同频共振。以电视剧《星星的故乡》为例，除在央视播出，还通过媒体平台预热、短视频解说、在全国 9 城地标亮灯等方式，用大视听传播方式讲好宁夏的"紫色名片"故事，下一步应用好文化 IP，延长其传播链条，用文化价值赋能宁夏葡萄酒产业发展。

（二）数智传播，人机合作矩阵式发展

2024 年以来，宁夏在文化产品领域积极利用人工智能技术，推出多个文化精品。结合当前媒介技术发展态势，数智传播将重塑文化生产全过程。为适应这一技术挑战，应主动做好底层框架搭建，在文化产品领域形成人机合作模式，矩阵式发展。当前，大语言模型深度影响社会公众生活，宁

夏在重视物质、精神文化产品发展的同时，应将文化产品生产、传播的过程嵌入大语言模型中，影响、形塑大语言模型框架，在文化生产的前置环节就借助人工智能技术，提高文化产品的创新性。比如，可考虑建设宁夏文旅类大语言模型，普通用户可以利用其快速获得文旅服务信息，在文化产品生成、制作等环节，也可以借助大语言模型来获得灵感，提高创意与转化效率。

（三）融合传播，全域跨领域协同联动

目前，宁夏文化产品发展呈现出"省级平台集中发力，地市级平台紧跟"的主要特征。各地市结合当地特色，通过全国性活动积极推介城市形象，在文化产品生产与传播方面，还未形成跨领域、跨区域协同联动，导致同质类文化产品内部竞争激烈，对外识别度又较低。人工智能作为新质生产力，不仅需要技术投入，也需要人才准备，这就需要各地市为其进行较高投入，但不符合效率原则，效果也难以保证。因此，应在省级层面加强新质生产力对宁夏全域文化产品的价值赋能，集中发力、重点打造区域特色鲜明、识别度高的文化产品，地市级平台应在此基础上，发展各自特色，形成"区域文化 IP＋特色文化 IP"，实现多层次、多维度融合传播，整合全域优势资源，协同联动。生产制作文化产品并不是终端，而应作为运营传播的起点，在文化产品推向消费市场后，增强运营和服务能力，适应文化产品不同的消费场景，迎合消费者的审美需求，重视细节与情感互动，引导消费者形成持续关注，促进文化产品消费。

文化建设篇

WENHUA JIANSHE PIAN

宁夏文化企业发展情况研究报告

郜　贤

党的二十届三中全会提出，"深化文化领域国资国企改革"。自治区党委十三届九次全会提出，"健全公共文化服务体系，健全社会力量参与公共文化服务机制，探索公共文化设施所有权和使用权分置改革，推动优质文化资源直达基层"。为深入贯彻落实党的二十届三中全会、自治区党委十三届九次全会精神，我们深入基层采取实地走访、群众调查、数据分析等方式，全面了解掌握宁夏文化企业发展情况，分析研究，制定措施，提出推动宁夏文化企业做大做强的对策建议。

一、宁夏文化企业发展现状

（一）区属国有文化企业发展情况

宁夏现有4家区属国有独资文化企业，分别是黄河出版传媒集团有限公司、宁夏报业传媒集团有限公司、宁夏广电传媒集团有限公司和宁夏演艺集团有限公司，实行母子公司三级管理。近年来，自治区党委和政府认真贯彻落实党中央关于深化国有文化企业改革的决策部署，坚持把社会效益放在首位、社会效益和经济效益相统一，聚焦重点领域、关键环节、瓶

作者简介　郜贤，宁夏回族自治区党委政策研究室办公室主任。

颈问题，以战略性、引领性改革举措不断深化改革，推动区属文化企业发展取得突破性进展。一是健全完善法规制度。设立宁夏国有文化资产管理委员会，出台《区属文化企业深化改革加快发展的实施意见》《自治区属文化企业监督管理暂行办法》等文件，修订宁夏回族自治区属文化企业负责人经营业绩考核、薪酬管理暂行办法等制度，推动区属文化企业建立有文化特色的现代企业制度，区属文化企业均建立党委前置研究讨论重大经营管理事项清单，搭建起以公司章程为核心，涵盖领导班子议事规则、"三重一大"制度等公司治理制度体系。加快推进文投公司、演艺集团组织架构、收入分配、市场化改革，稳步推进黄河出版传媒集团有限公司、宁夏报业传媒集团有限公司旗下子公司进行混合所有制改革试点，完善中国广电宁夏网络有限公司法人治理结构。二是深化国有文艺院团改革。实施"一团一策"，建立健全促进剧目生产表演机制，完善扶持优秀剧本创作长效机制，探索市场化发展模式和路径，宁夏演艺集团有限公司制定《深化国有文艺院团改革具体措施》《宁夏演艺集团有限公司新媒体管理办法》，开展国有文艺院团社会效益评价考核，积极筹建宁夏戏曲博物馆和宁夏演出院线联盟，与宁夏广播电视台合作打造艺术教育咨询服务专业机构和投资运营综合平台。三是健全市场化经营机制。区属文化企业探索建立和实施以劳动合同管理为关键、以岗位管理为基础的市场化用工制度，大力推行员工公开招聘、管理人员竞争上岗、末等调整和不胜任退出等制度，健全区属文化企业市场化经营机制和用工制度，黄河出版传媒集团有限公司实施"人才建设推动战略"，完善能上能下选拔任用机制，引进中层管理人员。宁夏报业传媒集团有限公司推进内设机构改革，精减管理岗位，不断优化完善市场化薪酬分配机制，面向社会开展人才招聘。宁夏广电传媒集团有限公司面向社会招聘管理人员，健全干部员工能上能下、能进能出的体制机制。宁夏演艺集团有限公司推行员工公开招聘、管理人员竞争上岗、末等调整和不胜任退出等制度，建立以岗位工资为主、艺术生产要素参与收益分配的多种分配方式，一线演职员平均收入增长 5%。四是企业经营效益稳中有进。截至 2023 年底，4 家文化企业资产总额 51.25 亿元，实现营业总收入 15.82 亿元，平均在岗职工人数 1707 人。其中，2023 年，黄河出版传媒集团有限公司资产总额 16.59 亿元，净资产总额 11.26 亿元，归属于母公司的所有者权益总额 11.27 亿元，同比增长 6.82%；营业收入 6.25 亿元，同比增长 17.18%。归属于母公司的净利润 7363 万元。宁夏报业传媒集团有限公司资产总额 9.65 亿元，净资产总额 4.08 亿元，营业收入 3.98 亿元，利润总额 2594 万元。中国广电宁夏网络有限公司资产总额 21.12 亿元，实现营业收入 4 亿元。宁夏演艺集团有限公司资产总额 1.28 亿元，实现营业收入 2117.04 亿元，净利润 29.02 万元。①

（二）文化产业园区及中小企业发展情况

一是文化产业园区建设取得新突破。宁夏共有文化产业园 2 家，均为自治区级，没有国家级园区。其中 1 家正常运营（阳光大麦地文化产业园），1 家正在完善中（闽宁镇葡萄酒文化产业园）。阳光大麦地非物质文化遗产保护传承基地在充分挖掘、保护中卫大麦地岩画、西夏瓷复烧技艺、中卫下河沿古陶瓷悠久的历史文化资源的同时，成立了文创产品研发中心，实行"非遗+"的创作模式，在传统工艺的基础上进行创意研发的文创产品有 20 多个系列，内容丰富，题材多样，充分发挥了文化产业示范基地的引领作用。二是文化产业示范基地初具规模。宁夏共有文化产业示范基地 55 家，其中 5 家为国家级（宁夏新科动漫有限公司、宁夏志辉源石酒庄、宁夏盛天彩科技股份有限公司、宁夏华夏西部影视城有限公司、黄河横城旅游度假区），50 家为自治区级，均为单一企业命名。银川 801 文化创意产业园（公司），2010 年被自治区文化厅评为自治区文化产业示范基地，项目启动当年入驻各类创意企业 30 多家，截至 2023 年底已入驻企业 160 余家，实现就业 2500 余人，营业收入近 2 亿元，年上缴税金 170 余万元，园区文化产业企业占 70% 以上。三是文化产业发展稳步增长。从总量速度看，宁夏文化产业增加值总量扩大、增长平稳，占地区生产总值比重跃居西北第 1 位、西部第 6 位、全国第 19 位；从行业结构看，宁夏文化服务业、文化批发和零售业较快增长，文化服务业增加值占文化产业比重 88.7%；从

---

①2024 年数据到 2025 年 5 月份统计公布。

单位类型看，宁夏文化法人企业、非企业法人单位和个体户平稳增长，文化法人企业增加值占文化产业的 73.6%。四是乡村文化发展日益兴旺。我们对固原市乡村文化发展情况调研得知，近年来，固原市先后举办庆祝中国共产党成立 100 周年文艺晚会、"唱支山歌给党听"全市群众革命歌曲合唱比赛、广场舞大赛、六盘山花儿歌会、群众广场舞大赛、社火大赛、"四季村晚"等文化活动，全市先后有 4 个村入选国家级"四季村晚"示范展示点，10 个村入选自治区"四季村晚"示范展示点，让老百姓真正享受到繁荣文化市场带来的实惠。

二、宁夏文化企业发展存在的困难和问题

（一）法人治理结构不完善

4 家文化企业在治理结构上与业务管理部门之间的脐带没有彻底断开，还没有形成权责明确、独立运作的内部运行机制，未构建起现代公司治理组织构架，管理人员能上能下、职工能进能出、收入能增能减的机制不健全，甚至有的企业内部考核挂空挡，考核结果没有体现到薪酬中。

（二）文化产业园区培育力度不够

自治区目前还没有国家级文化产业园区，仅有 2 家自治区级文化产业园，且作用发挥不明显，基础条件差、持续发展潜力不足，储备培育效果不明显。园区层次较低，文化企业占比不足，优质文化企业、创意创新型文化企业少，入园文化企业只是地域空间上的简单集聚，缺少交流合作，产业链缺乏有机联动。

（三）龙头企业带动能力较弱

宁夏营业收入过亿元的文化企业只有 16 家，超过 5 亿元的企业仅 1 家，目前还没有超过 10 亿元的企业。文化企业行业涉及面窄、覆盖率低，同质化倾向较为严重，难以形成有效产业链，抗风险能力较弱，146 个文化企业行业小类中，宁夏文化旅游企业覆盖 108 个行业，覆盖率为 74%，其中规模以上企业覆盖 30 个行业，覆盖率仅 20.5%。

（四）区域发展不平衡、不协调

截至 2023 年底，银川市文化产业增加值 71.27 亿元，占全区文化产业

增加值的 58.5%，吴忠市、中卫市文化产业增加值共计 40.84 亿元，占全区文化产业增加值的 33.5%，而石嘴山市、固原市文化产业增加值仅为 9.37 亿元，占全区文化产业增加值的 8%。①

（五）人才队伍建设存在短板

目前，宁夏缺乏熟知文化旅游产业特征并懂得融合之道的管理人才。国有文化企业中，缺乏好导演、好编剧、好的创意设计人员、好的创作表演人员，人才断档问题比较突出。文化旅游企业中缺乏具有互联网思维、熟悉视频直播、现代媒体营销与传播的文旅人才。

三、推动宁夏做大做强文化企业的对策建议

（一）持续深入推进国有文化企业改革

一是健全企业内部管理制度。全面对标参照国内国际市场竞争要求，对企业发展战略、机构设置和制度建设情况进行梳理、调整和完善，开展集团"总部机关化"专项治理，推行"扁平化""项目制"管理，加快形成反应灵敏、运行高效、充满活力的市场化经营机制，提高决策效率。二是深化企业分配制度改革。建立健全按业绩贡献决定薪酬的分配机制，完善市场化薪酬分配制度，实行全员绩效考核，一岗一薪、易岗易薪，彻底破除高水平"大锅饭"。三是推进用工市场化。建立和实施以劳动合同管理为关键、以岗位管理为基础的市场化用工制度，推行员工公开招聘、管理人员竞争上岗、末等调整和不胜任退出等制度。

（二）调整优化文化产业布局

一方面，推进专业化整合和联营。支持区属文化企业与其他国有文化企业通过兼并重组、交叉持股等方式跨地区、跨行业实现融通发展。探索推进宁夏报业传媒集团的广告、创意设计业务，宁夏演艺集团的市场化演艺业务，宁夏文投公司的研学游、酒店住宿等业务，同宁夏旅游投资集团公司景区景点资源合作，联合经营。另一方面，优化产品供给结构。围绕

---

① 2024 年数据到 2025 年 5 月份统计公布。

功能定位和主营业务，优化、稳定和延伸产业链，黄河出版传媒集团加快发展数字出版，积极拓展区外市场和线上发行业务，探索产品形态从图书出版向网络游戏、影视剧等方面延伸。宁夏报业传媒集团加快绿色、智能、按需印刷包装的发展，推进商务包装的开发、生产与服务，提升广告策划、创意制作水平。宁夏演艺集团探索市场化经营发展的路子，开拓文化娱乐消费市场。

（三）加快文化产业园区建设

一是加强顶层设计。研究制定宁夏推动国家级文化产业园区高质量发展的政策措施，加快修订宁夏国家级文化产业示范园区（基地）管理办法，对接文化和旅游部在国家级文化产业示范园区、基地等申报创建工作中，充分考虑宁夏实际，给予倾斜支持，探索建立部区共建模式。二是推动资源共享。鼓励大型文化旅游企业通过共享资源、生产协作等方式，带动产业链上下游中小微企业协同发展，引导基地（园区）文化企业开展混合所有制改革，鼓励文旅企业进入资本市场上市融资。三是搭建合作平台。持续举办文旅产业投融资大会、产业项目对接活动，搭好资源、项目、资本供需平台，破解园区、基地企业"融资难、融资贵"问题。以国家级文化产业示范基地为契机，推动虚拟现实和文化旅游融合发展，开发与非遗、展会、文创、演艺等业态融合的新产品。

（四）完善文化人才培育机制

一是建立定向培育机制。坚持需求导向，建立企业不同层次人才培养目标，支持文化企业与高等院校、科研机构共建人才培养基地，重点培养网络视听、创意设计等领域文化科技人才；推动宁夏大学、北方民族大学等区内高校开设文化服务相关专业，参与实施基层文化队伍培训项目，重点培养适合在县级以上文化行业工作的专业人才。二是建立合作培养机制。建立政校企合作培养人才机制，推动政府、企业与高校、职业院校建立深度合作关系，共同制定人才培养方案，开展订单式培养，推动人才输出与行业需求紧密对接。用好国家及自治区相关人才政策，大力推荐优秀文化人才入选宁夏领军、青年拔尖、青年托举人才培养项目，组建专业过硬、结构合理的文化政策研究和咨询专家团队。三是建立人才引进机制。在宁夏文化产业发展专项资金中增设文化领域实用型人才、技能型人才创新创业项目，加大对文艺院团人才引进培养支持力度，引进培育一批精通文化科技、产业投资、演出经纪、艺术管理、策展策划等方面的急需紧缺人才。

宁夏推进农民精神生活共同富裕的实践路径探析

张治东

推动农民精神生活共同富裕是新时代加强农村精神文明建设和有效解决"三农"发展难题的重要举措。学习运用"千万工程"经验，从农民主体、乡风文明、产业基础与基层治理等入手，探究宁夏推进农民精神生活共同富裕的实践基础、现实困境及路径选择，为宁夏加快建设乡村全面振兴样板区提供理论参照和决策咨询。

一、宁夏推进农民精神生活共同富裕的实践基础

（一）乡村公共文化服务设施日臻完善

近年来，宁夏结合乡村基础设施改造提升工程、农村人居环境整治"五大提升行动"、美丽村庄建设工程、文化惠民创新工程等重点工作，加大乡村公共文化服务资金投入力度，积极推进农村精神生活共同富裕实践，在全区22个县（市、区）所有乡镇全覆盖建成新时代文明实践中心（站），

作者简介　张治东，宁夏社会科学院文化研究所副研究员。

基金项目　宁夏哲学社会科学规划一般项目"政府规划与农民适应：新内源发展理论对宁夏打造乡村振兴样板区的经验启示"和宁夏社会科学院重点项目"运用'千万工程'经验有效推动宁夏乡村全面振兴研究"阶段性成果。

大力推广"乡村文明实践积分卡制度"①，将乡风文明养成与物质精神激励结合起来推进乡村精神文明建设，通过实施旅游环线建设工程，实现全区乡村旅游交通全覆盖。截至 2024 年 10 月，银河村、冶家村等 72 个村镇先后入选全国文明村镇，北长滩村、沙坡头村等 46 个村镇先后入选全国乡村旅游重点村镇，昊苑村、鸣沙村等 23 个村镇先后入选中国美丽休闲乡村，梁堡村、红崖村等 26 个村落先后入选"中国传统村落"名录。

农业文化遗产和农村非物质文化遗产在发掘保护中得到有效传承和发展，宁夏平原引黄灌溉农业系统坐拥世界灌溉工程和全国重要农业文化"双遗产"名录，灵武长枣种植系统、中宁枸杞种植系统和盐池滩羊养殖系统入选全国重要农业文化遗产名录。截至 2024 年 10 月，宁夏有非物质文化遗产资源 5667 项。其中，花儿入选联合国教科文组织人类非物质文化遗产代表作名录，秦腔、宁夏小曲、固原传统建筑营造技艺等 28 个项目入选国家级代表性项目名录，杨氏泥彩塑、剪纸、贺兰砚制作技艺、固原砖雕等 4 个项目入选首批国家传统工艺振兴目录，麻编、葫芦烙刻画、刘三朵八宝茶等 289 个项目入选自治区级代表性项目名录，认定国家级代表性传承人 22 名、自治区级代表性传承人 376 名，命名国家级非物质文化遗产生产性保护示范基地 2 个、全国职业院校民族文化传承与创新示范专业点 2 个、国家级非遗传承人群培训基地 3 个，设立非遗工坊 74 个，建立宁夏非遗保护传承基地 141 个，设立自治区级文化生态保护区 5 个。

（二）乡村文化活动异彩纷呈

宁夏紧盯乡村大舞台文化阵地，通过"党支部+龙头企业+农户""合作社+企业+农户"等运行模式，把文明实践与铸牢中华民族共同体意识充分结合起来，深入开展民族团结宣传教育，将党的创新理论与惠民政策用

---

① 乡村文明实践积分卡制度就是将村民参与集体公益活动、村庄环境保护、易风移俗、遵纪守法、家庭和睦、邻里团结等文明行为量化成积分，再根据农户家庭的赋分累积数额，一个分值相当一元钱，到"爱心超市"兑换相应分值的物品。利用积分兑换方式，培养和树立村民的行为规范和道德规范意识，使之自觉摒弃收取高额彩礼、不孝敬老人、不热心村级公益事业等不良行为，逐步养成新的社会风尚和生活习惯，为新时代农村弘扬新风正气奠定良好基础。

通俗易懂的方式送进千家万户，积极引导群众参与民族团结进步和乡村文化活动；持续推进移风易俗活动，鼓励和支持各级文化馆和文艺院团创排抵制高额彩礼、倡导婚俗新风的文艺节目，以群众喜闻乐见的戏剧、小品等舞台艺术表现形式，展现农村精神文明新风尚；紧密结合广大群众文化需求，融合各类非遗技艺展示、礼仪风俗展演、美食文化交流，丰富拓展文化惠民"六进"①等活动内涵，精心组织开展"在宁夏·非遗过大年"、早茶美食文化节、"戏曲进乡村"、"文化进万家"等活动。截至2024年10月，全区育有各类民间文艺团队（含农民文化大院）1013个，开展送戏下乡1600场次，开展广场文化活动1500余场次，开展群众性文化活动2.06万场次，文化服务惠及群众1640.1万人次，形成"季季有主题、月月有亮点"生动局面。

同时，积极发挥先进典型的精神引领作用，常态化开展道德模范、身边好人、最美家庭等选树推荐工作，结合传统美德与时代风尚，大力培育和践行社会主义核心价值观，引导村民树立正确的社会价值观。

二、农民精神生活共同富裕的现实困境

（一）主体力量薄弱导致发展后劲不足

长期固化的城乡二元结构，使城乡居民在就业、住房、教育、医疗、社保等方面存在巨大差异。尤其在可支配收入方面，较低的农业经营收入，使近一半的农民在兼顾农业种植的同时还要选择到外务工。②一方面，外出务工使很多农村优秀青壮年单向外流，出现"乡土培植出来的人已不复为乡土所用"。③随着农村青壮年规模性流向城镇，农村普遍形成了"半工半耕"的家庭生计模式。接续不断的农村青壮年大量外出务工严重削弱了乡

---

① "六进"包括文艺志愿者惠民演出进社区、非遗宣传进社区、流动图书进社区、法治文化进社区、文明旅游进社区和文物保护进社区等。

② 资料显示，近20年来宁夏农民外出务工人数基本呈直线上升趋势，其中2023年全区农民工总数为106.7万人（外出农民工83.1万人，本地农民工23.6万人）。

③ 费孝通：《乡土中国 生育制度 乡土重建》，商务印书馆，2011年，第404页。

村建设的主体力量，而留守村庄的"老幼妇"群体又往往缺乏参与乡村全面振兴的能力和体魄。另一方面，"半工半耕"的生计模式，使部分农民（工）在游离于城乡的奔波路途中思想观念和处世方式发生变化。一些进入城市打工或已在城镇定居的村民，在淡化曾经作为自己精神支撑的乡土文化的过程中，既不能有效融入现代都市生活，也不能对现代文化进行有意识地鉴别，从而处在传统与现代断层的夹缝中备受煎熬。更有一些没有挣到钱的农民（工）在难以适应城市生活节奏的情况下，再次返回农村，但回到家乡后更多地表现出对自身价值的否定，出现情感世界空虚、价值取向功利、消费观念畸形、攀比心强和社会融合度不高等问题。

此外，因年轻一代农民（工）常年外出务工，根本无暇顾及乡村文化生活，很多传承已久的农业文化遗产和农村非物质文化遗产逐渐被淡化或遗忘。由于生活环境、思维观念发生变化，很多外出务工人员对传统技艺、乡村民俗、传统伦理和传承已久的道德规范不再像老一辈人那样遵循和维护，祖祖辈辈传承下来的邻里守望、相携互助等传统美德被城市流行文化渐趋湮没或覆盖。

（二）"经济失意"滋生了盲目迷信和庸俗之风

精神富裕的前提是经济富足，家庭生活的困苦严重影响了农民对精神文化主体能动性的发挥。因长期受信息闭塞、教育资源匮乏等因素影响，部分农民对国家关于农业方针政策的理解十分有限，不能准确理解相关政策制度在乡村的安排和部署。调研了解，一些希望通过"创业"来改变当前窘迫生计状况的留守人员，对家乡的优势资源进行再三衡量后，会贷款从事一些超出个人能力范围的投资活动。譬如搞特色养殖，从搭建圈舍到购买种苗、饲料，以及在养殖过程中不时发生的各种畜禽疫病，都会促使养殖户不断"烧钱"，一个细节考虑不到就会使其陷入资金链的短缺风险中。碰上行情不好的时候，可能会让养殖户赔得血本无归。在巨大的债务压力下，这些创业失败的人几乎是没有翻盘机会的。"经济上的失意"会让本人、其家人乃至乡邻滋生"天生就没有赚钱的命，最好不要去瞎折腾"的宿命论迷信思想。颇具讽刺意味的是，这些创业失败的教训，反而成了那些安于现状、不思进取的村民的最大慰藉。一些村民甚至陷入不信科学信鬼神的原始崇拜，或寄希望于某种看不见的神的恩赐的幻想中。

（三）基层角色蜕变使农民主体利益被边缘化

农村基层组织原本是嵌入在乡土社会中党联系群众的桥梁和纽带，近些年由于部分村干部为了自身利益，在"项目下乡"与"资本下乡"的对接过程中与乡镇政府形成责任连带，"逐渐脱离其应有角色与功能，蜕变为赢利、掠夺型的准利益组织"①，出现"国家资源与农民需求无法有效对接"②，"村级组织悬浮和农民参与不足"③，以及"乡村围绕利益分配形成新的治理秩序"④等现象。调研发现，部分项目资源要么被乡村精英所垄断⑤，要么与农民的实际需求脱节，乡村内生动力并未在"项目下乡"和"资本下乡"中获得有效激发，这使农民的主体地位不能得到充分展现。

在实施农村精神文明建设过程中，部分基层干部因缺乏"塑造培养"引导力而使乡村精神文化生活浮光掠影。基层干部包括驻村干部承担着为农民开好头、树典型的艰巨任务，限于部分乡村干部能力欠缺、作风浮夸，既不能对国家政策方针和党的理论宣传工作进行有效解读，也不能在乡村精神文化生活的组织与开展过程中与农民打成一片。开展的部分活动未能与农民的实际需要有效衔接，对一些需要深入挖掘的民俗文化活动存在敷衍了事、形式单调、内容空泛等现象，致使曾经充满乡土气息的节庆氛围日益淡薄，优秀传统习俗、民间艺术无人承袭，有些满怀期待的农民在乡土文化传承方面甚至出现倦怠、畏缩的负面精神状态，这种状况不仅不能起到凝心聚力、充实精神的作用，反而影响了对农民精神共同富裕内生动

---

①石恩碧：《资源下乡背景下农民主体性缺失浅析》，《中国集体经济》2018年第16期。

②梁伟、桂华：《分配型民主治理：项目下乡促进治理有效的实践路径》，《求实》2024年第3期。

③梁伟、桂华：《分配型民主治理：项目下乡促进治理有效的实践路径》，《求实》2024年第3期。

④杜春林、王梦雅：《从分利到整合：项目下乡中的多维利益运行逻辑———基于W村蘑菇产业项目的考察》，《天津行政学院学报》2024年第1期。

⑤黄家亮：《赋利赋权赋能：农民参与乡村建设的动力再造》，《江苏社会科学》2023年第2期。

力的有效激发。

三、促进农民精神生活共同富裕的路径选择

（一）通过有力举措，撬动农民主体力量的有效发挥

第一，农民主体力量能否被有效激发，直接关系到农村精神共同富裕实践效果。如何通过有力措施，让农民在日常生活中形成良好习惯，对于推动农村精神生活共同富裕具有重要意义。当前，宁夏各地正在积极推广的"乡村文明实践积分卡制度"有助于乡风文明和良好习惯的养成。即以户为单位将村规民约、家庭和睦、团结和谐、移风易俗、诚实守信等内容贯穿进积分兑换项目，引导村民把家庭成员积极动员起来，从点滴做起，做有利于乡村正向发展的各种好事、实事，通过精神奖励、物质补贴、政治待遇等措施，有力推动民风向上向好转变，使基层向善向美的价值认同得以形成，从而提升农村精神文明建设整体水平。

第二，我国自古就有"孝道、诚信、仁爱"等传统美德，是农村家庭和睦、邻里互助的标杆规尺，更是农民对乡土社会亲和力和归属感的精神依托。如何革除高价彩礼、厚葬薄养等不良习气对农民正确价值观养成的影响，让其在日益提升的乡村文明进程中，融入现代性思维，大力弘扬社会主义核心价值观，与新时代村规民约、移风易俗等新规良俗紧密结合，通过选树"好媳妇""好公婆""好亲家"等群众身边典型，注重发挥先进典型的引领带动作用，以各种文化浸润行动积极推动农村精神生活共同富裕。

第三，以农业文化遗产和农村非物质文化遗产为代表的传统农耕文化资源是联结农民行为方式和内心世界的桥梁和纽带，它们为当地居民生存繁衍提供了生存基础和知识理念。如何在新时代赋予其新的文化内涵和鲜活生命力，通过建立融现代科技信息、生态多样性和民族文化于一体的新型农业体系，努力提升农产品的质量品质、积极发挥农业景观的绿色生态效应，为重塑乡土文化魅力、打造特色乡村文化品牌、鼓舞农民精神状态等推波助澜，使农民在优势文化资源的改进中增强文化自信并获得实际效益，从而激发其建设家乡的热情和内生动力。

（二）夯实产业基础，吸纳、充实各类人才资源

第一，产业经济的发展和兴旺必然会产生大量就业岗位，吸纳村民在家门口就地就近灵活择业，减缓规模性人口外流，为推动乡村精神生活共同富裕提供充足的人力资源保障。在"项目实施"和"资本下乡"过程中，基层政府应主导各方行为主体与农户建立良好的利益联结机制，使村民有效参与到乡村建设的各个环节，切实感受到因参与而获得实际利益分配所带来的满足感和幸福感。2024年6月19日—20日，习近平总书记在宁夏考察时指出，"宁夏地理环境和资源禀赋独特，要走特色化、差异化的产业发展路子，构建体现宁夏优势、具有较强竞争力的现代化产业体系。"[1]贯彻习近平总书记的重要讲话精神，宁夏应该通过"特色化、差异化"产业发展之路，大力发展乡村产业经济，让农民的主体地位和内生动力在鼓起的腰包中得到充分展现和有效激发。

第二，农村集体经济对于激发乡村内生动力，增强农民发展活力具有重要作用。从顶层设计出发，扶持和发展农村集体经济，以经济共同富裕推动精神共同富裕，着力改变当前已经失衡的城乡经济状态。在有条件的地区，依托当地优势资源禀赋，因地制宜发展产业经济，以村域集体经济为主体有机联结零碎分散的农户，探索推广"支部+村集体经济+农户""公司+协会+合作社+农户""公司+基地+合作社+农户""公司+合作社+协会+农户+基地+电商"等合作模式，带动农户通过新型农业经营主体的引领、示范和带动，转变乡村产业结构，推动从"输血式帮扶"到"造血式帮扶"转型，真正实现农民增收、农业增效。

（三）发挥基层组织作用，完善"三治结合"乡村治理体系

一是加强基层党组织对乡村文化建设的全面领导，不断提升乡村干部在宣传文化思想领域的理论研究水平和创新实践能力，根据乡村实际让其率先垂范，树立典范，在不断实干中熟悉政策、了解政策，并按政策办事。

---

[1] 新华社银川6月21日电：《习近平在宁夏考察时强调：建设黄河流域生态保护和高质量发展先行区　在中国式现代化建设中谱写好宁夏篇章》，《宁夏日报》2024年6月22日。

同时，通过乡村精神文化活动开展，将农民的精神世界与党的精神谱系高度契合，以更为完善的治理体系和治理能力推动社会主义核心价值观在乡村的传播与深化，引导农民群众以积极向上的精神风貌投入乡村建设。

二是优化文化资源配置，切实解决城乡精神文化发展不平衡、不协调的问题。积极推进农业文化遗产和农村非物质文化遗产的发掘和保护工作，在繁荣发展乡村文化产业、打造具有当地特色品牌文化产业的同时，拓宽城乡文化交流形式，为城乡居民搭建畅通交流的文化平台，在工农互促、城乡互补、协调发展、共同繁荣的基础上推动农村精神生活共同富裕。

宁夏乡村旅游与休闲农业融合发展路径研究

马　珍

近年来，全国乡村旅游发展势头良好，脱贫富民效果明显，已成为助力乡村振兴的重要力量。休闲农业是以农业和乡村为载体的新型生态旅游业，对于推进乡村传统经济的发展以及乡村精神面貌的改善，具有重要意义。[①]因此，融合发展乡村旅游与休闲农业，可以发掘农业的多种功能，让乡村资源优势变为经济发展优势。宁夏以全域旅游为引领，围绕"六新六特六优"产业，将枸杞、葡萄酒、滩羊、牛奶等农产品与文化旅游相融合，打造农产品品牌效应，形成"枸杞之乡""葡萄酒之都""吴忠早茶"等特色旅游名片，持续探索"以农促旅、以旅兴农"的高效发展之路。

一、宁夏乡村旅游与休闲农业融合发展现状

发展乡村旅游与休闲农业是实施乡村振兴战略的重要一环，宁夏挖掘乡村资源特色，展现乡村乡土气息，传承农耕文化，培育出贺兰县四十里店村稻渔空间生态观光园、大武口龙泉村、利通区牛家坊村、西吉县龙王坝村等一批乡村旅游与休闲农业融合发展典型，在调整农村经济结构的同

作者简介　马珍，宁夏社会科学院文化研究所副研究员。

①纳慧：《宁夏"旅游＋农业"融合发展与乡村振兴》，《北方民族大学学报》2020年第2期。

时，增加了农民收入，拓宽了农业农村发展空间。

（一）各市立足特色资源，因地制宜拓展农业多种功能，不断推动乡村旅游与休闲农业提档升级

宁夏各地依托农村生态资源，深入挖掘乡村生态休闲、旅游观光、文化教育价值，开展农文旅融合研学，打造现代农业综合体，不断优化调整农村产业结构，因地制宜拓展农业多种功能，实现了耕地保护、生态改善、产业提质、农民增收等多重效益。

其中，银川市金凤区丰登镇润丰村"利思·田园蜜语"农业生态产业园，以现代农林业为基础，有效将科技和人文要素融入农业生产和农产品深加工。贺兰县不断打造都市乡村旅游精品工程和近郊休闲农业，建成十四里店村稻渔空间生态观光园、宁夏农旅产业园、马莲湖农业旅游区等项目。马莲湖农业旅游区充分发挥了"公司+合作社+农户"的资源与产业优势，有效带动了当地农业产业化发展。

石嘴山市高仁乡六顷地村在发展乡村旅游中，紧扣沙漠瓜菜产业主导，以体验田园风光和美丽家园建设为目的，已建成为全国乡村旅游重点村。红果子镇马家湾村的大地天香景区，将田园风光与玫瑰观赏、采摘、产品制作与售卖等体验结合起来，颇受游客青睐。东永固特色旅游村做足枸杞融合文章，打造枸杞等农作物田间观光步道廊、开发田间劳作研学项目。姚伏镇建成生鲜果蔬一体化配送中心，实现果蔬分拣包装、冷链物流、电商服务产业链延伸，打通姚伏农产品"卖周边、周边买"的流通渠道，并打响"到姚伏赶个集"的金字招牌，使老传统焕发新活力。

吴忠市在满足"吃、住、行、游、购、娱"需求的同时，逐步培育了圣峰玫瑰观光园、依林小镇、恒源林牧、春雪文化园等一批休闲农业经营主体，深挖民间传统工艺，开发出花卉种植与观赏、果蔬农耕体验与采摘、滩羊皮工艺画伴手礼等特色项目，开展农业科普宣传与农民教育培训。推出田园人家、罗记农家小院、丽娟麻辣烫等特色美食名店，带动周边乡村旅游发展。

固原市依据自身资源禀赋，推进生态文旅建设，打造"生态固原·醉美六盘"乡村旅游品牌，发展冷凉蔬菜产业，利用"旅游+""生态+"等模式，发展以休闲农业、乡村旅游、田园康养等为主要形式的农旅融合新业态。香水镇沙南村林下菌菇园、卡子村闽宁示范产业园、六盘山镇李庄驿站·水云间休闲乐园、黄花乡沙塘村农旅融合示范园、泾河源镇冶家民俗村、新民乡青年深呼吸轻奢营地等乡村旅游品牌和基地正蓬勃发展。

中卫市全市发展休闲农业和乡村旅游经营主体 153 家，打造乡村精品旅游线路 13 条，培育中国美丽休闲乡村 3 个、全国四星级休闲农业和乡村旅游企业 9 家，乡村旅游年接待游客超 150 万人次，实现旅游收入 1.5 亿余元，每年稳定解决农民工就业 1 万余人。[①]海原县持续打造各具特色的旅游乡村，九彩乡九彩村建成民俗文化村、史店乡田拐村建成特色林区、红羊乡建成休闲农业七彩梯田等。中宁县舟塔乡开发枸杞宴美食产品，延长枸杞产品产业链，不断打造枸杞文化创意。

（二）各市通过精彩纷呈的节庆活动，既传承了农耕文化、展示了现代农业成果，又扩大了乡村旅游与休闲农业品牌的美誉度与影响力

宁夏各市举办农民丰收节、山花节、采摘节等具有地域特色的乡村旅游与休闲农业节会活动，打造银川农业嘉年华、固原醉美山花节等品牌节会。既传承了农耕文化、展示了现代农业成果，提升了宁夏乡村旅游的美誉度与吸引力，又扩大了地方休闲农业品牌的知名度与影响力。

银川市开展农民节、塞上黄河大闸蟹开捕节等一批农业特色节庆活动，在农业特色产业持续高效发展的同时积极引进农特产品精深加工项目，不断完善乡村物流体系，拓宽优质农产品销售渠道。石嘴山市举办二十四节气文化活动、西瓜节等节庆活动，以文艺演出、非遗展示、书法笔会等形式，进一步展现乡土文化，彰显乡村新风貌。吴忠市举办休闲农业提升年、滩羊美食节、冰雪文化旅游节等节会活动，宣传推介精品休闲农业示范点，吸引游客。固原市每年举办乡村类主题文旅活动 30 余场次。举办草地音乐节、汽摩节、冬日滑雪比赛等活动，以活动拉动旅游消费。六盘山山花节

---

① 《农文旅融合 迸发新活力——中卫市推动休闲农业和乡村旅游业 高质量发展助力乡村全面振兴》，中卫市人民政府网站，https://www.nxzw.gov.cn/zwgk/bmxxgkml/snyncj/fdzdgknr_49750/bmxx_49782/202409/t20240926_4676007.html。

举办十九届，已成为全国知名的文化旅游节庆品牌。中卫市打造沙坡头区南、北长滩黄河梨花节，中宁县枸杞采摘节，海原县文化旅游节等富有乡土气息的休闲农业节会，进一步丰富了游客的文化体验。

（三）各市注重整合旅行社、景区等资源，通过特色旅游线路，点线面结合，将乡村旅游与休闲农业旅游融合项目纳入城市精品旅游线路

各市注重整合旅行社、景区等资源，推介休闲农业精品线路，通过特色旅游线路，点线面结合，积极培育乡村产业新业态、新模式，进一步激发经营主体活力，拉动休闲消费市场，拓宽消费体验场景，吸引城乡居民去乡村休闲消费。

银川市串联湿地公园、循环经济、立体栽培、生态农庄、特色花卉、美丽乡村等资源，打造了以采摘体验、农耕文化、亲子教育等为主题的精品线路。灵武市梧桐树乡陶家圈村的农夫乐园，以认养地块的经营模式，使游客体验农耕乐趣。石嘴山市推荐的"山水相映·诗意乡村"等3条线路入选文化和旅游部休闲度假游主题精品线路。定位大武口区打造为工业旅游核心区，惠农区打造为黄河文化彰显区，平罗县打造为农文旅产业融合示范区。吴忠市漠北酒庄、黄羊古落、禹尧庄园、丰安屯旅游度假区等休闲农业经营主体开发景观农业、农事体验、观光采摘、研学教育、精品民宿等乡村旅游与休闲农业融合发展新模式。固原市推出的"水墨画卷·年味固原"暖心之旅入选"乡村四时好风光"全国乡村旅游精品线路。原州区彭堡镇姚磨村"旅游+冷凉蔬菜"入选2024世界旅游联盟——旅游助力乡村振兴案例。中卫市做足"旅游+"文章，探索乡村旅游与休闲农业融合发展新业态、新模式、新热点。打造田园综合体、拓展古村落游、开发冬季游、鼓励发展夜间经济、露营旅行等，做好乡村旅游与休闲农业融合的创新创意发展。

近年来，宁夏开展旅游电商百村千店人才培养行动，在抖音平台开展"我是家乡带货王"活动，开通"乡味宁夏"微信公众号，举办"宁夏非遗购物节——乡村文化能人专场"等活动，充分利用县域电商服务中心、乡镇电商服务站，以农村电商、直播带货等新模式，多渠道宣传推介宁夏优质文旅产品及农产品，高效的资源链接让农产品走进千家万户，推动宁夏乡村旅游与休闲农业融合协同发展。

二、宁夏乡村旅游与休闲农业融合发展存在的问题

乡村旅游和休闲农业融合发展，是基于乡村本土特色而提出的新型旅游业发展方式，当前仍处于发展初期，宁夏大部分乡村旅游和休闲农业融合以观光农业、休闲采摘、民宿餐饮等小而散的业态存在，取得了一定的进展，但还是存在诸多问题。

（一）宁夏乡村旅游与休闲农业融合项目产业链条短，缺乏精品意识

宁夏多个乡村旅游重点村镇初步形成了农业观光、采摘体验、特色餐饮、农事体验和研学体验等功能于一体的项目，但还是采取传统的"春赏花、夏避暑、秋摘果、冬玩雪"发展模式，乡村旅游与休闲农业资源未能充分融合，业态规模较小、形式单一。将农事活动、农耕文化与农业知识简单结合，加之缺乏整体规划，各地对农业资源的利用主要集中在粮食、果蔬、花草等单一农产品方面，并呈现出"各自为战"的局面。乡村旅游与休闲农业融合项目产业链条较短，缺乏精品意识，缺乏农产品深加工、文化创意等配套产业，对游客的吸引力不足。

（二）乡村旅游与休闲农业融合发展的配套设施不完善

县域内交通主干道沿线与旅游相关的公共服务配套设施不完善，如厕所、停车场、指示牌、游客中心等基础设施的环境卫生、接待能力和服务水平等都相对滞后，难以满足乡村旅游与休闲农业融合发展的现实需求。乡村旅游与休闲农业融合发展项目同质化现象比较严重，降低了游客的体验感。

（三）缺乏专业管理和服务人才

乡村人口空心化现状，也严重制约了乡村和产业的发展质量。在乡村旅游与休闲农业融合发展中，从业人员普遍缺乏旅游管理经验和相应的服务技能，服务质量偏低。新媒体内容制作和市场营销等方面的专业人才尤为缺乏。

三、宁夏乡村旅游与休闲农业融合发展

（一）打造乡村旅游与休闲农业融合发展的精品项目

在乡村旅游与休闲农业融合项目上推陈出新，在结合传统特色的基础上进行创新，突出文化特色，深入挖掘文化资源，打造精品项目，激发乡村发展内生动力。一是提升乡村旅游与休闲农业融合品牌文化内涵。依托宁夏的农特产品，以农耕文化、黄河文化、红色文化等为创意源泉，开发各类具有宁夏地域特色的创意旅游产品。二是通过联动开发、资源共享，形成以县市为单位的区域链，推动全区协同发展。充分利用新媒体、网络直播等多元化渠道推广宁夏乡村旅游与休闲农业资源，打造乡村旅游品牌，继续开发特色采摘、农耕体验、民俗节庆等多种农业旅游项目，为游客提供个性化、互动性更强的体验，提升游客的参与感和满意度。三是延伸产业链，提升附加值。与特色农产品"后备箱工程"相结合，促进农产品在初加工、包装、设计与营销上的创意开发，提升其文化附加值，推动特色农产品向旅游商品转化。把更多精力放在农产品的精深加工上，不断延链、补链、强链。

（二）加大对乡村旅游与休闲农业融合发展的支持力度

政府加大对乡村旅游与休闲农业融合发展的支持力度，尤其是提供专项资金、税收优惠等政策支持。推动基础设施的建设，改善乡村的交通、住宿等基础设施条件，完善乡村旅游的环保设施和服务配套，切实提高乡村的接待能力。针对乡村旅游与休闲农业融合发展项目上的同质化现象，引导各地结合自身资源禀赋，继续实行一村一品的发展策略，在特色农业景观、地道乡村美食、农业节庆活动等项目和业态上体现差异化。

（三）强化人才培养与管理，提升从业人员素质

发挥高校服务地方经济社会发展的功能，开设与乡村旅游相关的课程，强化人才培养与管理，培养一批熟悉旅游和农业的复合型人才。依托产业、科学研究、校企合作促进本土人才的培养。推动与区内外乡村旅游发达地区的交流合作，学习借鉴国内外先进的管理理念、经营模式与营销策略，开拓乡村旅游与休闲农业从业人员的视野。培养乡村文旅后备人才，完善

乡村文旅人才梯队。[1]同时加强从业人员的培训，提升服务质量，确保游客的满意度。

宁夏乡村旅游与休闲农业的融合发展，是推进乡村振兴和地方经济发展的重要途径。通过品牌建设、专业人才培养等，可以促进宁夏乡村经济的可持续发展，提升农业产业竞争力。在政府加强对基础设施的投入后，在企业和农民共同参与下，对农产品创新、市场营销等方面进行探索发展，逐步推动宁夏乡村旅游与休闲农业实现高质量融合发展。

---

① 李白、李亚男、黄莉：《文旅融合赋能乡村振兴的人才支撑》，《旅游学刊》2024 年第 11 期。

宁夏城市社区文化建设现状与发展路径

薛雯乔

文化不仅是居民精神生活的养分，也是社区治理的重要工具。2024年，宁夏各地社区积极响应国家号召，围绕"文化强区"建设目标，紧密结合地方特色，大力推进社区文化的创新发展，形成了独具特色的社区文化生态。

一、宁夏城市社区文化建设的现状

（一）社区文化设施不断完善

随着《宁夏回族自治区村（社区）综合文化服务中心管理服务办法》的深入实施，宁夏各社区的文化设施建设取得了显著成效。社区综合文化服务中心成为集宣传文化、党员教育、科学普及、体育健身等功能于一体的综合性文化场所。这些社区综合文化服务中心不仅配备了基础文化设施，还增设了体育健身器材，为居民提供了更加多元化的文化休闲选择。

（二）文化活动丰富多彩

2024年，宁夏各地社区组织了丰富多彩的文化活动，包括文艺演出、书画展览、剪纸比赛、传统节日庆祝等，极大地活跃了社区文化氛围。例

作者简介 薛雯乔，宁夏社会科学院《宁夏社会科学》编辑部编辑。

如，长城花园社区举办的"民族团结一家亲　石榴花开迎国庆"文艺汇演活动，不仅展示了社区居民的才艺，还加深了各民族间的相互理解和尊重。此外，许多社区还成立了艺术团、合唱队等文艺团队，定期组织排练和演出，为居民提供了展示自我的平台，增强了社区凝聚力。宁夏通过开展家风家训讲座、最美家庭评选等活动，弘扬社会主义核心价值观，倡导文明新风尚，提升了社区居民的道德素养和文明水平。同时，社区还充分利用文化活动凝聚人心，解决矛盾纠纷，促进了社区和谐稳定。

（三）特殊群体关怀日益增强

老年人、未成年人等群体对社区依赖程度高，宁夏社区文化建设特别注意对这些群体的关怀。社区通过设立专门的服务窗口，如老年学习网点的建立，为老年人提供了继续学习的机会。对于未成年人，则通过开展兴趣小组、科普讲座等活动，激发他们的创造力和想象力，为青少年的成长营造良好的文化环境。

（四）智慧社区建设稳步推进

宁夏积极探索智慧社区建设，利用互联网、大数据等现代信息技术手段，搭建线上服务平台，实现了文化服务的数字化转型。居民可以通过手机 APP 预约文化活动、在线学习、参与社区互动等，大大提高了文化服务的便捷性和覆盖面。

二、宁夏城市社区文化建设存在的问题

（一）管理机制不健全

宁夏城市社区文化建设存在管理机制不健全的问题。一些社区的文化建设缺乏统一的规划和管理，导致资源浪费和效率低下，资源配置的不均衡以及监管措施等的缺失也影响了社区文化建设的质量和效果。许多社区的文化建设由于缺少具备专业素养的管理人员以及必要的技术支持，很大程度上制约了文化活动的策划与实施，使各类文化活动难以持续、高效地开展，进而影响了社区文化氛围的营造和文化生活品质的提升。

（二）建设资金不足

在城市社区文化建设的道路上，资金的筹集与分配不仅考验着社区管

理者的智慧与决心，也映射出当前城市文化建设在资金支持上的情况。资金的短缺往往成为社区文化发展的瓶颈，让许多富有创意和文化价值的项目难以落地生根。在资金的限制下，社区的文化设施建设面临着巨大的挑战，导致其难以充分满足居民日益增长的文化需求，从而在一定程度上影响了社区文化的繁荣与发展。在这种情况下，居民对丰富精神生活的渴望难以得到有效满足，社区的整体文化氛围也显得不够浓厚。资金的不足导致许多社区文化活动无法正常开展，影响了居民的参与热情。

（三）专业人才匮乏

社区文化工作对人员的专业性要求较高，但许多社区面临着专业人才短缺的困境，缺乏既懂得文化内涵又具备管理能力的专业文化管理人员和技术人员。目前，负责策划和执行社区文化活动的组织者主要为社区基层人员或社区热心群众，但基层人员因工作繁忙，社区活动以完成上级布置的任务为主，热心群众组织的社区活动在连续性、活动种类等方面难以保障。由于人员专业素养不足，这些文化活动往往无法达到预期的深度与广度，并且削弱了社区文化生活的丰富性和多样性，活动的影响力和吸引力也有待加强。这一现状在一定程度上制约了社区文化建设的深入推进，是活动质量与预期效果产生鸿沟的主因，使社区文化的传承与创新难以实现有效衔接。

三、城市社区文化的创新路径

（一）完善体制机制，探索多元化资金筹集方式

社区文化建设要实现长远发展，就必须构建一套科学、规范、高效的管理制度。这套制度不仅要确保文化建设的有序推进，而且要促进各项文化活动与资源的整合，进而提升社区文化的内涵与品质。政府在制定财政预算时，应提高对社区文化建设的资金投入力度，不仅要确保基本的文化设施和活动得到充分支持，还应积极鼓励和引导社会各界力量参与其中，从而有效拓宽社区文化建设资金的来源渠道。通过这种多元化的资金筹集方式，不仅可以增强社区文化建设的活力和创新能力，还能促进社会资源的合理配置，共同营造和谐、富有活力的社区文化环境。

（二）建立多元主体参与机制

建立多元主体参与机制是城市社区文化创新的重要路径。构建一个涵盖政府、企业、社会组织和居民个体等多方力量共同参与的多元主体机制，无疑是推动城市社区文化创新发展的关键所在。这一机制的有效运作，能够集合各方智慧与资源，激发社区文化的创造活力，促进文化多样性，为城市社区文化的繁荣发展注入源源不断的动力。首先，通过实施政府购买服务、委托管理等多种灵活合作方式，有效引导和激励社会组织积极参与社区文化建设的各个环节，共同打造和谐、富有活力的社区文化氛围。其次，鼓励企业参与社区文化建设。一方面，政府可以通过制定相关政策、提供资金和税收优惠等，鼓励企业参与社区文化建设。另一方面，企业除了捐赠、赞助等方式，还可以通过与社区合作，共同策划和实施文化项目，提升项目的影响力和可持续性，同时通过培训社区文化骨干，提升社区文化的内生动力。再次，鼓励社会组织高质量参与社区文化建设。一方面，政府通过多元方式对社会组织增能赋权，通过对接资源平台，赋予社会组织更多的资源和权力。此外，政府还可以通过购买服务、项目资助等方式，支持社会组织开展社区文化活动。另一方面，社会组织通过策划和组织各类文化活动，如文艺演出、展览、讲座等提升社区居民的文化参与度，同时通过参与社区文化自治，推动社区文化资源的整合与利用。最后，引导社区居民积极参与文化活动的组织与实施，通过志愿服务、社区互助等方式，增强社区文化的活力和创造力。

（三）加强社区文化资源的整合，打造社区文化品牌

社区文化资源的整合是提高社区文化创新水平的重要手段。社区文化资源的整合不仅能显著提升资源的利用效率，实现资源的优化配置，还能极大地丰富社区文化的内涵与外延。通过整合把分散的文化要素凝聚起来，形成一种协同效应，从而使社区文化更加多元、立体，充满活力。这不仅有利于促进社区内部的交流与互动，还能增强社区的凝聚力和向心力，为居民提供更加丰富多彩的精神文化生活。社区文化资源的整合能促进社区内外部资源的优势互补，拓宽社区文化服务的领域，提升服务的质量和效率，使社区居民在享受社区文化的同时，也能感受到社区服务的温馨与便

捷。可以通过挖掘当地社区的文化资源和历史底蕴，打造具有地方特色的文化品牌，通过举办各类文化活动，如文化节、文化周等提升社区文化的知名度和美誉度，还可以利用媒体和网络平台，加大对社区文化的宣传力度，提高社区文化的影响力和吸引力。

(四) 推动社区文化与现代科技的进一步融合

智能化发展是未来城市社区文化的重要趋势，为城市社区文化建设带来了新的机遇和挑战。智能化深刻地影响着居民的行为习惯、交流方式以及价值观念，不仅代表着技术的进步，更预示着一种全新的生活方式，因而需要加快社区文化智能化建设，提高社区文化服务的智能化水平。首先，社区文化活动可以通过智能化手段进行管理和推广，提高居民的参与度和满意度，通过智能社区文化平台提供个性化的文化服务，满足不同居民的需求。其次，利用互联网、大数据等现代信息技术，创新社区文化活动的形式和内容，提高文化活动的趣味性和互动性。通过线上线下的结合，拓展社区文化活动的空间和时间，满足社区居民多样化的需求。再次，利用智能设备和智能平台，提升社区文化活动的组织与管理水平，提高文化活动的效率和效果。最后，利用智能生成、大数据、云计算等技术，提升文化活动的策划和执行效率，通过智能化手段更精准地了解社区居民的文化需求，提供更加个性化的文化服务，更好地满足社区居民的文化需求。

新媒体文化篇

XINMEITI WENHUA PIAN

宁夏政务新媒体优化服务宣传研究

王雅蕾　　林仕意

　　《国务院关于进一步优化政务服务提升行政效能　推动"高效办成一件事"的指导意见》（以下简称《指导意见》）指出，2024 年，要推动线上线下政务服务能力整体提升，健全"高效办成一件事"重点事项清单管理机制和常态化推进机制，实现第一批高频、面广、问题多的"一件事"高效办理。政务服务渠道主要包括线下的县级以上地方人民政府政务服务中心，线上以国家政务服务平台为总枢纽，联通各地区各部门政务服务平台的全国政务服务"一张网"，和"12345"政务服务便民热线、媒体机构留言板、领导信箱等。《指导意见》同时提到要加强宣传推广，"采取多种形式做好'高效办成一件事'政策解读和舆论引导"。本文研究的并非政务服务及其渠道本身，而在于政务新媒体对政务服务的宣传推广。宁夏政务抖音号是宁夏加强政务服务经验推广、完善政务服务宣传矩阵的重要窗口之一；人民网领导留言板宁夏板块是宁夏有关部门与企业、群众常态化沟通互动，发现并掌握办事难点堵点的重要渠道之一。本文以宁夏政务抖音

　　作者简介　王雅蕾，宁夏大学新闻传播学院副教授；林仕意，宁夏大学新闻传播学院新闻与传播专业硕士研究生。

　　基金项目　国家社会科学基金西部项目"西部地区政务舆情回应的效果评价研究"（项目编号：20XXW009）阶段性成果。

号为例，结合人民网领导留言板宁夏板块群众反馈，对宁夏政务新媒体优化服务宣传进行研究。

一、宁夏政务新媒体发展现状

通过在抖音平台按照宁夏行政区划分别检索"宁夏""银川""兴庆"等关键词，获得172个不同行政级别的政务抖音号。值得说明的是，如有政务抖音号在命名时未将地名纳入名称，那么根据上述检索规则，该账号不会被检索到，实际上，出于政务新媒体方便群众、联系群众的初衷，不包含地名的命名方式并不受到鼓励；依据人民网舆情数据中心对行业系统的划分方式，在50个行业系统的政务新媒体中，有一类"党政发布"，如@固原发布认证信息为中国共产党固原市委员会网络安全和信息化委员会办公室官方抖音号，@隆德发布认证信息为隆德县委宣传部官方抖音号，二者属于本文研究范围，而@中卫发布认证信息为中卫市新闻传媒集团官方抖音号，为新型主流媒体账号，不在本文研究范围内。

表1 2024年宁夏政务抖音号数量

行政区	账号级别	账号数量	账号级别	账号数量
宁夏回族自治区	自治区级账号	17	—	
银川市	地市级账号	17	市辖区县级账号	20
石嘴山市	地市级账号	12	市辖区县级账号	10
吴忠市	地市级账号	7	市辖区县级账号	32
固原市	地市级账号	16	市辖区县级账号	21
中卫市	地市级账号	6	市辖区县级账号	14

根据表2，武警宁夏总队、银川市公安局、中卫市旅游和文化体育广电局的官方抖音号，和银川市、吴忠市、固原市的消防救援支队官方抖音号，以及银川市金凤区、灵武市，石嘴山市，石嘴山市大武口区、平罗县，吴忠市，吴忠市青铜峡市、同心县，固原市，固原市原州区，中卫市，中卫市沙坡头区的禁毒委员会办公室的官方抖音号，共18个账号表现优秀。

18个优秀账号中有12个账号属于禁毒领域，主要原因如下。第一，内容有吸引力。毒品问题是社会关注的焦点之一，毒品的危害、禁毒工作动态等，容易引发公众的好奇心和关注度。第二，传播形式创新。通过讲

表2 宁夏优质政务抖音号

行政区	账号级别	优质账号	作品数(个)	获赞数	粉丝数
宁夏	自治区级	@宁夏武警	787	2227.4万 同级别第一	98.3万 同级别第一
银川市	地市级	@平安银川	2100	944.7万 同级别第一	35.6万
		@银川消防	1081	399.2万	48.8万 同级别第一
兴庆区、西夏区、金凤区、灵武市、永宁县、贺兰县	银川市辖区县级	@灵武禁毒	272	1320.4万 同级别第一	29.1万
		@金凤区禁毒委员会	425	50.0万	29.8万 同级别第一
石嘴山市	地市级	@石嘴山禁毒	641	175.9万 同级别第一	21.3万 同级别第一
大武口区、惠农区、平罗县	石嘴山市辖区县级	@平罗禁毒	607	495.8万 同级别第一	40.2万
		@大武口禁毒	1172	287.3万	42.4万 同级别第一
吴忠市	地市级	@吴忠消防	930	171.9万 同级别第一	10.1万
		@吴忠禁毒	610	19.4万	12.2万 同级别第一
利通区、红寺堡区、青铜峡市、盐池县、同心县	吴忠市辖区县级	@同心禁毒	445	420.8万 同级别第一	33.0万
		@青铜峡禁毒	317	23.8万	41.9万 同级别第一
固原市	地市级	@固原消防	867	154.0万 同级别第一	12.1万
		@固原禁毒	537	73.6万	12.6万 同级别第一
原州区、西吉县、隆德县、泾源县、彭阳县	固原市辖区县级	@原州禁毒	1321	610.7万 同级别第一	122.4万 同级别第一
中卫市	地市级	@中卫文旅【官方】	1401	181.3万 同级别第一	7.8万
		@中卫禁毒	523	31.5万	36.7万 同级别第一
沙坡头区、中宁县、海原县	中卫市辖区县级	@沙坡头禁毒	408	577.6万 同级别第一	37.0万 同级别第一

(注：建号以来累积数据，非年度数据。)

述真实的缉毒故事、案例，或制作有趣的短视频，如禁毒说唱、毒贩骗吸套路演绎等，直观性和视觉冲击力强，能够更生动地展现禁毒工作的重要性和毒品的危害。第三，教育意义重大。人们希望通过这些账号获取更多关于禁毒的信息，以增强自身的防范意识和对禁毒工作的了解。

消防领域的账号表现不俗，除了表 2 列出的 @银川消防、@吴忠消防、@固原消防，@宁夏消防粉丝数 30.2 万，@宁夏石嘴山消防、@中卫消防的粉丝数也在 10 万以上，消防领域 1 个自治区级账号和 5 个地市级账号粉丝数相加百万有余。消防领域政务抖音号的良好表现，无论是在推动社会消防安全意识提升、助力应急救援工作开展，还是在塑造消防队伍正面形象等方面，都有着不可替代的重要价值。

整体来看，宁夏政务抖音号虽然面对着人口基数小，作品创新经验、底气不足等困难，但仍然展现巨大的发展潜力。众多政务抖音号积极挖掘本地特色资源，将宁夏独特的历史文化、自然风光、民俗风情等元素巧妙地融入新媒体作品之中。同时，不断加强与其他地区政务新媒体的交流合作，学习先进经验；通过吸引更多有才华、有创意的年轻人加入政务新媒体的建设队伍中来，为其持续发展注入新的活力与动力。

二、宁夏政务新媒体优化服务宣传的效果

宁夏政务服务网列出热门服务包括社会保障、医疗保障、住房保障、住房公积金、投诉举报、婚姻生育、交通运输、教育服务、护照通行证、身份证办理、企业服务、企业登记、律师公证、税务服务、"三农"服务、福利补贴等 16 项。与之相应，仍依据人民网舆情数据中心对行业系统的划分方式，涉及政务服务内容较多的政务新媒体分布在人社、卫健、国资、民政、交通运输、教育、市场监管、司法行政、法院、税务、农业农村等领域。本文以 172 个宁夏政务抖音号的所有作品为样本，采用非概率的判断抽样法进行抽样，并对样本进行编码，得到其宣传的政务服务内容榜单。可以发现，涉及政务服务内容较多的政务抖音号确实属于上述领域。另外，宣传服务标准化、规范化，介绍办事流程的作品最多；偏向宣传片形式对政务服务的整体介绍，以及宣传服务队伍专业化、展现服务业务场景的作

品次之；宣传服务效能提升、服务方式创新，体现服务协同的作品最少。

这些作品中不乏比较优秀的，既是对线下扎实工作的映射，在新媒体传播数据方面也表现得较好。以宁夏人力资源和社会保障厅官方抖音号 @宁夏 12333 为例，在"宁夏 12333 荣获 2023 年政务抖音号'优秀创作者'"短视频的评论区，作者回复了至少 90%的评论；在"这是宁夏 12333 人一天的工作日常"短视频配文中，写道"宁夏 12333 面向社会公众提供人力资源和社会保障领域的政策咨询、信息查询、办事指南、民情反馈、投诉举报等全方位综合服务"；还有直播预告内容为"想了解相关内容吗？工伤保险、养老保险退休审批，宁夏人力资源和社会保障厅 2024 年人社直播讲法活动 6 月 21 日早上 9：30"。账号以专业、高效且极具亲和力的姿态，为广大民众搭建起了一座沟通的桥梁。

整体来看，宁夏各领域政务抖音各司其职，把政务服务宣传作为短视频选题的一部分，为打造数字化、服务型政府添加了宣传基石。得益于抖音的平台优势，这些政务抖音号也成为办事堵点问题直达反馈的渠道，能够及时为民众解疑释惑，让民众看到政府在细微之处的用心与努力，进一步拉近政府与民众之间的距离。

三、宁夏政务新媒体优化服务宣传的困境

（一）宣传未明确围绕办事

在检索宁夏政务抖音号的过程中，本文以 @国家政务服务平台的关键词"政务服务平台"进行检索，只能检索到固原市电子政务中心官方抖音号 @固原阳光政务；以"政务中心"为关键词，还能检索到 @隆德县城市公共服务中心和 @银川市西夏区就业创业服务中心。另外，如果以"就业创业"为关键词，则能检索到 @原州就业创业（粉丝数 46.1 万）、@银川就业（粉丝数 1.3 万）、@平罗就业创业（粉丝数 1.2 万）等 11 个同领域的宁夏政务抖音号。可以发现，诸如就业创业领域的账号表现优异，但政务服务、政务中心方面的专门账号有限。这一点一方面契合政务服务平台以线下和线上平台化应用为主，其他政务新媒体的作用主要在于推广宣传；另一方面也符合《国务院办公厅关于推进政务新媒体健康有序发展的意见》

对功能相近、用户关注度和利用率低的政务新媒体要加以整合的要求。但各领域政务抖音作品中，优化服务宣传方面的作品比例不足，绝大部分作品并未围绕企业和群众办事。实际上，相较于大量对会议、活动等工作的报道，政务短视频若能更多地围绕政务服务、"高效办成一件事"，将更大程度利企便民，激发经济社会发展内生动力。

（二）宣传与需求存在脱钩

根据《国务院办公厅关于依托全国一体化政务服务平台建立政务服务效能提升常态化工作机制的意见》，要加强针对办事堵点的数据分析研究，查找政务服务优化、效能提升的薄弱环节……实现通过解决一个诉求带动破解一类问题、优化一类服务，不断推动解决发展所需、改革所急、基层所盼、民心所向的难点堵点问题，以民生"小切口"撬动政务服务能力"大提升"。本文以人民网领导留言板宁夏板块展示的年度留言为样本，采用等概率的定距抽样法进行抽样，并对样本进行编码，得到群众诉求类型榜单。可以发现，尽管办事诉求只是群众诉求的一部分，但其中不乏《指导意见》提出的13项首批重点事项清单中的事项，如教育入学、社保卡服务等；由于人民网领导留言板的诉求比较集中，具体诉求显得更加多样、复杂；由于平台特性，民众在人民网领导留言板得到的反馈虽然详细，但属于"一次性"，无法进一步互动，得到反馈的等候时间也要久得多。因此，如若政务抖音等其他政务新媒体优化服务宣传时，能够更多、更细致地考虑民众需求，不仅是在多措并举强化与企业和群众的常态化沟通互动，更重要的是有利于政务服务提质增效。

（三）宣传形式仍比较传统

如前文所述，禁毒、消防等领域的宁夏政务抖音已经拥有诸多新颖且极具吸引力的创意元素，但提到政务服务宣传，大量宁夏政务抖音号在内容创作与呈现方式上，还有很大的与时俱进、开拓创新的空间。为了更好地推动线上线下政务服务能力整体提升，在新媒体时代，有必要善用宣传力量，如果轻易满足于较为刻板的信息播报模式，传播缺乏生动性和感染力，宣传到达不了受众，则难以充分发挥政务新媒体的作用，不失为一种浪费和遗憾。

四、宁夏政务新媒体优化服务宣传的路径

（一）宣传聚焦难点堵点问题

"痛点"可以说是新媒体传播数据的一种来源，关乎衣食住行的民生清单即为民众的"痛点"所在。《指导意见》以附件的形式列出《"高效办成一件事"2024 年度重点事项清单》，企业事项包括准入经营、经营发展、注销退出等三个方面，个人事项包括出生、入学、生活、退休等四个方面，覆盖企业和群众的"生命周期"，无一不是"关键之事"。习近平总书记强调，要"更好解决企业和群众反映强烈的办事难、办事慢、办事繁的问题""为人民群众带来更好的政务服务体验"。政务新媒体宣传理应更好地聚焦办事难点堵点问题，致力于破办事之困，解民众之忧，不断增强企业和群众的获得感。

（二）宣传注重硬新闻软着陆

今天媒体的语态变革，一个基本取向也是硬新闻的软着陆，包括角度上的软化、呈现方式上的软化等。[①]尽管过度娱乐化的包装会导致泛娱乐化现象，使民众注意力分散，公共治理参与度降低，对于政务服务宣传尤其显得不适合，但难以获得传播数据、宣传到达不了受众的结果倒推，使我们不得不思考宣传形式、呈现方式的创新并为之努力。

（三）从服务协同到传播协同

跨层级、跨系统、跨部门的一体化协同服务是政务服务的核心要求、根本特征之一，线上平台化的政务服务和政务新媒体对政务服务的宣传都是其延伸。如果服务协同，而传播还是各领域政务新媒体各做各的，势必难以实现良好的宣传和互动效果。因此，只有构建起全方位、多领域的协同传播体系，才能让政务服务的价值与效能在新媒体的助力下得到最大程度的彰显。

[①]彭兰：《网络传播概论》（第 5 版），中国人民大学出版社，2023 年，第 291 页。

宁夏区域形象的国际传播新特征

邓天奇　闫苏苏

近年来，在宁夏回族自治区党委和政府的领导下，该区域积极借助地缘优势、区位优势和资源优势，依托中阿博览会、中国（宁夏）国际葡萄酒文化旅游博览会、枸杞产业博览会等平台，主动融入"一带一路"建设，通过国际化表达，积极展现"天下黄河富宁夏""世界葡萄酒之都"等国际传播品牌，在全球视野中的知名度与美誉度全面提升。新时代背景下，宁夏区域形象的国际传播面临新的历史机遇、挑战与使命，需要总结以往经验、描摹现实图景，建构起符合时代潮流与时代需求的宁夏区域形象国际传播体系，全面提升宁夏区域形象的国际传播效能。为此，本研究报告将要回答的核心问题包括：宁夏区域形象在国际媒体中如何呈现？这些国际媒体使用了何种传播策略来建构宁夏区域形象？如何继往开来提升宁夏区域形象的国际传播效能？

一、宁夏区域形象国际传播的图景描摹

媒体关注度与报道情况是衡量影响力的核心指标，宁夏大学国际传播

作者简介　邓天奇，宁夏大学新闻传播学院副教授；闫苏苏，宁夏大学新闻传播学院硕士研究生。

基金项目　本文系 2024 年宁夏回族自治区教育厅高等学校科学研究项目"新时代宁夏区域形象的国际传播效能提升路径研究"（项目编号：NYG2024061）的阶段性成果。

研究团队以"Ningxia"为关键词，抓取了全网 2024 年 1 月 1 日至 2024 年 10 月 1 日期间的所有报道，从报道总量、报道趋势以及情感态度三方面描摹宁夏区域形象的国际传播图景。

（一）报道总量：国际媒体的"他塑"占主导

研究区间内，国际媒体提及关键词"Ningxia"的报道量为 21133 篇，日均报道提及量达 76 篇。总提及量与日均提及量相较于 2023 年同期均下降 24%。其中，来自美国的报道最多，为 11970 篇，占比 56.6%。其次是来自中国的 1832 篇，占比 8.7%。再次是澳大利亚的 935 篇和印度的 915 篇，分别占比 4.4% 和 4.3%（见图 1）。由此可见，宁夏区域形象在国际传播场域中仍然以"他塑"为主，本国、本区域媒体的"自塑"机制有待加强。

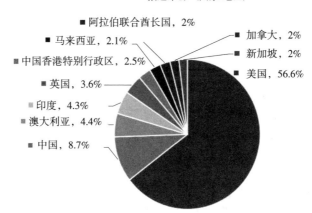

图 1　国际媒体涉宁夏区域形象报道国别分布图

在报道总量上，美国各媒体报道量较为平均，KOTA-AM、ELXS-FM 以及 KZZI-FM 3 家小众媒体占据榜首，年报道量均为 300 篇左右。在中国外宣媒体中，新华社英文版（Xinhua News）、人民网英文版（People's Daily）、中国网（China.org）、中国日报网（China Daily）报道量最多，均超 100 篇。在澳大利亚媒体中，报道量最多的是《简单华尔街》（Simply Wall St News），共 87 篇。印度媒体中报道量最大的为《全球市场报告》（Market Reports World），共 40 篇。

（二）报道趋势：重大会展活动时期达峰值

研究分析了2024年1月1日至10月1日期间国际媒体涉宁夏区域形象的报道趋势（见图2），发现单日报道量超过200篇的有19天，超过400篇的仅有2天。

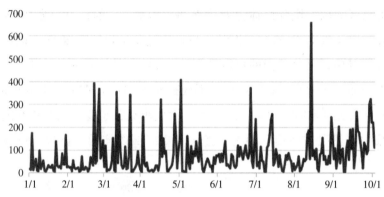

图2　国际媒体涉宁夏区域形象报道趋势（2024年1月1日—10月1日）

研究区间内，日报道量高峰为第四届（宁夏）国际葡萄酒文化旅游博览会闭幕后的8月12日，当日国际媒体提及"宁夏"的报道总量为657篇，同比增长960%。当日，阅读量较高的3则报道分别为来自马来西亚婆罗洲邮报网（Borneo Post Online）的《中国西北的戈壁沙漠变成了葡萄酒旅游目的地》，人民网英文版转载新华社英文版发布的《贺兰山东麓国际葡萄酒交易会在宁夏举行》，以及新华社下属"全球连线"发布的《中国宁夏葡萄酒博览会给外国游客留下深刻印象》。其中，《中国西北的戈壁沙漠变成了葡萄酒旅游目的地》获得了66.7万人次的触达量。

（三）情感倾向：以中立、正面为主要基调

研究发现，国际媒体涉宁夏区域形象报道的情感倾向以客观中立为主，占比64%；正面情感倾向的报道内容也占有较大的比重，有32%；负面情感倾向的仅占4%（见图3）。

研究触达量排名靠前的报道可以发现，正面报道主要关注"可再生能源"以及"葡萄酒产业"等内容。其中，触达量最高的报道为微软公司旗下的门户网站MSN发布的报道《中国太阳能行业在可再生能源方面走在前列》，获近1.3亿人次触达量。客观中立报道作为占比最多的类型，其所讨

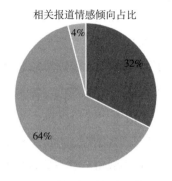

相关报道情感倾向占比

■正面的 ■中立的 ■负面的

图 3 国际媒体涉宁夏区域形象报道情感倾向

论的话题更多，涵盖内容也更为广泛，包括但不限于宁夏文化旅游、特色产业以及脱贫攻坚等内容。

二、宁夏区域形象国际传播的总体特征

国际媒体从多方面、多维度展现了宁夏政治、经济、文化及自然环境等方面的发展状况和态势。研究发现，国际媒体的涉宁夏区域形象报道主要呈现以下三大特征。

（一）以"地方文旅"为媒，彰显宁夏文化繁荣形象

宁夏依托贺兰山、腾格里沙漠、沙坡头、西夏陵等人文景观与历史文化资源不断打造中国西北特色文旅名片，引起了国际媒体的一致关注。在国际媒体的涉宁夏区域形象报道中，美国《塞尔玛时报》（The Selma Times Journal）一则名为《来自 14 个国家的记者结束了对中国宁夏回族自治区的访问》的报道指出："记者们参观了西部影视城、沙坡头国家级自然保护区、青铜峡大坝以及黄羊古村落。瓦努阿图《每日邮报》（The Daily Post）的记者表示，宁夏丰富的历史和文化给他留下了深刻印象，古老传统和现代创新的融合令他惊讶。"该则报道彰显了国际媒体对于宁夏文旅事业发展的高度赞誉。

在自然景观上，共有 575 篇国际媒体报道提到"沙坡头"。全球最大建筑网站"建日筑闻"（Arch Daily）发布一则名为《中卫沙漠钻石酒店》的报道，获得了 276 万人次的触达量和 15.5 万人次的阅读量。此外，新华社

英文版的《在沙滩上淘金，曾经的"死亡之海"现在变成了"诗意的逃避"》通过讲述在中卫市沙坡头长大的唐明喜逃离故乡又回归沙漠治沙的故事，介绍了沙坡头多年的发展历程，获得了62.3万人次触达量，得到了人民网英文版等的广泛转载。在人文景观上，国际媒体高度关注"水洞沟""西夏陵"等著名景点，多聚焦于宁夏旅游的"定制性"与"个性化"展开报道。中国日报网、马来西亚太阳报（Malaysia Sun）、美国专业旅行杂志《旅游世界》（Travel and Tour World）等媒体均转载了新华社英文版一则名为《"定制旅游"重新定义中国西北地区的旅游体验》的报道。该报道援引了宁夏一位民宿老板的发言，认为游客对文化体验的高度重视为西北地区旅游事业带来新的发展机遇，将有效带动宁夏文旅事业的高质量发展。

（二）以"特色产业"为媒，彰显宁夏经济蓬勃形象

近年来，宁夏不断开辟新赛道、厚植新优势，聚力打造了以"六新六特六优+N"为支撑的现代化产业体系。其中，以清洁能源为代表的"六新"产业在国际媒体中获得了一定的曝光度。在国际媒体涉宁夏区域形象报道中，共有6473篇与宁夏"新能源""可再生能源"相关，大量报道着眼于呈现宁夏光伏产业的发展态势。如美联社的报道《国家电网中卫供电公司积极支持绿色能源发展》指出"作为'宁电入湘'重要配套工程的一部分，宁夏腾格里沙漠新能源基地二期2000兆瓦光伏项目顺利竣工投产"。

此外，以枸杞为代表的宁夏"六特"产业，亦成为国际媒体呈现宁夏区域形象的重要现实抓手，在国际媒体中拥有着较高关注度，共有547则报道涉及宁夏枸杞。如CGTN（中国国际电视台）发布的英文报道《中国枸杞越来越受全球欢迎》获得520万人次的触达量、中国日报网发布的英文报道《宁夏枸杞进军全球市场》获得259万的触达量、新华社的英文报道《Z世代拥抱健康，振兴宁夏枸杞产业》亦获得了215万人次的触达量。

最后，以会展博览为代表的"六优"产业，亦在国际媒体中获取了较高的曝光度。国际媒体中有1039篇报道谈到"中国（宁夏）国际葡萄酒文化旅游博览会"，其中416篇来自美国、206篇来自加拿大、68篇来自澳大利亚、45篇来自中国。美联社的一篇题为《中国主要葡萄酒产区将于8月举办国际葡萄酒博览会》的报道取得了最高的关注度，获50亿触达量。该

报道提到，来自法国、澳大利亚、意大利、西班牙和智利等国家的60多家酒庄和参展商将参加为期3天的博览会，展示了中国（宁夏）国际葡萄酒文化旅游博览会的空前盛况。中国日报网发布的《宁夏博览会强调葡萄酒旅游》则聚焦该博览会附加的旅游开发价值，指出位于中国西北部的宁夏回族自治区正在成为世界级的葡萄酒旅游目的地。

（三）以"脱贫攻坚"为媒，彰显宁夏政治清明形象

宁夏是全国脱贫攻坚主战场之一，西海固地区曾有"苦瘠甲天下"之称，被联合国粮食开发署确定为"最不适宜人类生存的地区之一"。党的十八大以来，在习近平总书记的亲切关怀下，自治区党委和政府把脱贫攻坚作为头等大事和第一民生工程，举全区之力圆满完成脱贫攻坚目标任务，成功翻越脱贫路上的"六盘山"，书写了中国减贫奇迹的宁夏篇章。这一伟大成就获得了国际媒体的一致关注，成为全球受众了解宁夏的重要议题抓手。

在国际媒体涉宁夏脱贫攻坚报道中，最为重要的关键词为"闽宁合作"。如中国国际电视台的一则名为《农业和农村改革：闽宁镇以工业促发展，促进农村振兴》的报道介绍了闽宁协作及其通过制造业促进发展，积极展示了农村地区全面振兴的宁夏实践。报道指出"从闽宁村建村之初的8000多人，到闽宁镇的6.6万常住人口；从人均年收入不到70美元到超过2400美元；从扶贫到振兴农村，闽宁镇的面貌日新月异"。同时，该报道高度肯定了从单向扶贫到产业对接，从经济帮扶到社会事业多领域合作，福建和宁夏同舟共济的闽宁模式。该报道着眼于宁夏脱贫攻坚经验，共获得430万人次的触达量和3560人次的阅读量，是中国媒体讲好中国故事、宁夏故事的典型案例之一。

此外，另外一个重要的关键词为"山海情"。中国网转载新华社英文版的一则名为《中非合作激发跨越山海的友谊》的报道指出，习近平主席在2024年9月2日会见科摩罗总统阿扎利时，谈到中国电视剧《山海情》近期在科热播，表示"中方愿同科方开展减贫合作，支持科摩罗人民将自身区位优势和海洋资源转化为发展动能，不断延续构建中科命运共同体的

'山海情'"①。该则报道以《山海情》作为重要叙事主线，展现宁夏地方脱贫攻坚经验的国际传播价值，共计获得了74.4万人次触达量，有效激发了中非人民对于美好生活的共同向往与追求。

三、做好宁夏区域形象国际传播的对策建议

习近平总书记在宁夏考察时发表重要讲话，强调统筹推进高质量发展和高水平保护、全面深化改革和扩大开放、新型城镇化和乡村振兴、民族团结和共同富裕等工作，奋力谱写中国式现代化宁夏篇章。②新时代背景下，如何面向世界讲好宁夏故事，展示宁夏区域形象，成为一项亟待思考的议题。以下将从传播理念、传播内容、传播渠道三个方面，为做好宁夏区域形象国际传播提供策略建议。

（一）立足"个性化"理念，构建高识别度的宁夏区域标识

区域形象传播的重要逻辑起点在于区域形象定位，难点在于生产具有唯一性的传播材料与内容。宁夏拥有着如西夏文化、黄河文化、六盘山文化等历时性维度与现时性维度丰富的中华民族历史遗产，唯有在国际传播中突出宁夏地方文化的独特性与个性化元素，才能建构独一无二、具有高度辨识性的宁夏区域形象。这就要求提炼出能够彰显宁夏文化特色的标识体系，在实体标识上，不断展示凝练贺兰山东麓葡萄酒文化旅游带等系列文旅地标以及"六新六特六优"的实体产业品牌，使之成为宁夏区域形象国际传播的金色名片。在虚体标识上，持续凝练展示"天下黄河富宁夏""世界葡萄酒之都"等外宣品牌，助力于构建高识别度的宁夏区域形象。

---

① 《习近平会见科摩罗总统阿扎利》，http://politics.people.com.cn/n1/2024/0902/c1024-40311324.html，2024年9月2日。

② 《奋发有为，同心共筑中国梦——习近平总书记在宁夏考察时的重要讲话激励广大干部群众真抓实干开拓奋进》，https://www.gov.cn/yaowen/liebiao/202406/content_6958762.htm，2024年6月21日。

（二）生产"分众化"内容，讲好新时代的宁夏地方故事

在国际传播中，推进话语的分众化表达，增强话语亲和力和实效性尤为重要。对于宁夏区域形象的国际传播而言，在传播内容的选择上需避免"自说自话"和"对空言说"，以全球共通的表达方式与接受方式，讲全球受众"听得懂""感兴趣"的故事。通过一系列生动的故事和细节来展现新时代宁夏新面貌和新气象，讲述宁夏人民在脱贫攻坚、乡村振兴等方面的奋斗历程和感人故事，展现他们积极向上的精神风貌和幸福生活；介绍宁夏在生态保护、绿色发展等方面的创新实践和显著成效，展示宁夏作为黄河流域生态保护和高质量发展先行区的良好形象，拉近与受众的距离，激发受众的情感共鸣和认同感。在传播对象上，要做到针对性传播、嵌入式传播和精准传播，坚持"一国一策""一群一策"，重点面向共建"一带一路"国家和地区讲好宁夏脱贫攻坚与社会发展的故事，推动宁夏发展经验的国际传播。

（三）拓展"多元化"渠道，构建系统性的国际传播体系

近年来，宁夏不断发挥地缘优势、区位优势和资源优势，依托中阿博览会、葡萄酒博览会等平台，在国际传播领域，面向世界各国的政治、经济、人文交流不断扩大，取得了一定成绩，但在系统化与多元化方面仍然存在着一定的优化空间。宁夏区域形象的国际传播作为一项系统性、综合性工程，不仅需要政府外宣、主流媒体的努力，也需要企业、民间团体、个人等多元传播主体的参与，亟须以开展各类国际人文交流活动的方式全面提升传播效能。此外，根据《2024年全球数字化营销洞察报告》，截至2024年初，全球有50.4亿个活跃社交媒体用户账号。[①]社交媒体时代，立体多元宁夏区域形象的国际传播，需要培育更多"去中心化"的网络意见领袖，形成多个声部的共鸣效应。

---

① 叶子鹏：《数字洪流中如何自处？》，http://www.ce.cn/xwzx/gnsz/gdxw/202409/07/t20240907_39130990.shtml，2024年9月7日。

2024年大视听产业背景下
宁夏微短剧发展报告

杨　璠　连　正

本报告对宁夏微短剧发展现状进行了调研，从大视听产业背景出发，对2024年宁夏微短剧发展现状与困境、未来发展策略进行分析。研究发现，宁夏微短剧创作主体多元，与文旅产业结合密切，产业发展潜力大。与此同时，宁夏微短剧也存在市场活力不足、创作内容单一同质、行业体系不完善、缺乏资金与人才等问题。未来，宁夏应加大对微短剧的政策支持，引资纳才，鼓励内容创新，推动数智化生产，完善宁夏微短剧行业体系建设，进一步推动宁夏微短剧行业高质量发展，从而实现更大的社会与经济效益。

一、大视听产业背景下的微短剧突围

随着新环境、新平台和新连接的演化诞生，主要由广播电视、网络视听和延伸产业集群组成的大视听模式逐渐成为一种外向的媒介生产实践，它不断引导着大众的想象力并涵养出城市文明的新形态。

（一）大视听产业的发展现状

大视听产业，是指以视听产业为引擎构筑起的全产业链条，其核心层以广播电视和网络视听产业为主，包括内容生产、媒体广告、节目版权、

作者简介　杨璠，宁夏大学新闻传播学院讲师；连正，宁夏大学新闻传播学院本科生。

有线电视网络业务等重点领域。外延层是由数字技术、新媒体技术等驱动形成的视听衍生产业，涵盖数字视听与文化、科技、旅游等各领域的融合发展业态。[①]2020 年 9 月，由国家发展和改革委员会、科技部、工信部、财政部多部门联合印发的《关于扩大战略性新兴产业投资　培育壮大新增长点增长极的指导意见》中首次明确将"构建新时代大视听全产业链市场发展格局"纳入战略性新兴产业投资领域。2023 年 9 月，《国家广播电视总局关于开展"未来电视"试点工作的通知》下发，要求"通过用技术、试业务、探机制、研政策，进一步引导全行业、全系统共同推进'未来电视'战略部署落地应用，推动构建现代化大视听发展格局"[②]。

技术的发展、产业升级及用户需求的多元化促使视听产业不断迭代更新，国家对大视听产业的重视程度不断提高。在数字经济快速发展的背景下，大视听产业已成为国民经济新的增长点，成为驱动经济发展的重要引擎。截至 2023 年 12 月，我国网络视听用户规模达 10.74 亿人，网民使用率 98.3%，网络视听作为"第一大互联网应用"的地位愈加稳固。[③]根据国家广电总局 2024 年 9 月举行的"推动高质量发展"系列主题新闻发布会，2024 年上半年全国广播电视和网络视听服务业的总收入达 6683 亿元。基于视听技术的发展和应用场景创新，大视听通过新的内容生产、运营与消费，重塑视听想象与媒介生态，为经济社会数字化转型提供支持，正稳步成为数字文化产业中极具增长性和显示度的新兴产业之一。其中，作为新兴的网络视听节目类型的微短剧，已然成为大视听全产业链条生态中的重要组成部分。

（二）微短剧产业异军突起

微短剧指单集时长在几十秒到 15 分钟左右，有着相对明确的主题和主

---

①沈听雨、牟书瑶：《打造大视听产业，浙江定下大目标》，https://cs.zjol.com.cn/kzl/202407/t20240718_30413836.shtml。

②卢蓉：《"大视听"未来可期（艺文观察）》，https://culture.gmw.cn/2024-08/22/content_37514542.htm。

③中国网络视听节目服务协会：《中国网络视听发展研究报告（2024）》，中国广播影视出版社，2024 年，第 4 页。

线、较为连续和完整的故事情节的内容。①它集合了短视频和传统广播电视剧两者的优点，既有短视频短、平、快的节奏，又有电视剧的连贯剧情和主线，成为一种适合移动端使用习惯的连贯完整剧情式短视频。目前，以发行商进行分类，主要有由媒体公司承制、地方广电局发行的微短剧和以MCN公司、自媒体和独立制作人制作的网络微短剧。随着传统媒体的式微，用户的观影习惯由"长"向"短"演变，这更加符合移动视听媒体短、平、快的特征，而微短剧正在异军突起成为网络视听行业新的经济增长点。

相关数据统计，七成以上用户通过抖音（含抖音小程序）收看微短剧，抖音上的优质短剧创作机构已超600家，创作者规模在8000人以上，通过与众多优秀的微短剧制作团队和创作者合作，推出了一系列高质量微短剧作品，其中超500部播放量过亿。②在视听市场发生巨大变革的背景下，发展迅速的微短剧正逐步成为精品创作和主流价值观传播阵地，得到越来越多用户的认可。《中国网络视听发展研究报告（2024）》显示，当前用户付费观看微短剧的方式主要包括购买平台会员、单剧集购买、平台充值和解锁激励广告等。经常观看微短剧用户占比达39.9%，仅次于电视剧、网络剧、电影和网络电影，31.9%的用户曾为微短剧内容付费。2023年微短剧拍摄备案共通过3574部、97327集，部数同比增长9%，集数同比增长28%，部均集数增至27集/部。③通过国家广电总局"规范+引导"双护航，将进一步引领微短剧成为精品创作和主流价值观传播阵地，推动微短剧在规范化道路上向着精品化方向迈进。微短剧的发展对视听产业和经济增长具有重要意义，它不仅能够推动产业规模的快速增长，还促进了内容创新、技术融合、文化出海，为经济增长提供了新的动力。

---

① 《关于进一步加强网络微短剧管理实施创作提升计划有关工作的通知》，https://www.gov.cn/zhengce/zhengceku/2022-12/27/content_5733727.htm。

②中国网络视听节目服务协会：《中国网络视听发展研究报告（2024）》，中国广播影视出版社，2024年，第60页。

③中国网络视听节目服务协会：《中国网络视听发展研究报告（2024）》，中国广播影视出版社，2024年，第113页。

二、宁夏地区微短剧发展现状与问题困境

（一）宁夏微短剧发展现状

为得到宁夏微短剧发展数据，本报告访谈了宁夏广电行业、文旅行业、影视制作行业、微短剧创作者、用户代表等相关人员。据宁夏广电局相关人士介绍，目前经由宁夏广播电视局备案并发行的微短剧有 8 部（见表1），初步估算相关产值约为 2200 万元。在这 8 部微短剧中，13 集微短剧《锦衣觅踪》在抖音平台总数据表现突出，具体数据为："喜欢"255513个，"评论"6772 个，"收藏"25693 个，"转发"9681 次。可见，该剧集获得了用户的关注和喜爱，说明该剧集具有较强的吸引力和传播力。同时，较高的"评论"和"收藏"数量也反映了观众对剧集的积极参与和兴趣。24 集微短剧《坠落画境的你》于 2024 年 10 月 12 日起在腾讯视频播出，截至 2024 年 11 月 5 日，在腾讯视频平台总数据为："热度"为11734，评分为 8.6 分，共计 9629 人参与评分，"讨论数"为 7133 条。数据显示了剧集的高热度和良好的口碑，8.6 的评分和参与评分人数表明观众对剧集的整体满意度较高。

表 1 宁夏已发行微短剧相关数据汇总

序号	微短剧名称	制作公司
1	《大西北》	宁夏无庸影视科技有限责任公司
2	《房东是只猫》	宁夏捌零玖影视文化传媒有限公司
3	《一双绣花鞋》	索斯光影(宁夏)影视文化传媒有限公司
4	《婚姻试用期》	宁夏中视影业有限公司
5	《居然事务所》	宁夏中视影业有限公司
6	《锦衣觅踪》	宁夏群英影业有限公司
7	《西伯利亚的玫瑰》	宁夏艺天文化传媒有限公司
8	《坠落画境的你》	宁夏艺天文化传媒有限公司

2024 年 1 月 12 日，国家广播电视总局办公厅发布《关于开展"跟着微短剧去旅行"创作计划的通知》，提出 2024 年要创作播出 100 部"跟着微短剧去旅行"主题优秀微短剧，推动一批实体取景地跟随微短剧的热播"出圈"。宁夏文旅厅积极响应出品了《此处通往繁星》等微短剧，开启了

宁夏文旅微短剧创作进程。《此处通往繁星》拥有政策、资金、宣传等各方面的支持，这为影片质量和完成度提供了坚实的保障。与此同时，地方品牌"沙坡头景区"也参与到了拍摄制作之中，实现内容与商业的双赢，一定程度上推动了地方文旅产业的发展。随着大视听市场吸引和政策逐步跟进，宁夏更多的微短剧将开始筹建拍摄制作，如《文明探源系列短剧之三星村里月牙湾》《银川的传说》《沙枣花的故事》等。政府机构、国资企业、出版集团、广电媒体等力量也加快脚步入场，宁夏微短剧题材趋向多元，发展潜力大。

（二）宁夏微短剧发展困境

1.初期发展滞后，市场活力不足

宁夏人口少、经济水平发展不均衡，微短剧消费力不足，影视产业市场发展较为滞后。本地已公开展播的微短剧数量较少，大多为官方出品的文旅类、宣传类微短剧。官方先于民间"入局"能更好地把握住主基调和大方向，但也难以避免地使得微短剧市场缺乏活力，社会力量的不足使得作品与新媒体用户的观看需求有所背离。微短剧《此处通往繁星》共12集，在抖音平台的总数据可见表2。

表2　《此处通往繁星》12集在抖音平台相关数据

集数	喜欢	评论	收藏	转发
1	3090	2758	87	243
2	11000	2992	697	290
3	13000	9036	280	213
4	630	391	35	35
5	4217	720	179	145
6	3892	1308	200	122
7	7447	1359	439	111
8	2064	1737	52	49
9	2079	2170	66	55
10	3712	2850	148	75
11	5757	3586	160	64
12	9007	7382	199	235
汇总	65895	36289	2542	1637

（数据统计截至2024年11月4日。）

2.内容同质单一，创新水平较低

与传统影视剧的高成本、精制作和长剧情不同，摄制成本低、单集时长短和故事情节密集是大部分微短剧的共有特征。因此，编剧脚本的内容创作成为影响微短剧成片质量的直接因素。在微短剧《此处通往繁星》的评论中（见图1），不难看出观众们对剧情关切较少，更多表达了对宁夏旅游景点的兴趣，评论大多为"出发游宁夏""有哪些好玩的"和"美食推荐"等。宁夏微短剧的普遍问题在于剧本故事质量不精，创新力低，难以吸引观众，在创作和制作过程中缺乏优秀剧本和创作人才。具体来看，剧情主题较为单一陈旧，集中在都市、情感、故事和官方宣传上；剧情节奏相对拖沓、情节推进缓慢，不符合移动媒体用户使用习惯，无法快速抓住观众视线。此外，微短剧并未很好地对旅游文化资源进行影视开发，仅有的"连接"仅浮于一些独特的视觉符号之上，未融入当地独特的风土人情让剧里的"景"活起来，从而走进万千观众的"情动"世界。

图1 微短剧《此处通往繁星》影视评论词云图

3.行业体系不完善，资金人才欠缺

宁夏地区微短剧发展还受制于相关政策和行业体系建设。在政策上，宁夏微短剧产业发展面临的主要挑战是缺乏资金支持，包括政府扶持资金和影视企业筹集资金。行业发展初期，当地政府对微短剧行业发展的政策支持力度低，投入的扶持资金有限。这使得宁夏微短剧在创作过程中，缺乏优秀剧本和人才，这在一定程度上限制了宁夏微短剧的高质量发展。

在行业体系建设方面，缺乏行业指导与完善的行业体系规范，从而导致各微短剧的摄制水平低于国内其他先发地区，成片较为粗糙、质量不高。作为微短剧生产分销环节中极其重要的一环，以投流为例，获得流量曝光的多少很大程度决定了最终会有多少观众驻足观看。微短剧的商业运作需要大量的资金支持和成熟的生产分销流程，而目前宁夏微短剧的商业化程度并不高。

三、宁夏微短剧发展策略

（一）加大政策支持，激发市场潜力

经济基础决定上层建筑，一定的政策扶持是微短剧发展的必备土壤。宁夏需进一步出台符合当地实情的微短剧激励政策办法，提供内容创作的沃土。政府需定向投入扶持资金，并在贷款、税收、土地征用等方面对影视产业项目给予更大优惠，从行业生态上打造适合影视产业发展的大环境。同时，要加速形成宁夏地区的行业规范与自律准则，在微短剧快速发展的同时，行业内应遵守相关条例，加强内容审核，确保微短剧内容的合规性，推动行业的健康发展。

（二）深化内容创新，布局品牌建设

宁夏首部文旅微短剧《此处通往繁星》的开拍是宁夏在微短剧领域的创新尝试，通过微短剧讲述宁夏的故事提升了宁夏的文旅品牌影响力。宁夏微短剧导演认为，宁夏虽然土地面积和人口数量较少，但区域内自然、人文景观多样，拥有森林、沙漠、平原等多种地形，各自又演化出不同的精彩纷呈的文化风俗，可供创作的题材丰富多彩，未来可以在更多元化的题材上进行探索。例如，历史传奇、民俗风情、重大考古工程项目、非物质文化遗产、文物、红色记忆、自然景观和生态保护。除了文旅，宁夏也可以探索更广阔的"微短剧+"可能，多领域、全方位地丰富题材多样性，打响宁夏微短剧品牌。

（三）加快技术创新，推动数智化生产

数字技术飞速发展的今天，技术已嵌入各行各业之中成为内生创新的重要方式和手段。宁夏可以依托数字化战略，推动微短剧与 AI、虚拟 3D 场景等技术结合，提升制作质量和观众体验。例如，AI 虚拟数字人短剧

《宁等一夏》成功展示了技术创新在文旅微短剧中的潜力。在数智技术的加持下，AI虚拟数字人作为"剧中人"跨越次元与现实世界进行互动，被赋予了特定的声音、形象和性格特征。在新奇有趣的同时增加了地域文化的传播效果和感染力，使得观众们能够更加直观生动地感受到地方的历史文化。

（四）创新资本运作，构建商业模式

随着微短剧市场的扩大与成熟，宁夏可以依托区位优势，例如镇北堡西部影城、黄河文化等其他资源，进行吸引投资、版权销售、付费观看等多种方式的商业化运作，探索可持续的盈利模式。同时，宁夏微短剧行业可以加深与电视台、视频网站、短视频平台等媒介的合作，实现多渠道传播，扩大观众群体。还可以利用社交媒体、直播等新型媒介生态，增强用户参与度和互动性。微短剧单分钟成本较低、制作与回报周期短，商业效率较高，这些特性使得当地的一般文旅单位和小微视频公司也能够入局。故短剧的故事承载力和创作空间广阔，能满足有深度、有质量、有内容的文旅传播需要。

宁夏微短剧在内容创新、技术进步、跨平台合作、文旅融合等方面具有巨大的发展潜力。通过政策支持、人才培养、产业链建设、市场拓展、技术创新和联动合作等多方面的努力，可以进一步推动宁夏微短剧行业的可持续发展，实现更大的社会和经济效益。

文学艺术篇

WENXUE YISHU PIAN

2024 年宁夏小说创作发展报告

周清叶

2024 年，宁夏小说创作总体态势是平稳前行中有新的气象。在看似平常与平实之中，细数收获，阐述本相，发现蕴藏于其中的精彩故事和独特讲述，是对宁夏文学人不断前行的文字记录，也是宁夏文学与时俱进的历史证明。

一、获奖与出版情况概览

2024 年，阿舍的长篇小说《阿娜河畔》获第十三届全国少数民族文学创作骏马奖、首届天山文学奖、第十七届精神文明建设"五个一工程"奖。马金莲的中篇小说《母亲和她的第一个连手》获高晓声文学奖。郭乔的《银凤凰》入选年度"铸牢中华民族共同体意识·中国少数民族文学之星丛书"。《石舒清作品精选集》入选"全国少数民族文学创作骏马奖获奖作家作品精选集"。包作军的《李卫当官》获江苏省作家协会小小说委员会、中国微型小说学会组织的廉政小小说征文大赛优秀奖；《橘子》获"滨农科技杯"全国短篇小说大赛特等奖；《察尔汗盐湖的月亮有几条边》获中共

作者简介 周清叶，北方民族大学文学与新闻传播学院副教授。

基金项目 国家社会科学基金项目"新时期以来小说的意象化现象研究"（项目编号：22XZW043）阶段性成果。

格尔木市委宣传部等部门组织的全国征文大赛二等奖。董永红的短篇小说《夕阳波澜》获中国自然资源作家协会组织的第七届大地文学奖小说奖。刘玲佳的小说《一眼》获中国纪检监察杂志社组织的全国廉洁文学创作大赛优秀奖。

出版方面，长篇小说有马金莲的《亲爱的人们》，张学东的《家犬往事》日文版，赵华的《银骆驼》与长篇科幻小说《火星使命》六部曲后3部、《沙漠骆驼》及《守护地球：暗夜之子》等守护地球系列图书等4部。结集出版的中短篇小说集有了一容的《野菊花》，董永红的《港菜》，杨军民的《只想和你唱秦腔》，吴全礼的《沪深理发店》，赵华的《灰骏马》《星际流浪熊》等。

二、自治区内期刊持续发挥主阵地作用

《朔方》《六盘山》《黄河文学》按照各自风格与节奏，为本土作家提供小说发表和交流的机会，旨在培养青年文学人才、打造文学新力量。同时，开通微信公众号、创办电子刊是《朔方》《六盘山》在文学界面对新时代数字化赋能、信息化转型新课题的成功尝试。

《朔方》用力托举本土作家，18篇中短篇小说样貌丰富。李沐蓉《南堡的月亮》和杨书琴《老罗汉》抒写爷孙之间的感情，陈继明《麻将》和郭乔《长鼻子爸爸》描写面对家人罹患重病时的苦痛挣扎和最后的直面，查舜《应邀》、李义《让风吹吹我的手》和马骏《相撞》分别写个体男女的性格、经历，杨军民《我是个好孩子》和李继林《乳牙》有对亲子关系的真实描摹和反思，赵华的中篇《毛毛》为儿童文学带来科幻异彩，科渝的《关于她》《私人博物馆》探讨人性和生活的多种可能，了一容《黑皮肤的汉姆森》、李沐蓉《阿布》做出叙事技巧的新尝试，杨子《夏风吹过月树园》有悬念并设定开放式结尾，王佩飞《留徐剑》是对"留徐剑"历史佳话的新书写，语言庄重从容，马金莲《路》开篇的"路"上描写颇吸引人，结尾处新人形象呼之欲出。

《六盘山》以"两地小辑"与甘肃等三省合作，交换推出新人新作。14篇中短篇中，吴晓春《心上人坐在我身旁》、明彩虹《寻找》属爱情咏叹

调，马悦《彼岸风景》、张鹏飞《草率》写夫妻间的猜忌隔阂，咸国平《护河》、朱敏《对面一直亮着灯》涉及家长陪读生活。周永吉《老袁》、袁鸣谷《小舟》、杨友桐《我的车户哥》都凝练地叙述人物个体的生命历程，王俊虎《往事如烟》复现个人生活、求学经历，木沙《广场上的理头师》、薛玉玉《秦老汉管账》、匀尔《图书馆里的诗意》、柳客行《死亡证明》截取生活片段，写出令人悲、喜，产生诗意玄想或生存荒谬感的瞬间。

《黄河文学》遵循并切实体现"能够首先拿回家让自己小孩看"的办刊理念。截至 11 月 20 日，9 期共刊发 8 篇中短篇小说，朱敏的《鼓楼夜市》《劳务市场》，木沙的《燕子》写城乡接合部的女性为生活而辛苦打拼，张学东《两小无猜》确如题名描述了一段爱情，马慧娟的中篇《老虎沟里天地宽》用心描绘四季农事风景和乡村儿童游戏，科渝《最后一章》追述主人公身受校园霸凌，计划复仇与放弃。"新青年"栏目里，田原的《童话与寓言》借动物之口讲道理，何昊的《骏马》记录粗粝的中学生活和友情。

三、年度创作趋势述略

（一）源于生活的写作主流

总体上，2024 年的小说呈现出持续的现实主义倾向。一方面，创作大多基于生活。董永红在医院工作，耳闻目睹，就近取材，作品中呈现了较多的"病"与"痛"：《红灯，黄灯》开头即"我"在夜里接到医院电话，再展开倒叙；《马灯在车辕上摇晃》里的小女孩儿因做油漆工的父亲患白血病去世而孤身卖韭菜；《夕阳波澜》描述了医院走廊里的众生苦相。

另一方面，作品大多程度不同地描摹出时代中人的喜怒哀乐、疲惫隐忍。计虹的《三人行》写毕业后三位女性职业和境遇迥异却互相守护扶持。《茶眠》中失去父母的单身男捡起父亲生前喝茶的习惯，竟治愈了失眠。在时代快速转型期，亲情往往剪不断理还乱。张鹏飞、马悦细腻描写半路夫妻因生活细节而心生嫌隙。郭乔用《报考》表现家庭分崩离析伤及子女，《请客》结尾，少年修复亲情的勇气令人感佩。朱敏笔下劳务市场、夜市小摊上人们的穿衣吃饭表现了他们解决温饱而尚未实现小康的真实境况。季栋梁的中篇小说《白杨树街》中千奇百怪的人卑微而坚韧。朱敏《对面一直亮着灯》描写高考生和陪读家长的身心俱疲，力透纸背。杨军民《带你去看海》里中年夫妻渴望去远方看海，表达了对美好生活的向往。

同时，贴近实际，反映社会现实，朴素的生活化书写仍是其明显特征。不同于新写实的零度情感，宁夏小说在表现原生态生活时常常备有扎实温暖的底色。诸多作品中乡村、市场、医院里的人们友善互助，"竹篱茅舍，底是藏春处"。作为新乡土小说，季栋梁的长篇小说《垄上人》融入大量文史知识，增加了作品厚重感。冶进海《天高地不远》里乡野少年男女生机蓬勃，《存单》中有惊无险，老人保住了存单，因传递善意而使人获得更多幸福和力量感。咸国平《护河》的志愿者、杨子《夏风吹过月树园》里的园丁高师傅、了一容《手艺人》中的师傅和巴郎子都是自在自为、内心有光的人。郭乔笔下面对孩子重病的"长鼻子爸爸"一改往日对妻子和生活的轻慢，重燃生活的激情与斗志。《向晚》中，厅局级干部退休后有失落不甘，但尚能调适，不乏纠结萧索却终归平静，"向晚"是一帧心灵风景。

（二）形式内容的新变突围

创新的压力一直都在，为寻觅小说叙事的新经验、思想主题的新启示而做出的努力都不该被忽视。在大量朴素的日常叙事中，不乏现代性质素的存在。科渝的《衬托》《最后一章》都以步入社会伊始的视角回看校园生活，既有亲身经历感，也有拉开距离的省思，其中套用主人公"写作"的模式来讲故事，让"写作"成为人物的动作和讲述故事的方式，在虚构中虚构。《关于她》揭示了人所呈现的多棱侧面，这些侧面之间甚至彼此矛盾，所谓生活真相无非是个人不同身份角色的管窥蠡测，《私人博物馆》也提出有深意的命题，如建立私人博物馆是否有意义？哪些东西可以进入博物馆？人们为平凡生活的付出是否也应被尊重和纪念？匀尔《图书馆里的诗意》以轻盈浪漫的语言描述女孩在图书馆偶遇一位陌生异性儒雅地谈论诗、语言、建筑，结尾却被告知那人是疯子，或许疯癫确乎不是一种自然现象，而是一种文明产物。李继林《乳牙》中也有关于中西医差别、原生家庭之殇等多重主题的暗示。木沙《燕子》中的枸杞意象既是燕子劳动的场景描写，也是她梦里再婚的幸福光芒，还是她被暴打时血流满面的感觉和幻觉。《广场上的理头师》对各种头形、发型及其所对应的不同人的身份、性格展开分析，妥帖有趣且深具意味。田原对日常生活中外貌自然美、合理使用手机等问题有所思考并作了动物修辞的表达。明彩虹《寻找》中有情人未成眷属是遗憾，但女主人公发现并更珍视的是自我心灵的成长。杨友桐《我的车户哥》中男主人公经历生活磨砺，在辛苦的路途中情动于中而歌咏之，他的"花儿"格外动人，朴素地阐释了艺术缘何感人。

总之，在寻常中感受生活的深刻，在日常生活的内部通过透析和体悟，实现对日常生活的某种超越，寻觅叙事的新经验和主题的新启示，都增加了本年度小说的现代感。

（三）部分作品的成像聚焦

聚焦是成像的必要条件，部分作家因较为集中的选材、较稳定的写作状态和较大的作品数量而如水滴石穿呈现出某种映像，对此给以更多审视，也是一种聚焦的尝试。

石舒清擅写短篇小说，篇幅虽"小"，但能"说"好，路径创新延展了思想的深度和广度。四两拨千斤，巧用力于故事的起承转合，锤炼字句，胜在"对共见之物"的独特表达。《大白菜》具象化了人狂必有殃，《高树义》中17岁的高树义被霸凌也助纣为虐并承受法律制裁，对他的混沌无知，叙事人无可奈何的语气里有种悲天悯人。对罪与罚的持续关注，可视作作家诸多创作观念的一个体现，即"一切创作都是为了探索和表达人性""尖锐的事情里反映着突出的人性"。①石舒清喜欢逛旧书摊，像用放大镜一般，凝神聚气，在历史的缝隙间发现线索，编织故事：《大丧》生动讲述专制的普天之下"留头还是留发"是个要命的问题；《针匣子》用一桩命案婉转显现"上面有人"的福祸利害；《探亲》开头极俭省地交代了故事源于实录一封信，军嫂的忐忑自述毕现内心的矛盾痛苦，结尾"周若桐自杀案资料之三。周若桐是谁？"戛然而止，似乎是公案未了，又似乎是盖棺论定。对读者，可以贴心贴肺地娓娓道来，也可以满怀信心地抛下一个不似结局的结尾。《演员狗》属于电影《老人与狗》的拍摄花絮和后续，结

---

① 石舒清：《一说就错》，《文学自由谈》2024 年第 1 期。

尾揭穿狗主杀人、狗吃人肉，这骇人的真相超越虚构，这样的写法是对"艺术源于生活"的虔诚尊重和切实践行。《愁煞人》描述山东义士李钟岳因秋瑾遇害而以身相殉，"起死"这段史料让我们看到了更丰沛的人性和更多中国的"脊梁"。

马金莲常以家庭闲谈的场景推进，让读者从细节进入小说的叙述之流。对题材的深入开掘带来作品的丰厚意蕴：《秘密》再现了20世纪80年代西北乡村的封闭保守，性知识的匮乏误导了天真女孩，沉重的思想负担神奇地影响了她的身体感受并最终改变了她的命运轨迹；《坐在石头上》的女人因大病而能坐观世态，不断变化着的心境无非印证了心外无物、心外无事，当年闹洞房骑在大伯子哥背上的一幕是西北乡村的一个婚俗，也是她深藏着的一个关于力比多的秘密。长篇小说《亲爱的人们》以生动的乡村生活画卷，表现振奋人心的乡村发展史和奋斗在黄土大地上的坚韧与温情，交融着乡土之情和现代性之思，举例分析当地方言的段落就透射出"羊圈门"人事对于叙事者的可亲可爱。

张学东对叙事中的动作、情节的布局即叙事节奏，做出良好的掌控。《宰牲》起笔即蓄势，行文所致，"紧张感"逐渐增强，在文字和情势上逐渐蓄足了张力，乡村小人物被侮辱被损害到极致，终于血腥复仇。《听电话的女人》开头看似漫不经心描述留守女人的苦涩生活，在小卖部接听电话的她成为被偷窥对象后，矛盾陡增，终致听到风声的丈夫深夜回来家暴她并将小卖部一家三口灭门。《花事》中男孩因父母离异而被嫌弃，为博母亲欢心而设法买花、采花，阴差阳错推倒同桌女孩造成悲剧，充满"松弛感"的叙事带来明净的风格，恰好匹配孩童的懵懂无辜，成年人对孩子的误解、忽视，以及偶然性的残酷。《你行我素》用大量笔墨细细描绘女主人公的无故自寻烦恼，直到结尾天降大祸，读者诸君也才会发现平淡生活即是幸福。凡此种种，疏密有致的叙事节奏仿佛"天地不仁，以万物为刍狗"的昭彰。

了一容的创作大约有三类：《野玫瑰》中蓬勃的山野气息和神秘的传奇情节对读者是一种强力诱惑；《折嘴鹦鹉》对高校科研乱象加以辛辣讽刺；《黑皮肤的汉姆森》《彩鲫》等把故事背景放在古老的部落，情节结构或许更多体现的是个人内心秩序的一种建构。

在题材方面，部分作者有着较为专注的选择。比如，薛玉玉《等待兑现的红裙子》《我的朋友杨三女》分别对有性别认知障碍的男孩、有智力残缺的女孩给予关切。冶进海《万象生》难免 IT 精英遭遇婚诈而自杀的社会新闻痕迹，但对虚拟空间的浓厚兴趣和持久关注使相关想象精彩独异，同时绝不回避其作为双刃剑的另一面。赵华以旺盛的创作力持续深耕于科幻小说领域，切实拓展了宁夏小说创作的疆域，是对宁夏文学生态的重要开拓与充实。

综上，2024 年宁夏小说作者以行动的力量为共有精神家园补充了新的实践意趣。宁夏南北各地风俗有所不同，文学也应异彩纷呈。当然，每位作者都在不断调整创作的速度和方向，或蓄积力量或突飞猛进，还有因篇幅未能谈到的作者也在持续耕耘，他们都值得我们期待和祝福：在新的一年里，满怀信心再出发，适应新时代高质量发展的新要求，强"根"铸"魂"，以小说创作为民族复兴和现代化贡献文学的力量。

2024年宁夏散文创作发展报告

李拜石

2024年的宁夏散文创作持续发力，景象繁荣，青年作家马骏（柳客行）的散文集《青白石阶》获得了第十三届全国少数民族文学创作骏马奖散文奖。宁夏散文创作在书写宁夏地理区域宽度的同时进一步描摹出原乡的厚度，在文化守成的乡土特色中保留了文学话语的诗意特征，同时亦将个人的乡土思考延伸至社会公共领域。

一、2024年宁夏散文创作的基本情况

（一）以赛促文，以活动促交流，以出版积累文学厚度

宁夏作家协会报告文学学会、宁夏城市文学学会、黄土地（宁夏）文化传媒有限公司等联合举办了首届"黄土地"杯全国散文征文大赛。举办大赛旨在牢记习近平总书记对宁夏的嘱托，贯彻在黄河流域生态保护和高质量发展座谈会上的重要讲话精神，持续讲好"黄河故事"和"黄土地故事"。

宁夏回族自治区教育厅主办，宁夏大学、北方民族大学等协办了"2024年宁夏大学生原创文学大赛"。成功举办首届"美丽宁夏"全国生态

作者简介 李拜石，北方民族大学文学与新闻传播学院副教授。

散文创作大赛，赛事由宁夏回族自治区生态环境厅、自治区文学艺术界联合会、银川市委宣传部等联合组织开展。

第33届"东丽杯"孙犁散文评选活动宁夏地区开展顺利。"嘉禾花语"杯·石嘴山市原创诗歌散文大赛、"新时代塞上和美乡村"诗歌散文书画作品征集展示活动、"厚植家乡情·提振精气神"西吉本土生活的中国作家协会会员和宁夏作家协会会员座谈会等一系列文学活动相继开展。

杨占武的散文集《牧马清水河》由上海三联书店出版，作品用记忆书写，与现实相遇，以史料反映故乡的存在，以语言呈现对故乡的情感，追逐诗性的历史观与审美化历史理性，在清水河历史的文字背后体现出作者对故乡的人文情怀。

郭文斌的散文集《中国之美》，由百花文艺出版社和宁夏人民出版社联合出版。以形境展中华之美，引读者入情境，思中华民族勃勃生机的人文理境。伴随文集的出版，也开展了专题讲座活动。

李振娟的《黄河册页》讲述黄河流域宁夏故事，宁夏人民教育出版社出版并在济南举行新书发布会。作者通过黄河沿岸的历史故事和人文地理变迁，礼赞生存环境的静谧、安逸与美好。

田晓慧的非虚构作品《驻村书记》由宁夏人民出版社出版。作者将目光对准乡村，关注脱贫攻坚与乡村振兴，作品聚焦于一个潜心村庄，满怀激情、带着泥土做事的群体——驻村工作队，以群像书写出新时代的鱼水情深。

（二）立足本土纸媒主阵地，多维度建设散文传播矩阵

现有的文学生态体系中，文学期刊仍旧是推介新人，推出重要作家和作品的窗口所在。《黄河文学》《朔方》《六盘山》依然是宁夏文学发声的主阵地，保持了纸媒的姿态，保证了传统文学的质感在线。

传统报纸的文艺副刊，《银川日报》《银川晚报》《固原日报》等，依旧是宁夏散文生活化的重要平台。刘汉斌、王红霞、李昂、田丰芳、靳义堂、丁梅荣、李桂荣、冯菊霞、古月、李雅芬、张兴祥、曹吉芳、阿棉、李万虎、马骏等保持着写作的积极状态，为大众化阅读提供了更多的生活感悟和文学经验。此外，各市县文联及媒体也都保持文学连线，助力宁夏文学事业迈向高峰，如《吴忠文学》《吴忠日报》《石嘴山日报》《贺兰山》《大武口文艺》等均有散文供稿。

从纸媒到新媒体整体上展现散文依然是繁盛的当代文体。新媒体的散文呈现多集中于公众号，经过几年的孵化，文章质量也渐次提升，为推动大众积极参与文学活动提供了新的出口。"壹度·贺兰山副刊""石嘴山日报散文诗页""六盘山文艺""大武口文艺""原州文学期刊"等公众号平稳更新，持续发表，数量可观。

新媒体平台"六盘山诗文"公众号的宗旨是"用文字表达心情，以文学慰藉心灵"。更新频率较高，得到一批文学爱好者的支持。陈敏斌、谢琳霞、郭亚飞、孙佳利、宋梅、樊文举、刘关波、马国连、高丽、马文武、海明、党明良、李建军等创作者均有作品发布。

"学习强国"学习平台的宁夏平台，继续助力宁夏散文的传播推广。"学习强国"宁夏学习平台开展了"我和我的家乡"主题征文，较之前一年的文学活动，作者参与热情下降，作品数量和质量均显乏力。发表了十余篇作品，有焦自强、吕彩鹏、姚平、马忠华、袁宝艳、刘换锁、蔡亚璇、王雪琴、杜富义、丁良龙、石玉兰、岑国义、刘静隆、包作军、王永航、马莉等作者，他们来自社会各行各业，热爱文学，抒发对家乡的怀恋。

（三）老中青作家保持代际传承，不断提高文学原创力

习近平总书记主持中共中央政治局建设文化强国的第十七次集体学习时强调，要锚定 2035 年建成文化强国的战略目标，围绕提高文化原创能力，改进文艺创作生产服务、引导、组织工作机制，孕育催生一批深入人心的时代经典。宁夏文学一直保持着昂扬的原创力，老中青作家共同营造良好文化生态，扎根生活、潜心创作，推动了宁夏文学创作活力持续迸发。郭文斌、李方、季栋梁、火会亮、张强、彦妮、田鑫、林混、张兴祥、薛青峰、俞雪峰、尤屹峰、赵炳庭、樊冰、刘向忠、王学琳、刘岳、计虹、刘汉斌、马慧娟、樊文举、赵华、李敏、李振娟、火霞、杨占武、马静、陈丽娟等在不同媒介平台均有散文作品发表。

老中青三代作家年龄构成上呈现了宁夏文学的代际传承，但依然存在青黄不接、后继乏力的情况，愿意投身文学的年轻作家数量有限且成长缓慢，"60后""70后"作家仍是宁夏文学的中坚力量，具有创作热情和责任感、使命感，具备维护宁夏文学版图的自觉意识。年轻作家的梯队构成还是较为薄弱，"80后""90后"作家占比不到20%，目前也偶见"00后"进入文坛，期待带动更多作者，有更好的作品出现。

作家地域构成中银川作家占比居多，固原作家人数可观，吴忠亦有代表性作家，石嘴山和中卫的作家也一并展露其地域特色。作家群以银川为主阵地，以固原为亮点，同时吴忠、石嘴山、中卫均有稳定的作品产出，在总体上合力汇聚成宁夏散文作家群，又兼具宁夏本土各个区域文学特色。《六盘山》刊物开辟的固原—洛阳、固原—庆阳、固原—酒泉等双城作品展，点对点开启西海固文学向外伸展交流的更多可能性。

二、2024年宁夏散文创作呈现的基本特点

（一）着力个体感知，捕捉瞬时灵光，写作方式与时俱进

散文包容性极强，有其文章的内在肌理与腔调。田鑫发表于《散文》的《烟村墩手记》中看见牧羊人，看见留守的建筑，融合了诗歌轻轻讲述，带着一种诚实新颖而独特的气质。马金莲《麦田里的夏日》发表于《人民日报》，文章短小、意趣盎然，记节气，记麦田，记西瓜的香甜滋味，更是记录了辛勤慈爱的祖母。《千禧月饼及唤醒中年忧伤的圆满之月》在处于深水区的中年生活里，仍不忘让灵魂醒着和月亮对话。

石舒清《手机文录》写作方式与时俱进，碎片化记录颇有网感，也有思想的火花闪烁其中。柳客行（马骏）《地震夜》清晰地记录了2023年12月18日发生地震的夜晚，父母和自己的即时反应和所思所想，表达了对这个世界深深的爱与眷恋，真挚而动人。

韩银梅《一个人的银川》，从富宁街的旧巷子、南门的亲戚到新华西街的大杂楼，勾勒出老银川的旧模样。彦妮的《印象银川》获宁夏银川兴庆区文联"我记忆中的银川老城"文学作品征文一等奖。拜学英《作家的风骨》追忆故人魏若华，字里行间可看出对作家风骨的认可与感佩。

李振娟《色彩的慢板》用四季的色彩描摹出童年的回忆和当下的生活慢乐章。《天籁沁心》在清晨的鸟鸣和阳光中打开了读者的心灵。火霞的

《临窗望野》由居家之窗见山见树见野禽见自然，醒脑醒足醒寒醒静夜。林一木《一支古琴曲和一首诗：大隐于野》，体味诗情乐章，以独特的写作方式探索自我、探索艺术、探寻内心世界。

（二）继续描摹乡土中的精神图景，在常写常新的乡土中确立文化自信

地域因素给予散文创作鲜明的辨识度，经由情感上的认同从地域性出发走向更宽广处，也可能地域终会成为停靠的港湾。西海固文学、宁夏文学已构成某种精神图景，负载不同审美指向。作者对故乡各尽其能、各抒所感的描述方式很大程度上取决于写作者的生命经验，宁夏散文创作依然在绵延不绝的乡愁中汲取养分、寻找灵感。

宁夏的作家目前已经开掘到了宁夏区域文化的深层所在。《六盘山》的散文专栏"走进西海固系列"：程耀东《隆德》、王怀凌《原州》、李义《西吉》、彦妮《海原》、杨建虎《彭阳》以在地化的姿态，以作者个体经验为读者还原并构建了西海固的几个标志性县区。俞雪峰《中卫，中卫》回忆起中卫承载的青春和梦想，诉说了对中卫的万千情结。

戴道的《借笼》以绵密细腻的笔触勾画出你来我往、乡里乡亲的生活，记录了腊月借蒸笼和妈妈蒸年馍的村居小事。单小花的《心结》诉说了对逝去大姐的想念，晋玉婧《家乡的路》、孙跃成《母亲的论语》均在托物托人中展开对原乡的怀恋。

李方《故土之上》从梨花、葵花到菜园……说不尽梦味三千的乡愁。陈宝全《葡萄树的智慧》以葡萄树的生长、葡萄酒的脾气，描摹出黄河沿岸贺兰山东麓的风土。王治平《泾河龙窝》从思古之幽情，落点至区域农林文旅融合，期待讲好中国故事。

另外，在怀念故乡、钩沉优秀传统文化方面，近年来几个非常勤奋的作家是前面提到的俞雪峰、尤屹峰、赵炳庭、靳义堂，几乎每月都有散文或散文诗作发表，宝刀不老，精神可嘉。

（三）立足本土回顾经典，再造文学景观

谁记录了时代，历史一定记住他，张贤亮之于宁夏文学的重要性不言而喻。《朔方》发布了张贤亮纪念特辑，蒋子龙、高建群、李唯、朱又可、庄电一、石舒清、陈继明、郭文斌、白草、张强、王琳琳等区内外作家学者纷纷发文讲述自己与张贤亮的交流交集往事，重温其作，追忆缅怀其人。

牛学智的《重申文学批评的问题意识》鞭辟入里，其独到的见解具有散文的深刻意识——文学批评必须形成鲜明的现实指向，文体本质上是一种针对当下的言说，它需要批评主体具备历史意识，且必须结合当下现实。《为文学而文学是一种切实的为文学——印象三位宁夏文学女性》则对三位女性文学前辈表达了敬重，亦表达对文学的诚挚热爱。

白草《理论之树亦常青——拾叶小记》中，有《歌德谈话录》；有维·什克洛夫斯基《散文理论》；有哈罗德·布鲁姆《西方正典》；有汪曾祺《晚翠文谈新编》，在阅读中分享独辟蹊径的认知与喜爱。

（四）从自然写作的序列切入山川风物，生态自觉尽在笔端

"美丽宁夏"新时代生态文学创作活动中来自全国的几十位作家创作了一系列优质的生态文学作品。《朔方》2024年第3期"生态散文"小辑选刊了部分作品。朱敏的《宁夏风土》，计虹的《风水花》《贺兰山和岩画》皆描绘出时间镜像中宁夏的自然与人文。

白莹的《从驴尾巴梁到豹子湾》《森林之眼》等对森林的感知和记忆依然保持着生态文学的清新姿态，在往事的原生境里，备下索引。李树茂《家在沙漠边》引经据典，从沙漠里夏夜的风，到可释放感情的金沙岛，展现了宁夏大漠风情渗透于自然生态的生命力、和谐美。

《黄河文学》的生态散文专辑在之前基础上又有外延，第十三辑做了海外华人生态散文结集，呈现出海内和海外两个写作群体的不同面貌。亦有多篇散文被2024年《散文海外版》选载。"美丽宁夏"小辑为推动宁夏文旅发展增强外宣影响力积蓄了文字的力量。其中刘汉斌的《山河草木》放眼贺兰山，以草木勾勒对贺兰山的敬意。《河西稻事》寓情于稻，珍视季节的嘉奖，文字自然清新。

拉长时间的纵轴，从自然文学写作的序列切入，就进入生态自觉，于生态自觉而言，还有作家与自然的共振和灵魂觉醒。在当下的宁夏文学版图中，不同区域的作家有各异的感知和视角，他们的创作既反映对个人对生态风物的观察，也承载对现实生态的体悟自觉，为散文的多样化注入新鲜血液。

三、2024 年散文创作存在的问题与展望

一是宁夏散文创作呼唤理论的深化与升华，需有拓展意识，将自我区域的小我书写融入西部文学版图，进一步明确宁夏区域文学在整个中国文学和世界文学格局中的坐标点。保持谦卑并打开自我，要比勇于进取难得多，还需厘清乡土文学与当代消费意识，以及与多元化传播的关系。

二是宁夏散文创作呼唤问题意识和现实担当，面对创作扁平化、同质化现状，进一步创作出更多有思想和精神掘进的文章。增强本土创作的思想艺术深度，增强独特性，但也需在个体表达的基础上关注共性，回望集体记忆，做好共情传播，回应时代的强音，为声音和影视传达提供转化路径。

三是宁夏散文创作继续呼唤青年作家的文学热情和感知力。做时代生活的参与者、见证者，能够为散文注入新鲜的活力，不回避矛盾和问题，才会增强文学的说服力和质感。重新连接散文抒情与叙事的传统，开拓新局面，以创新的表达方式探索新的文学可能性，为宁夏散文创作开辟更广阔的空间。

宁夏散文创作，有书斋里的思索顿悟，有写作与生活之间的血肉联系，亦有自身与更为宏大的历史进程之间的联系。2024 年是宁夏实现"十四五"规划目标任务的关键一年，宁夏文旅系统要以铸牢中华民族共同体意识为主线，立足"文化培根铸魂、旅游富民增收，为特色产业赋能、促民族团结融合，展示美丽新宁夏"的目标定位，大力繁荣发展文化事业、文化产业和旅游业。宁夏散文创作也应该聚焦于此，自觉担负起新时代新的文化使命，使文学上的努力，更好地铸牢共同的目标与追求，建设我们共有的精神家园。

2024年宁夏诗歌创作发展报告

马晓雁

2024年，宁夏诗歌创作反映出强烈的人民性、地域性与审美性，在作品刊发、出版、评介与传播，人才扶持与培养，奖项冲击与斩获等方面均显现了一定实绩。2024年，网络在诗歌繁荣发展中的阵地作用持续加强；诗歌创作队伍于自治区内外齐头并进，共同推动宁夏诗歌繁荣发展；女性诗人群体持续显示出不可小觑的创作实力。

一、诗人们潜心创作，在国内外各级各类刊物发表了大量具有强烈人民性、地域性的佳作

经过多年的探索，"60后"诗人们既有良好的积淀，又保持了强劲的创作热情。诗人杨森君在《诗刊》《诗选刊》《草堂》《诗潮》《六盘山》等刊物上发表诗作。其诗作内容依旧显示出浓郁的西部气息，但诗人面对行将落幕的事物不再叹惋悲悯，而是正视。在诗艺上，杨森君呈现出一位诗人对语言分寸的精准把握能力，总能于无声处让读者听惊雷。王怀凌在《草堂》《诗探索》《朔方》等刊物发表诗作。诗人俯身"写大地之诗：以锄头、耙子、小铲为笔"。在诗艺上，向汉诗源头追溯。单永珍在《诗刊》

作者简介　马晓雁，宁夏师范大学文学院副教授。

《人民日报海外版》等报刊发表诗作。其诗作倾向于某种"难耐的悲伤""莫名的情绪"的审美。杨宗保在《延河》《中国诗歌》《海燕》《南方文学》等杂志上发表诗作。诗人怀揣悲悯与惋惜，写下外卖小哥，写下父亲住过的家，也善于在短小的诗篇中道出哲思。张开翼在《四川诗人》《中国汉诗》《鄂州文学》等刊物发表诗作，歌唱贺兰山沿线的风土人情。窦谣在《辽河》《湛江文学》《渤海风》等刊物发表诗作，其诗歌语言朴素，节奏自然，内容饱含生活经验。

"70 后"诗人在数量上保持了相对的优势。杨建虎在《天津文学》《福建文学》《星星》等杂志发表作品，其诗作受到区内外评论家的关注。郭静在《西部》《星星》《朔方》等杂志上发表诗作，其诗歌依旧保持疏离的姿态，显得萧索枯寂又具有鲜明的风格。马占祥在《诗刊》《诗选刊》《飞天》《诗》《海峡诗人》等杂志发表大量诗作，其诗境淡然悠远，读来有道家意蕴，如在山阿，具有鲜明标识性。曹兵在《诗刊》《草堂》《朔方》等杂志上发表诗作，写在他乡的漂泊，写在故乡的孤寂，也写下困苦生活中的温暖。马万俊在《辽河》《飞天》《文学港》《连云港文学》《六盘山》等杂志上发表诗作，其诗歌描绘西部风情，在描绘中顿悟。查文瑾在《朔方》《校园诗人》《国际诗坛》等中外刊物发表诗作，其诗作保持先锋姿态，语体写作往往于洗练的诗句中直逼真相。李向菊在《草堂》《朔方》《伊犁河》《牡丹》《六盘山》等杂志上发表诗作，其诗作关注细腻的个人生活感受，执迷于对时光流逝的追念。李爱莲在《神剑》《中国文艺家》《妫川文学》《朔方》《六盘山》等杂志上发表作品，其诗作诗境开阔，情感浓烈，虽身在他乡闹市，诗作却多反映故乡故土风物人情。常越在《朔方》《黄河文学》《雪莲》等杂志发表作品，其诗歌既具有西部地理维度的阔大又具有时间向度上的浩渺。杨贵峰在《延河》《连云港》等杂志发表作品，诗作具有鲜明的西部气质。此外，王凤国、杨春礼、杨学洪等在《连云港文学》《白银》《瀚海湖》等杂志上发表作品，或重生活气息的书写，或俯身与微小的事物对话，或在历史陈迹中纵横，表现出多元丰富的诗歌气质。

"80 后"诗人队伍的分化现象明显，或专注于小说创作，如许艺；或专注于散文创作，如刘岳；或兼顾诗歌与其他文体创作，如王西平。再如郭玛、马晓雁、王强等，创作量锐减。"80 后"诗人在《朔方》《黄河文学》《六盘山》等杂志偶有发表。如刘岳，其发表在《黄河文学》上的一组诗歌新旧作品参半，其诗作讲究结构的营建，语言凝练，含义窨深。例如《最大的地方》："有我的一间屋子。不同的/书，放在/世界的各处"。李兴民表现出一定活力，在《北方作家》《伊犁河》《牡丹》等刊物发表诗作。其作品紧贴西海固大地，将诗人命运与土地紧密联系，语言直白通俗。例如在《诗人与洋芋》中写道："在村里写诗/和从灶膛里刨热洋芋/没有什么两样"。

"90 后""00 后"诗人队伍在人数上显得相对寥落。何刚在《诗歌月刊》《六盘山》《牡丹》《朔方》《伊犁河》《北方作家》等杂志发表作品。其诗歌借助生活的琐细折射内心的丰盈，带有冥思的气质。例如《景物与离别》："窗台上的绿萝垂下来/够了秋天的回声/树的悲悯与萧肃/从身体里流出/裹紧一只飞鸟的胆怯/它承担了太多的/有或没有"。杨阿敏在《朔方》《六盘山》《北京文学》等刊物发表诗作，作品表现出女性细腻的情思与独特的视域。例如《春日》："三月，北方的桃花开了/赏花的人尚在来的路上/蝴蝶扣上春风解开的扣子/在一首诗里停下自己"。

"00 后"诗人曹鹏在《长江丛刊》《家庭周报》《名家名作》《中国矿业报》《湖北广播电视报》《鸭绿江》《大武汉》等报刊发表作品。其诗作中较少现实生活的介入，更多的是内心情思的描摹与书写。例如《藏》："如果你是黑夜里的迷雾/那就让遗失的玫瑰，沦陷/在沉默的幻觉中"。朱田嘉在《六盘山》《吴忠文学》《葫芦河》等杂志上发表作品。其诗歌中有单纯的欢乐与泪水，伴以鲜明的音乐性。例如《宁南的冬日》："从三月的桃花红到七月的麦田黄/十月的土豆欢笑、冬月的玉米灿烂/满天的星星抛着眉眼，无边的黑夜中/风儿在呓语"。

二、在自治区党委宣传部、文联、作协及相关项目扶持与带动下，诗集出版空前繁荣

诗人曹兵的诗集《我在田野等风吹过》于 2024 年 1 月由太白文艺出版

社出版。该诗集反映了诗人曹兵在城市中的打工生活和在乡下务农时的农事生活两大场景。塑造了较具代表性的"铁皮屋"与"麦地岔"两大意象，勾勒了诗人生活与拼搏的历程和心路历程。该诗集是诗人曹兵获得"春泥"诗歌奖后的首部诗集，受到诗坛关注。

李兴民年内出版两部诗集：2024年1月出版《杨河村诗记》，10月出版《西海固：大地诗草》。作者立足新时代乡村振兴的时代背景，以大西北特别是西海固为"文学地理"，以素朴的语言，深情讴歌新时代山乡巨变。

柳成的《空谷》由阳光出版社于2024年4月出版。除了描写贺兰山沿线的行迹，诗人反复书写着苋麻湾、柳家湾、大湾、盘道、院墙、镰刀、泥等带有鲜明乡土印记的事物。将原本土得掉渣的生活场域与乡村物什写进诗歌，饱含深情地加以歌唱。同时，正如评论家陈啊妮所言，其诗歌不失反思性与批判性。

王怀凌《萧关内外》于2024年7月由阳光出版社出版。诗集分"道盘六重""1935年秋，六盘山纪事""后来""萧关内外""草木经"五辑，将"六盘山"审美对象化，从历史、地理、文化、红色基因、生活场域等维度进行了集中书写。

杨贵峰《诗意塞上》由阳光出版社于2024年9月出版。诗人迷恋于对瓷窑、烽火墩等事物的历史遗迹与废墟属性的诗意挖掘，深沉、古朴又不失西部气象。

李蓉的诗集《火车一路向北》由南方出版社于2024年9月出版，诗人杨碧微在该诗集序言中说："因为诗，她走出小我""大胆尝试现实主义题材的叙事诗写作。而从那些关于旅行和电影的诗里，我们还可以看出，诗歌书写是李蓉整合经验的一种方式，让她的精神世界更充盈自如。"

马晓雁的《星期六》由百花洲文艺出版社于2024年9月出版，南京大学傅元峰教授与评论家胡亮作序，分别指出其诗作中"诗人怀揣母爱的方式让人惊叹"，其诗中的"清简之美""危厄之美""深得古代汉语之神"，"还兼得民间谚语之妙"。

安奇诗集《野行时》由重庆出版社于2024年9月出版。在序言中，顾之川评价道："他的诗始终洋溢着一种浓厚的'野性'。从书中《青山四围》《野行者》《野山远》《野鹤闲云》等诗章，反复出现的'原野''山川'与'酒'等关键意象，显示出西北特有的静谧、苍凉与宏大，他的诗心是真诚坦率的，视野是雄阔广大的，情感是丰富细腻的。"

诗集的集约式出版，既清晰呈现了以上诗人相对明晰的诗歌版图，也是对宁夏诗歌的充实和丰富。

三、诗歌活动丰富多元，相关协会相继成立，诗歌奖项多有斩获，带动了宁夏诗坛的活跃

诗会、诗歌研讨会、诗人培训、改稿会等形式的诗歌活动依旧异彩纷呈。2024 年 1 月，曹兵诗集《我在田野等风吹过》研讨会在固原市彭阳县交岔乡关口村举办，众多高校学者、杂志主编与评论家通过线上线下的方式参加了研讨会，分析了其诗歌的价值意义与不足，也对首个在村委会举办的诗歌研讨会给予了高度评价。5 月，固原市诗词学会、吴忠市诗歌学会成立，为团结、凝聚当地诗歌创作力量起到积极作用。7 月，宁夏文学艺术院"名刊名家"改稿班在中共固原市委党校举办，宁夏部分诗人参加了改稿班。改稿班从整体上对宁夏诗人起到了能力提升的作用。9 月，第五届六盘山诗歌节在固原市原州区举办，来自区内外的近百名诗人与诗歌爱好者参会，扩大了宁夏诗歌的影响力。

此外，宁夏诗人在各级各类诗歌评奖上多有冲击和斩获。诗人安奇的诗集《野风记》获得第六届叶圣陶教师文学奖。诗人单永珍获得首届《欧洲诗人》年度诗人奖。诗人曹兵继"春泥"奖后，获得"李白杯"诗歌大赛优秀奖、马尔康"阿来诗歌季"大赛优秀奖、"我为惠安写首诗"大赛三等奖。李爱莲获得妫川文艺奖。朱田嘉获得宁夏大学生原创文学大赛二等奖。各级各类奖项的收获，在不同层次上共同促进了宁夏诗歌的繁荣发展。

四、2024 年宁夏诗歌创作鲜明特点

（一）网络在诗歌繁荣发展中的阵地作用持续加强

网络时代的到来，正在迅速改变诗歌传播的方式与路径，也在一定程度上改变着诗人出线的方式与路径。宁夏大部分诗人在纸媒与网络平台上

同时发表诗作，部分诗人更多地栖身网络平台。诗人虎西山、张铎、王西平等不同代际诗人在网络平台异常活跃。"60后"诗人虎西山的诗歌语言褪尽铅华，以澄明的意境、朴素的语言道出生命与生活的真谛，受到读者青睐，获得较多点击量。张铎的诗歌经过网络平台的淘洗，被官方报纸转载。王西平在"伊夫文化""汉诗探索""柔刚诗歌奖""厦门诗人"等微信公众号上发表数十首诗作。相对于宁夏诗歌整体风貌，王西平的诗歌依旧具有鲜明的先锋性。

（二）诗歌创作队伍于区内外齐头并进，共同推动宁夏诗歌繁荣发展

除前文所提及的诗人，在外工作生活的宁夏籍诗人创作得到国内诗坛关注，是宁夏诗歌的重要构成部分。例如诗人马永珍、高鹏程、李爱莲、马泽平、李不、马骥文，在国内重要刊物发表作品，出版具有一定影响力的诗集，也参与、举办重要诗歌活动。区内外诗人齐头并进，为宁夏诗歌的繁荣发展作出了重要贡献。

（三）女性诗人群体持续显示出不可小觑的创作实力

宁夏诗人中，女性创作显示出不容忽视的力量。胡晴、郭玛、凡姝、林一木、常越、李爱莲、李蓉、李向菊、念小丫、马晓雁、杨阿敏、马如梅等，不仅形成了具有一定连续性的创作梯队，在作品发表、出版等方面频频为宁夏诗歌带来惊喜。例如李爱莲，其诗歌在葆有女性细腻情思的同时，展现相对阔大的意境。李向菊、常越的诗歌灵动隽永，为宁夏诗歌在西部气象中增添一抹秀色。林一木、马晓雁在创作实践的同时，也以评论观照宁夏诗歌。再如女诗人查文瑾，以十分强劲的创作实力活跃在诗坛。她以先锋的姿态、口语化的创作与宁夏诗人保持了一定的殊异性，丰富了宁夏诗歌的创作面貌。

最后，在良好发展态势中，宁夏诗歌主要存在两方面需予以重视的问题。一是"90后""00后"的诗歌写作者没有形成梯队，没有形成团队力量；二是青年创作者中缺乏具有广泛影响力，产生引领性、标志性作品的诗人；三是缺乏具有鲜明特征与影响力的诗歌群落，即使因地方而自然形成了灵武诗人群、固原诗人群等，但还是缺乏较为明确的群落意识，从而未能形成更强劲的合力。

2024年宁夏文艺批评创作发展报告

许 峰

在文艺界深入学习实践习近平文化思想之际，回望2024年宁夏文艺批评，继续践行文艺批评的使命与担当，以"第二个结合"蕴含的思想精义指导文艺批评的理论创新与创作实践，切实推进文艺批评"中国话语"的建构。在文艺批评的具体实践中，坚持理论批评与文艺创作现场的结合，正确把握文艺批评创作的方向，整理发掘本土文艺批评的优质话语资源，凸显本土文艺批评在阐释本土文艺作品时独有的现实理解与美学精神。现对2024年宁夏文艺批评创作概况作一述评。

一、聚焦文艺批评现场，开展丰富多彩的文艺批评实践活动

聚焦文艺批评现场，2024年为宁夏作家举办了多场学术研讨会，其中有些场次的研讨会规格高、规模大，具有全国影响力。

2023年11月5日，《阿娜河畔》出版研讨会在银川市黄河书苑举行。11月30日，"那如磐石般的生命质地——阿舍长篇小说《阿娜河畔》研讨会"在中国作家协会十楼会议室举办。来自全国的学者参与了《阿娜河畔》两次研讨会的交流发言。

作者简介 许峰，宁夏社会科学院文化研究所副研究员。

2024 年 4 月 26 日，郭文斌散文集《中国之美》研讨会在宁夏银川市举行。来自文艺界的 21 位专家学者围绕《中国之美》创作心路历程，展开多层次、多角度的研讨。

2024 年 9 月 7 日—8 日，由宁夏文联、宁夏大学、中国高等院校影视学会共同策划主办的"西部文学和影视发展学术研讨会"在银川镇北堡和宁夏大学同时召开。其中"分论坛一：张贤亮文学作品与西部文学发展"，来自全国的文学批评家参与了讨论并发言。

2024 年 9 月 28 日，由宁夏文艺评论家协会主办，黄河出版传媒集团阳光出版社、银川市作家协会承办的冶进海小说集《月光下的兔子》及部分作品改编研讨会在银川市黄河书苑举办。

由宁夏文艺评论家协会开设的"评论家会客厅"，2024 年 3 月在银川市新华书店书香苑店举行"评论家会客厅"揭牌仪式，郎伟教授带来首期讲座《我们的生活为什么需要文化的滋养》，全年共举办"薛青峰散文集《无穷的远方》研讨会""李正甫散文集《岁月有痕》研讨会""音乐作品中的宁夏风格""评电影《六谷儿》""漫谈：关于散文写作"等 21 场研讨会（其中与宁夏作家协会联合举办 5 场），吸引线上线下观众近万名。

二、2024 年文艺批评创作的重要成绩

（一）张贤亮研究取得突破，凸显宁夏文艺批评的厚重

张贤亮是宁夏文学的旗帜，他的作品和影响力在宁夏文学中占有重要地位。2024 年是张贤亮逝世十周年，张贤亮研究取得了历史性突破，张贤亮研究史料得到整理与汇编。王岩森著作《张贤亮文学年谱（1936—2014）》的问世，填补了张贤亮文学年谱的空白。这是国内第一部张贤亮文学年谱，该著作以扎实的史料为基础，生动鲜活地勾勒出张贤亮波澜壮阔的一生。王岩森主编的《他来了，又走了：张贤亮纪念文集》，是张贤亮逝世后，其家人、朋友、同事撰写的悼念、纪念、回忆文章，还包括海内外媒体的深度报道以及对张贤亮所作的访谈、对话，是一部极具史料价值的文集。同时，《朔方》2024 年第 9 期设立了"张贤亮纪念特辑"，蒋子龙、高建群、李唯、朱又可、庄电一、石舒清、陈继明、郭文斌、白草、张强、

王琳琳等分别发表纪念张贤亮的文章。张贤亮生前创办的宁夏华夏西部影视城有限公司主编的《张贤亮文学评论集》是当前学术界一部非常有代表性的评论集，囊括了当代文学批评史上研究张贤亮的重要文章。

另外，白草的《张贤亮与列夫·托尔斯泰》（《黄河文学》2024年第1期）和《张贤亮与外国诗人》（《黄河文学》2024年第6期）等系列文章开阔了张贤亮研究的视野，提供了许多有价值的论断。

（二）对当代作家作品及重要文艺现象的关注与反思体现了宁夏文艺批评的视野

对当代作家作品关注与审视显示出宁夏文艺批评宽广的视野。牛学智借助社会分层理论，对小说现代化的研究更加具体细微，打破了文学批评界长期纠缠于审美现代化的思维定式，往往有启发性。他的《革命分层叙事与青年知识分子——关于王蒙革命知识分子小说》（《南方文坛》2024年第4期）便是通过研读王蒙的《青春万岁》及"季节系列"小说，得出"对于青年价值观的养成与塑造，其意义恐怕不在如何避免失态、踌躇和狂欢，而是找到属于自己的价值和意义生活形式"的结论。

知识分子一直是文艺批评者关注的群体，王兴文、袁玉玉的《直录知识分子精神的裂变——论格非〈欲望的旗帜〉的文化价值与意义》（《宁夏师范学院学报》2024年第3期）将格非的代表作《欲望的旗帜》放置于人文精神大讨论的背景下，去探索知识分子精神裂变之后的出路问题，并与1990年代的知识界与文化状况相关联，发掘当代社会思想观念变迁的逻辑。

"新山乡巨变"书写是中国作协启动的创作计划工程，陈应松的长篇小说《天露湾》便是其中之一。许峰的《新时代中国农民的创业史——读陈应松的长篇小说〈天露湾〉》（《百家评论》2024年第1期）从宏大叙事、人物形象、日常生活与现实主义书写等多个方面探讨了新时代乡土文学呈现出来的新特质，总结了《天露湾》作为新时代中国农民创业史所展现出来的艺术经验和价值追求。王佐红的《县城文学，表达当下复杂中国的新势力——评刘星元散文集〈小城的年轮〉》（《百家评论》2024年第5期）聚焦县城书写的志向、个体与时代融合的策略，结合作者真实的体验，探讨县城书写的新路径。

文艺现象的整体审视与理论问题的反思体现出宁夏文艺批评的深度。牛学智的《关于当代文学研究内卷的一个反思——以2022—2023年国家社科基金"中国文学"立项名单为例》（《艺术广角》2024年第3期）通过对2022—2023年国家哲学社会科学基金"中国文学"项目中的当代文学立项题目归纳与分析，揭示其中存在的局限性，以及透过人为的设置致使当代文学研究或批评之路越走越狭隘的现状，由此针对性地提出相对理性的对策建议，以期引起反思和重视。

李拜石、张蓉的《民族影视中的城乡共同体建构——基于"凝视"的可见与不可见》（《宁夏师范学院学报》2024年第6期）考察的是在中华民族的影像表达中，乡村与城市两大并列的叙事空间，在对反映中华民族精神、文化习俗和共同体意识的电影、电视、短视频等不同形式的多元化影像文本的"凝视"中，看到民族影视中建构出的城乡共同体，发现城市和乡村之间的关系体现出双向动态互哺的特征。

冶进海近些年在影视理论研究方面成果丰硕，《科幻电影中的媒介建构及其进路逻辑》（《现代传播》2024年第3期）从科幻电影的媒介形象、媒介与人类身体的关系、媒介观念的建构三个方面探究科幻电影中的媒介建构及其进路，以及科幻电影表述中终极媒介传播的梦想和可能，形成一种整体上认识科幻电影叙事的宏观框架和思想路径。《不同场景连接中的叙事策略与共情传播——以纪录片〈闽宁纪事2023〉为例》（《中国广播电视学刊》2024年第5期）运用影视叙事学理论，探讨编年体纪录片《闽宁纪事2023》的社会价值与艺术魅力，呈现出优秀纪录片独特的审美追求。

赵炳鑫长期关注文艺理论与批评的相关话题，他的《重温罗兰·巴特的〈一个解构主义的文本〉——也谈"等待"及其他》（《朔方》2024年第4期）和《宁夏文学批评的另一种书写——由许峰的文学批评想到的》（《朔方》2024年第7期）便是理论思索的成果。前者分析了法国结构主义大师罗兰·巴特名作《恋人絮语》里面"等待"这一充满荒诞意味的哲学话题，后者借助具体的批评案例去呈现作者心中较为理想的文学批评形态。

（三）宁夏文学的多元化观照恪守着宁夏文艺批评的使命

观照宁夏文学创作的发展，及时阐释宁夏文学创作的审美特质是宁夏文学批评始终坚守的要义。宁夏的文学期刊，以专栏的形式研究宁夏作家，积极阐释宁夏作家的作品，对于宣传推介宁夏作家作品起到重要的作用。《黄河文学》2024 年第 9 期是评论专版，针对阿舍的《阿娜河畔》和李振娟的《国家工人》分别以"新经典"与"宁夏工业题材创作研究"为专栏展开批评研究。《朔方》2024 年第 8 期的评论板块，王琳琳、武淑莲、冶进海围绕着郭文斌的散文集《中国之美》进行了审美阐释。

2024 年的宁夏文学批评，从现象、文体、题材等方面整体上评析宁夏文学的意义与价值，反思存在问题的篇章不在少数。中国作协非常关注宁夏文学的发展，其主办的《中国当代文学研究》2024 年第 2 期开设了"宁夏文学研究专辑"，专辑由郎伟、许瓛的《宁夏当代文学的历史传统》（《中国当代文学研究》2024 年第 2 期）和许峰的《新时代以来"西海固文学"的传承与创新》（《中国当代文学研究》2024 年第 2 期）两篇论文组成。前者总结归纳了宁夏文学四个历史传统：牢记文艺"为人民"的责任担当，坚守现实主义的创作精神和艺术品格；热爱家园、痴恋乡土的创作情怀；深厚而充沛的人文性；艺术视野上的开阔胸襟和创作中精益求精的工匠精神。后者聚焦新时代以来的"西海固文学"创作状况，在继承优良文学传统的基础上，与时俱进，对脱贫攻坚、乡村振兴、移民搬迁等乡村现实进行了审美书写，反映了"西海固文学"在新时代呈现的新变化，探索新时代"西海固文学"的新变化与现代性反思，总结归纳新时代"西海固文学"繁荣的原因。

牛学智的《在传统与现代交互坐标看宁夏文学》（《西部文艺研究》2024 年第 2 期）分析了宁夏文学的代表性文体小说和理论批评内外部原因，以期待引起理论批评界与创作界的重视与反思。冶进海、杨娟娟《新时代宁夏报告文学：家国意识与多元化表达》（《朔方》2024 年第 3 期）分析了新时代以来的宁夏报告文学聚焦题材，阐释了宁夏报告文学所蕴含的家国意识及其在表达过程中的多元化叙述策略。王佐红的《文学书写与时代变迁同样壮阔、多维与精彩——宁夏脱贫攻坚文学作品举隅与评析》

（《朔方》2024年第1期）将立论的视角介入宁夏脱贫攻坚文学作品，揭示作品所展示的社会时代意义。

对宁夏作家作品的评析一直是宁夏文艺批评的重镇。任淑媛的《生活的平凡与对平凡的恐惧——论袁鸣谷的小说兼及新笔记小说》（《宁夏师范学院学报》2024年第8期）一文从新笔记小说的角度去解读袁鸣谷的小说，立意新颖。白草的《石舒清近期小说叙事时间及空白技术》（《朔方》2024年第6期）运用叙事学的相关理论揭示石舒清近期创作的小说的艺术价值。刘潇靖的《秉笔直书 简而有法——火会亮"农耕"式文学创作浅论》（《六盘山》2024年第2期）分析了火会亮乡村题材小说的特点，指出小说文体层面的艺术追求。作品评论偏向审美分析，不乏真知灼见。周清叶的《地域上的西北与中国故事的建构——读张学东〈西北往事三部曲〉》（《朔方》2024年第4期）从历史深度的题材选择和叙事艺术的突围创新两个方面阐述《西北往事三部曲》的艺术价值。另外，林一木的《黑夜的大地下有真理的岩浆在呼唤——读倪万军诗集〈寄往黑夜的情诗〉》（《朔方》2024年第10期），郭秀秀的《历史记忆中地域图景的描绘与建构——评季栋梁长篇小说〈海原书〉》（《六盘山》2024年第5期）、张富宝的《"灰色地带"的人性光谱——读计虹的小说集〈半街香〉》（《六盘山》2024年第6期）等观照具体的文学作品，给予多样化的解读。

（四）艺术评论的稳步提升使宁夏文艺批评丰富多彩

宁夏书法家协会主办的线上展"'赓续'主题书法展"，引起较大的反响。马君成的《文化传承与发展的新探索》、杨冬青的《观"赓续"书法大展后的感受与思考》、张开翼的《舞蹈的线条 纵横的笔意》等从各个角度评述了此次书法展活动，使这次书法展线上活动收到良好的效果。

2024年的艺术评论注重审美分析，贾峰的《中国画现代转型中的审美视域论》（《宁夏社会科学》2024年第1期）探讨在审美视域内中国画的演变历程，从"民族性"身份谱系的再确认、"当代性"审美意识的再转换、"世界性"语言特征的再建构，进而实现了从"边缘"到"中心"的历史转折，逐步形成了兼具民族性、当代性与世界性的审美视域。刘洋的《扬琴与当代音乐融合创新的审美与文化解读》（《黄河之声》2024年第6

期）注重乐器与音乐融合后的审美与文化的双重解读。关注古代艺术，探索文化传承的意义也是 2024 年宁夏艺术评论的一个面向。宋娟的《西夏书籍缝缀装形制考辨》（《南京艺术学院学报》2024 年第 2 期）、吴佳雯的《黄河流域汉代陶灶图样考略》（《东方收藏》2024 年第 6 期）、刘栋的《唐敦煌壁画中的菩萨冠饰再思考》（《云冈研究》2024 年第 2 期）都把研究的视角指向中国古代的艺术珍品，实现了"国宝能说话"的功能。

三、宁夏文艺批评创作的不足与改进

相对而言，2024 年的宁夏文艺批评创作略显平淡，文艺批评创作的数量较之 2023 年有所减少，有分量的文艺批评作品不多，艺术评论依然较弱，较之于文艺创作的蒸蒸日上，宁夏文艺批评创作任重道远，所呈现出的问题依然十分突出。一是宁夏文艺批评缺乏更广阔的实践舞台。梳理下来，没有几篇文章出现在重量级的专业期刊上。宁夏文艺批评创作的理论阵地多倚仗的是宁夏本地的期刊，给人的感觉是自说自话，走不出宁夏。二是文艺批评队伍缺乏新面孔，文艺批评的主力依旧还是那些老面孔。三是宁夏文艺批评事业整体上还是缺乏有效的支持，诸多扶持项目与政策始终倾斜不到宁夏文艺批评上来。

针对以上问题，首先，要加强顶层设计，在项目与课题方面要为文艺批评创作提供相应的支持。其次，主管部门要为宁夏文艺批评创作提供或者争取更好的平台。比如责令本地的学术刊物周期性地设置宁夏文艺研究专栏；与中国作协、中国文联沟通协调，希望他们主管的理论刊物为宁夏文艺批评提供一定的版面，让宁夏文艺批评在更大的平台上得到展示。最后，建议高校或者科研单位设立文艺批评研究中心，汇聚人才和资源，产出一批质量和数量都可观的学术成果。

2024 年宁夏影视艺术创作发展报告

徐 哲

2024 年，宁夏影视界坚持以习近平文化思想为指导，以铸牢中华民族共同体意识为主线，精心创作反映时代脉搏、反映人民生活的影视力作，涌现出《六谷儿》《星星的故乡》等经典作品，为广泛践行社会主义核心价值观、营造真善美的和谐氛围、团结各族人民群众提供着强大的精神支撑，为满足人民群众的美好生活提供着高质量的文艺给养。

一、影视力作及其美学价值

2024 年，宁夏影视艺术创作成绩斐然，思想深刻、植根人民生活的影视力作不断涌现，整体呈现出以下特点。

第一，影视样态更加多元。电影《六谷儿》《死亡的告白》完成摄制并获得公映许可，另有《血战任山河》等 3 部剧本通过备案审查。电视剧《星星的故乡》5 月在中央电视台综合频道热播，开播以来收视率持续走高。根据国家广播电视总局广播电视规划院"中国视听大数据"发布数据，《星星的故乡》第 1—3 集收视率为 2.751%、收视份额 11.134%，第 4—11 集收视率为 2.456%、收视份额 10.102%，收视率始终稳居全国黄金时段电

作者简介 徐哲，宁夏社会科学院农村经济研究所副所长，副研究员。

视剧第一位。网络微短剧《坠落画境的你》于 2024 年 10 月在腾讯视频独播，网络剧《风中的火焰》（原名《天坑》）在爱奇艺正式上线。乡村生活综艺电视节目《乡村的叙述》入选国家广播电视总局 2023 年第四季度广播电视创新创优节目。宁夏开拓创新的影视创作新局面正在逐步建立。

第二，西北写实主义风格更加成熟。西北写实主义风格是以西北风土人情为基础，以光影为手段，以把观众引向人物活动的方式去揭示现实的精微、深度和复杂，在粗犷、厚重的美学风格中展现质朴真情。从《山海情》到《星星的故乡》《六谷儿》，宁夏的影视剧逐步完善并诠释这一风格。作品通过将宏大时代史诗嵌入个人叙事中进行演绎，以基层奋斗反映时代脉搏，角色塑造真情真诚，文化底蕴朴素厚重，背景建构再现西北风光，整体呈现出具有西北特色的"真实"美学意蕴。《六谷儿》以独特叙述手段和真人真事诠了这一美学风格。影片讲述了李震宏为完成"送文化下乡"的工作任务，来到大战场镇，本想对部分村民做个短期培训的他，被农民们对文化生活的渴望所震撼，开始招收合唱团员，经过种种打击和磨炼最终带领红宝村合唱团出现在了"新闻联播"的故事。没有曲折动人、千回百转的情节，也没有悬疑惊奇、引人入胜的线索，而是以平铺直叙的方式将故事铺排开来，加入主人公的内心旁白，增强了故事的真实性。影片大胆使用素人演员，例如主角李震宇就是由本人出演，减少了艺术塑造的凿刻痕迹，虽表演稚嫩，但不失本色。影片创新地将纪录片镜头加入故事片中，通过真实人物以第一人称叙述个人故事，将纪录片真实与电影真实相融合，形成影片质朴真实的美学意蕴。《星星的故乡》则是以真实展现奋斗。剧作以"贴地飞行"的现实书写，塑造了宁夏人民的奋斗群像，怀揣梦想的欧阳父女、石头村面朝黄土背朝天的农工、沉醉于酒窖里的酿酒师齐路与石茗山、一心扑在葡萄酒事业上的好干部秦贺明，贴近真实生活、贴近产业发展实际的人物群像，诠释着戈壁滩上酿酒的传奇故事和奋斗实践，让观众不断产生情感共鸣，传递勇往直前、开拓创新的时代价值。

第三，人民性的诠释更加深刻。《六谷儿》建构的真实美学生活化、实践化地阐释了"人民需要文艺，文艺需要人民"。文艺历来是为人民的，《六谷儿》能够感染人的根本在于它取材于人民群众的文化实践、生活故事，故事原型李振宏让人敬佩的原因在于他的文艺为民之心，文学艺术的人民性在真实叙事中得以彰显。人民需要文艺，影片以农民的真实生活遭际生动阐释了文化艺术抒发情绪、浸润心灵、鼓舞精神的作用，合唱团团员各有各的苦难，特别是农村妇女遭遇的婚姻、家庭不幸，在唱歌中得到排解。同时，主人公李震宏也发挥了文化能人的作用，不仅带着合唱团的团员走向精神的富裕，也调节着邻里家庭矛盾。合唱团的出现改变了移民村的"陌生"场域，推动着移风易俗，是农村的精神文明建设的重要抓手，这为当下乡村文化振兴提供了实践案例和经验参照。《星星的故乡》以宁夏葡萄酒产业的发展变迁为线索，串联起两代葡萄酒人传承、坚守、奋斗、创新的逐梦故事，以葡萄酒产业的小切口讲述改革开放的时代史诗，以宁夏葡萄酒人的火热实践展现"幸福是奋斗出来的"的时代精神。同时，以贺兰山东麓葡萄种植景色折射"贺兰山下果园成，塞北江南旧有名"的美丽风光，向全国人民展现了美丽新宁夏。

二、我国影视艺术的发展趋势以及宁夏面临的挑战

（一）2024年全国影视艺术创作的趋势

总结分析这些经典作品的创作生产经验、分析其艺术魅力的来源对下一步提升宁夏影视业发展水平、影视作品质量具有重要价值。结合全国影视艺术发展趋势、受众喜闻乐见的内容，可以对宁夏未来的影视艺术发展的风险与挑战进行一定判断。

第一，多元化的题材与类型。从励志故事到彰显正义力量，从古装大戏到刻画峥嵘岁月，主旋律、悬疑片、现实题材、古装等类型不断涌现现象级作品，前几年的《山海情》《觉醒年代》《狂飙》《梦华录》，今年以来的《小巷人家》《第二十条》等等，题材广泛，类型多样，观众的差异化观影需求不断被满足。从影视剧获奖、观众的评论来看，扎根生活、拥抱时代、讲述人间烟火的作品越来越得到人民群众的青睐。

第二，技术革新带动影视创作多元转向。信息技术和科学技术的发展深度改变着影视艺术创作，2023年网络微短剧这一形态迎来爆发，共计上线微短剧超1400部，备案近3000部，年度市场规模为370多亿元，同比

增长约 268%。年新增微短剧改编授权 800 部左右，同比增长 46%，《招惹》《锁爱三生》等改编微短剧分账突破千万。从这些数据可以看出网络微短剧成为大众所追捧的重要网剧形式。另外，AI 技术广泛进入影视创作，正在改变影视艺术的创作生态，它可以根据大众喜好打磨剧本，可以创造出具有沉浸式体验的情景，增加受众体验。可以说，AI 的全面介入让影视创作步入集艺术性、创新性、体验性于一体的新时代。

第三，观众需求带动作品品质的提高。剧作品质越来越成为消费者观影决策的衡量标尺，据（艾媒咨询）数据显示，2024 年，中国消费者对影视作品最关注的 3 个要素为剧情情节（48.70%）、网络热度/口碑和历史（36.20%）、服饰等文化（36.08%）。《繁花》《庆余年第二季》《我的阿勒泰》《小巷人家》等 2024 年的热播剧深受观众喜爱也说明了这一情况，题材、类型、流量粉丝等因素对观众的影响力已经明显弱于剧情质量。另外，随着社交媒体的兴起，口碑成为影响观影决策的重要因素。

综上所述，可以看出，作为大众艺术的影视剧创作，与人民群众的关系越来越密切，人民群众是否喜闻乐见成为衡量影视作品的基本标尺。这一点从 2024 年影视剧主流奖项的获奖作品也可窥见一二。

（二）宁夏影视艺术发展的挑战与机遇

综合前文所述，2024 年宁夏影视艺术创作可圈可点，《星星的故乡》《六谷儿》均是具有反映群众生活、颇受人民喜爱的影视作品。但结合全国的影视剧创作趋势来看，宁夏的影视创作挑战与机遇并存。

在挑战方面，一是来自新技术的挑战。新技术赋能影视生产已经成为影视业发展与突破的必然路径，不论是 AICG 技术还是 AI 技术，它们极大地丰富了影视的创作手段，提升了观影体验，但对宁夏而言支撑新技术的资本与人才目前均是短板弱项。二是来自"大影视"格局的挑战。在创新创意推动下，传统的影视创作观念得到丰富和拓展，传统的影视格局从影视文本为中心转向受众为中心的新格局，电影、电视、网剧、动漫、纪录片等不同媒介形式间互动融合不断加深，"大影视"的格局越来越清晰，这对发展基础相对薄弱的宁夏来说也是新的挑战。

在发展机遇方面，内容为王、文化自信、人民喜闻乐见是发展的大势所趋。相对于前些年的粉丝经济、流量经济，近年来品质、内容、深度的影响力越来越大。从火爆的影视剧、观众的消费选择都可以得出这一结论。剧情丰富、人物刻画深刻、贴近生活的作品还是能引起观众的情感共鸣，在观众的观影选择中占据绝对优势地位。这于宁夏而言是挑战更是机遇，宁夏各族人民团结在党中央周围为幸福生活而奋斗的火热实践就是影视作品内容的底本，它既有与众不同的西北风情，更有与全国人民相同奋斗经验为基础的情感感召，共同性与差异性兼具，是属于宁夏独有的影视创作资源宝库，值得挖掘转化。

三、宁夏影视作品提质的建议

坚持创新性与人民性相统一是文艺作品特别是影视作品提质的重要策略。

（一）扎根人民是影视作品的生命线

影视作品好不好、优不优是由观众说了算的。毛泽东同志在《在延安文艺座谈会上的讲话》上就深刻阐述了文艺工作必须坚守的人民立场。习近平总书记在文艺工作座谈会上的重要讲话再次提出"社会主义文艺是人民的文艺，必须坚持以人民为中心的创作导向"。不论时代语境如何变迁，人民性都是文艺创作的灵魂，这对于大众艺术影视来说尤其如此。相比于文学、音乐、美术等文艺形式，影视与受众的关系更加密切且复杂，它反映社会现实，影响着受众的价值观念、审美认知，更受受众喜好和评价的影响。因此，要创作出高质量的文艺作品必须坚持"源于生活，又高于生活"，努力挖掘反映人民群众生活现实的素材，着力培育深度、高度与广度兼有的主题，塑造有血有肉、真实可感的形象，将价值取向、审美旨趣与大众文化心态相融合，创作思想性、情感性与观赏性兼具的现实主义精品力作。

（二）创新是影视作品的活力线

虽然当前宁夏在科技、人才、资本等方面受到一定制约，但可以在影视创作的故事表达、叙事手法等方面进行创新。一是探索时代主题的不同表达方式。如"乡村振兴"这一大主题，有《星星的故乡》《山海情》等激励奋斗的表达方式，也有《去有风的地方》这样温暖治愈的表达方式，不同的视角、审美塑造出了不同的作品，吸引着不同的受众。二是探索角色塑造的不同手法。结合主题塑造更多元复杂的人物形象，例如突破传统的"好与坏"二元对立分法等，表现人物的成长、转变，允许人物形象有不足，才贴近现实生活。三是探索多元叙述方式。结合作品主题，采用闪回、跳跃等手法，建立多线叙述结构等等，以更紧凑的故事情节吸引观众。或者，以多视角讲述故事，丰富故事的立体度，满足观众的好奇心。

影视艺术创作要关注时代，关心人民生活，展现人们对生活的认识，对美的感知，对历史的追寻，在宏大家国叙事与微观多元生活中建构主题，让作品更有温度和深度。同时，也要借助创新，突破传统思维定式，寻找更契合的表现手法、叙述方法，让时代主题、人民故事以更精妙、更多元的方式来演绎，不断提升影视作品的质和效，以更优异作品丰富人民群众文化生活。

2024年宁夏书法创作发展报告

杨开飞

宁夏书法创作发展总体上突出书法的专业性，在传承经典作品中实现创造性转化和创新性发展。宁夏书法创作组织有力，宣传到位，基础工作扎实，宁夏书法家协会组织的"百名专家"志愿行书法公益讲堂活动深受基层群众欢迎，发掘培养了大批宁夏书法创作的新生力量。尽管国展成绩与期望值差距较大，然而人们对评审环节诸多偶然因素有着清醒认识。

一、宁夏书法创作发展情况总览

宁夏书法创作发展情况主要包括四个方面。

（一）围绕国展，强化培训

2024年4月，第十三届全国书法篆刻展分书体依次在浙江杭州（篆书）、河南郑州（隶书、楷书）、山西太原（行书、草书）与期待已久的全国观众见面。宁夏文联提早部署，宁夏书法家协会于2023年9月22日在银川召开全国第十三届书法篆刻展览宁夏选区动员推进会。五市书协集中发力，紧锣密鼓对广大书法爱好者做思想动员工作，落实国展书法创作培训。10月24日，中国书法家协会楷书专业委员会委员、宁夏书法家协会

作者简介 杨开飞，宁夏大学美术学院教授，宁夏大学中国书法研究所所长，宁夏书法家协会副主席。

名誉主席郑歌平与楷书专家刘银安、范彦奎、徐晓玲为所有参训学员的国展投稿作品问诊把脉，现场点评并示范教学。25 日，中国书法家协会理事、宁夏书法家协会主席宋琰与行书专家陈国鸿、潘志骞、李万鹏对投稿作品进行点评，找准问题，破解难题，现场讲解示范行书创作的实战书写技巧。26 日，中国书法家协会草书委员会委员、宁夏书法家协会名誉主席李洪义与草书专家刘志骋、周建设担任授课教师，为参训学员深入讲解分析国展入展优秀作品的创作技巧，拓展创作思维，示范草书笔法。11 月 29 日，宁夏备战全国第十三届书法篆刻展篆隶、篆刻培训班在石嘴山市开班。培训班邀请中国书法家协会理事、篆书委员会委员，江苏省书法家协会副主席仇高驰老师授课，来自全区的 50 余名书法骨干参加了培训。仇高驰老师对学员的作品从形式、内容、笔法、墨法、用印和用纸等方面逐一进行点评，并提出具体修改意见。宁夏篆书篆刻专家韩绍芳、杨华、马家虎、徐世温、党英才同时参与授课。第十三届全国书法篆刻展创作培训是加快推动宁夏书法事业高质量发展的重要契机，宁夏书法家协会与各地市书法家协会齐心协力，创作培训有序推进，参训学员受益良多，作品质量显著提升。

（二）赓续文脉，兼容并包

2024 年国庆期间，宁夏文联、宁夏书法家协会在宁夏固原博物馆举办了一场以"赓续"为主题的书法大展。整个展览由"宁夏经典历史碑刻篇""宁夏红色文化篇""宁夏民族团结篇"三个篇章组成。"赓续"主题大展是宁夏文艺工作者全面落实习近平总书记在文化传承发展座谈会上的重要讲话和考察宁夏重要讲话精神的生动实践，承载着广大文艺工作者对历史的敬畏、文化的传承、民族的热爱和未来的憧憬。151 件书法精品秉持着"经典意识与时代精神并重"的创作理念，以历史之古，开时代之新，向史而生，化腐朽为神奇。老中青三代书家倾情创作，以笔墨为舟，穿梭于历史长河，讲述宁夏这片热土上悠久灿烂的历史故事，传承和颂扬催人奋进的红色基因与文化，礼赞讴歌全区各族人民团结一心、建设美丽新宁夏的辉煌成就。郑歌平为展览题写主题，柴建方、吴善璋、宋琰题写各篇章子主题。其中，前两个篇章的作品数量分别为 30 幅和 31 幅，民族团结篇则有 90 幅作品。整体呈现出题跋与临写相互辉映、传承与创新有序演变、时代与人文水乳交融这三个特点。展览散发着高古清新的书卷气和厚重磅礴的中国风，充分彰显了宁夏特有的历史文化底蕴。宁夏书法创作在"打造文化兴盛沃土，努力建设新时代文化强区""创建铸牢中华民族共同体意识示范区"进程中挺膺担当，勇毅前行。

（三）翰墨争辉，少长咸集

在备受瞩目的第十三届全国书法篆刻展评审中，宁夏有两位年轻作者王玮和潘志辉脱颖而出。宁夏书法"后浪"涌动，预示着宁夏书法发展充满无限生机和多种可能，应验了"后生可畏"这句老话。我们站在时代的制高点可以对宁夏今后的书法创作纵横展望。年轻有干劲，拼搏赢未来。

然而年轻一代无论今天取得怎样的成绩，永远要向前人学习，向先行者永无止境的奋斗精神表达敬意。2024 年"麻姑山仙坛记与唐楷传承专题讨论会暨全国楷书书家作品展"中，郑歌平、范彦奎和徐晓玲的楷书作品应邀参展。2024 年 10 月 30 日，由中国国家画院主办的"庆祝中华人民共和国成立七十五周年·全国书法院正书大展"在安徽合肥中国书法大厦隆重开幕，宁夏郑歌平、刘银安、范彦奎、杨华、关宁国、徐晓玲、许金萍、孟豫宁、汪建邦、蒋海淘、王玮、徐艺、潘志辉、马彦鸣等 14 位作者创作的正书作品，展示了宁夏地区的书法发展水平和创作实力。

尤其需要提及的两位书法家是宋琰和杨华。宁夏书法家协会主席宋琰始终坚持站在书法创作一线，既是宁夏书法事业的擘画者，又是宁夏书法创作培训的践行者，更是宁夏书法创作的参与者。他的书法作品参加中国书法家协会主办的"全国第十三届书法篆刻展览特邀作品展"（4 月）、"第 35 届中日友好自作诗书交流展"（5 月）、"散之风神·第二届中国书法学术提名双年展"（9 月）和"华章：历代书家的家国情怀"主题书法展（10 月）。

杨华在楷书、篆书篆刻领域兼修并善。2024 年 1 月 13 日，应中央广播电视总台、杭州第十九届亚运会组委会、杭州第四届亚残运会组委会、西泠印社邀请，为四位亚运、亚残运冠军刻制"冠军印"。4 月 20 日，他的两部著作《从临摹到创作（欧体楷书）》《欧阳询九成宫醴泉铭视频精讲》入展"第三届嘉德国际艺术图书展"（The 3rd Guardian Art Book Fair）。
6月30日，杨华编著《欧体书风楷书墓志萃编》由河南美术出版社出版发行。

（四）缅怀大家，风规自远

2024年9月23日，银川市西夏区书法家协会在镇北堡书院举办了"不忘初心，见贤思齐，共创未来——银川市三区两县一市主题书法作品展"。书写内容全部取自张贤亮的古典诗词，共展出约40幅书法作品。毋庸讳言，举办这次展览其中很重要的一个因素是缅怀张贤亮先生。由此引发一种思考，作为宁夏当代文学大家，镇北堡西部影城的创始人，舆论称其是"真正能够代表宁夏的文化名片"，张贤亮何以在逝去十年被书法圈感怀念想？张贤亮到底给当前书法界带来哪些启示？显然，这不仅仅是张贤亮所称道的"经营能手牛尔惠，书法奇才山里人"，需要扪心自问，更是值得千千万万书法界同仁深入思考的问题。如果说张贤亮涉足书法，是因为群贤毕至的当代文学不能尽展其才，云波诡谲的市场经济不足以尽显其智，故其钟情于古典诗词之韵律，徜徉于笔歌墨舞之风流，将诗词书法合二为一，续写中国文化的雅正传统，那么当下众多以创作为能事的书界朋友们应该如何创作？张贤亮曾经说："牛尔惠，你们几个月挣不来我的一幅字的钱。"如果这句话无可争议，那么不是牛尔惠，换书法界的其他人，同样如此。提升书法价值的秘籍到底是什么？在书法界看来，张贤亮根本算不上书法家，更谈不上书法名家，然而张贤亮的书法在市场环境下确实如其所言。张贤亮的书法价值并非来自书法，而是其书法所创造的高附加值，是其心智的产物。既不受主体书写技巧的制约，也不受客观条件的掣肘。用清代书论家刘熙载的话说："书者，如也。如其学书，如其才，如其志。总之曰如其人而已。"张贤亮的价值不能以文学、书法、商业业绩等某种单一的尺度来衡量，他学识渊博，志向远大，阅历更是传奇，由此决定其书法的内蕴和品格超凡脱俗。即便其人萎矣，然而其书因其学其才其志其情而风规自远，发人深省。

二、宁夏书法创作所反映的主流文化

书法被人们称为视觉艺术，大多数人热衷书法的视觉影像，其实书法

反映了一个时代的审美水平，书法代表了一个时代的精神风貌和价值追求。习近平总书记讲："坚持以社会主义核心价值观为引领，不断构筑中国精神、中国价值、中国力量，发展壮大主流价值、主流舆论、主流文化。"①书法理应跻身主流文化，自觉锚定中国精神、中国价值，发展壮大主流价值。当前宁夏书法创作所反映的主流文化主要体现在以下方面。

第一，铸牢中华民族共同体意识。铸牢中华民族共同体意识是新时代党的民族工作的主线，也是宁夏回族自治区工作的重要内容。书法是宁夏各族群众共同享有的精神家园。从宁夏固原博物馆所珍藏的北朝隋唐墓志来看，固原地处古代丝绸之路北线，是中西政治、经济和文化交往交流交融的重要集中地之一。外来民族进入中原，受到中国文化的熏陶，从被动接受逐渐转变为热爱中华文化，主动融入中华民族大家庭。固原出土不同民族的隋唐墓志具有很高的书法水平，书法成为各民族之间深度融合的桥梁和纽带，也是各民族交往交流交融的历史见证。宁夏书协举办的"赓续团结根脉·同绘华夏愿景——宁夏民族团结篇章"；宁夏书协与隆德县联合举办的"民族同心·山海同行"全国书法大赛；宁夏书协、美协、影协与石嘴山市联合举办的"中华民族一家亲　贺兰山下石榴红"书法美术摄影作品展，这些活动旨在团结宁夏各民族进一步铸牢中华民族共同体意识，展示了宁夏书法创作在主动发展壮大主流价值、主流文化方面做出的努力和尝试。毛泽东在国家处于艰难困苦之时，发出"军民团结如一人，试看天下谁能敌"的豪言壮语，极大地激发了中国人民的斗志和争取胜利的决心；今天在实现中华民族伟大复兴历史进程上，更需要铸牢中华民族共同体意识，团结一切可以团结的力量。宁夏书法以舍我其谁的使命感和责任感投身于铸牢中华民族共同体意识的历史进程中。

第二，重视培养书法新生力量。书法的希望在未来，关键在人才。宁夏书法家协会充分发挥组织协调作用，多渠道多层次培养书法人才。一方面与宁夏大学中国书法研究所合作，创建宁夏书法创作研修基地，努力提

---

① 2024 年 10 月 28 日，习近平总书记在主持中央政治局第十七次集体学习时的讲话。

升书法研究生培养质量，为宁夏储备高层次书法人才；另一方面举办青年书法人才培养"新峰计划"研修班，邀请西安交通大学中国书法系程健老师专程来固原为宁夏基层书法爱好者授课。宁夏书法家协会以宁夏文联制定的《2024宁夏"强基工程"——文艺助力基层精神文明建设行动实施方案》为指导，宁夏书法工作者深入基层，发掘人才，培养人才，宁夏书法创作始终保持后劲和活力。"强基工程"——"百名专家"志愿行书法公益讲堂活动走进固原、盐池、红寺堡、永宁、中卫市第九小学，以及银川市兴庆区第七小学、金凤区第十八小学和西夏区，为基层广大书法爱好者传道授业解惑。"百名专家"志愿行书法公益大讲堂围绕"举旗帜、聚民心、育新人、兴文化、展形象"的使命任务，以书法赋能新时代精神文明建设，推动新时代宁夏基层书法创作高质量发展。2024年3月14日，宁夏书法家协会、宁夏报业传媒集团会展有限公司共同举办"全区基层书协优秀书法作品展"。展览汇集了金凤区、西夏区、惠农区、利通区、同心县、盐池县、原州区、隆德县、中宁县、海原县10个基层书协的113名作者的优秀作品，展示了基层优秀书法作者的创作成果。"百名专家"志愿行书法公益讲堂和基层书协优秀作品展的举办，旨在扩大书法覆盖面，讲好基层书法故事，切实加强基层书法建设，深化基层群众的书法创作交流，培养宁夏书法新生力量。

第三，构筑中国精神和中国价值。中国精神和中国价值不是孤立的存在，它是源远流长的中华传统文化孕育的产物，有着历史的连续性，中国精神和中国价值内涵极其丰富。从宁夏书法实践来看，首先应该弘扬的中国精神就是不惧苦难的乐观精神，与民族休戚与共的奋斗精神。宋代士人普遍推崇"孔颜之乐"。孔子盛赞颜回："贤哉，回也！一箪食，一瓢饮，在陋巷，人不堪其忧，回也不改其乐。贤哉，回也！"[1]在极度贫困的环境下，颜回表现出悠然自得的样子。前文所述，张贤亮对于文化界的意义正在于此，面对镇北堡惨不忍睹的荒村破堡，有不少人会带着几分厌恶；张

---

[1]《论语》，中华书局，2006年，第44页。

贤亮反而爱不释手，并为镇北堡西部影城自撰了一副对联："一片荒凉，有文化装点成奇观；两座废墟，经艺术加工变瑰宝。"还特意在大门南面竖起一块标语："中国人在任何条件下都能创造出轰动世界的奇迹！"张贤亮所表现出的乐观精神和奋斗精神，着实令人赞叹。其次，壮大中国价值体现为个人价值服务国家需要。中国科学界一直流传有"三钱"的佳话，钱伟长是其中之一。他有句名言："我没有专业，国家的需要就是我的专业。"宁夏书法工作者走基层，以服务人民为宗旨，其实就是履行国家责任。

中华文明具有鲜明的创新性，从根本上决定了中华民族守正不守旧、尊古不复古。宁夏书法创作与时偕行，心怀"国之大者"。我们对宁夏书法创作坚定自信，满怀憧憬。宁夏书法创作在自觉发展壮大主流文化方面，当竭尽全力，不负众望。

2024 年宁夏美术创作发展报告

贾　峰

2024 年是宁夏美术创作成果丰硕的一年，多项重要美术活动如期举行，特别是围绕庆祝中华人民共和国成立 75 周年、文艺工作座谈会召开十周年等重要时间节点，举办了一系列美术写生、展览等活动，取得了不错的社会反响。由于 2024 年是五年一届的全国美展年，宁夏广大美术工作者经过长时间的构思，创作了一批能够代表近年来宁夏美术创作水平的精品力作。在青年美术人才培养方面，以"教、学、帮、带"的形式着力培养本土人才，特别是将"人才培养"与"创作扶持"贯通起来，切实为青年人才的成长成才发挥了积极作用。

一、年度重要美术活动概览

五年一届的全国美术作品展览，因其举办规格之高、展览规模之大、参与范围之广和作品种类之多，被称为最难入选的国内美展，也是评选中国美术最高奖项——中国美术奖的唯一展览，在广大美术工作者心目中有着巨大的号召力与吸引力。5 月中旬，为挑选优秀作品代表宁夏参加全国美展组委会的遴选，第十四届全国美展宁夏美术作品展在银川美术馆正式

作者简介　贾峰，宁夏社会科学院文化研究所助理研究员。

拉开帷幕，备受美术界和社会各界关注。从展览中不难看出，这些作品无论从体量上还是构思上，都倾注了创作者大量的心血，充分展现了广大美术工作者用心、用情、用功创作的成效，是近五年来宁夏重要美术创作成果的集中展示，涵盖了老、中、青三代美术工作者创作的中国画、油画、版画、雕塑、综合材料、水彩、连环画、艺术设计、工艺美术等艺术门类的226件作品。

2024年10月28日，由宁夏文联和宁夏文学艺术基金会主办，宁夏美术家协会承办的"首届'美德传承'——中国画作品展"于银川美术馆开幕。本次展览以"美德传承"为主题，面向全国征集作品，先后收到了山东、甘肃、河南、湖北等27个省（区、市）的528件中国画作品。在经过初评、复评等环节后，精选出197件作品进行集中展出。值得一提的是，这批展品在活动结束后，将用于文艺公益事业，并以此为契机，号召全国特别是宁夏的广大美术工作者、爱好者积极投身文艺公益事业，不断"深入生活、扎根人民"，创作出更多反映新时代、新生活的美术精品，持续发展文艺公益事业中的美术力量，培养热衷文艺公益事业的美术人才，将文艺公益事业的"美德"不断传承下去。

2024年还举办了"成功红"杯宁夏首届连环画艺术作品展，这是宁夏历史上第一次举办连环画专题展览。展览从投稿作品中精选出50件（400余幅）连环画作品集中展出，其中11件作品获评"宁夏首届连环画艺术奖"。该展以红色文化、生态保护、历史文明、乡村振兴等题材为创作思路，通过线描、素描、国画、油画、版画等各画种艺术语言，反映新时代的精神风貌，重点突出了宁夏各领域的社会发展成就。

此外，宁夏举办的"三山一河"银川美术馆2024年度写生作品展、第九届宁夏女画家作品展、"黄河颂"宁夏生态文明建设主题美术作品展等活动，也产生了广泛的社会影响，受到了一致好评。

二、年度重要美术创作成果

（一）主题性美术创作成果丰硕

主题性美术创作肩负着思想引领和价值引导的社会功能，是时代发展的晴雨表。2024年宁夏主题性美术创作作品涉及民族团结、黄河文化、乡村振兴、沙漠治理等重大主题，如郭震乾的版画作品《游——纪念1942年5月23日》、杨占河的油画作品《治沙人》、张金凤的油画作品《致敬！银西高铁建设者》、裴环环与杨艳宏合作的中国画作品《保供卫士》、岳子萱的中国画作品《生生不息》、马飞龙的油画作品《礼赞黄河》、杨升的油画作品《新生》等，尤其是马素君和刘朋两位青年画家的作品能够紧扣时代主题，展现新时代发展成就，在内容构思上颇有新意。

马素君是近年来宁夏油画界杀出的一匹黑马，先后有多幅油画作品入选中国美协和宁夏美协举办的专业展览。本次展览她选送的油画作品《建设者》一路过关斩将，成功入选全国美展并在上海展出。马素君虽是一名刚毕业的硕士研究生，但她的造型功底十分扎实，具备良好的专业素养，对画面色彩的把控非常敏锐，擅于用写实手法表现创作主题，这幅作品将新时代铁路建设者的工作状态生动地表达了出来，具有很强的现场感和代入感。

刘朋也同样擅长人物画的创作，他的中国画作品《丝路畅邮》以中国邮政集团拓展连通"丝路"快递业务为背景，以大色块渲染的手法，使画面呈现了简洁而温馨的效果，尤其是快递包装袋上隐约可见的宁夏滩羊、枸杞、山药等文字，传达出宁夏农产品通过邮政快递方式走向世界的意象。

（二）地域文化符号在美术创作中得到彰显

客观来说，宁夏的美术创作长期以来有一个重要缺失，就是对地域文化的表达不够深入，缺少具有鲜明地域文化符号的代表作品。但在本年度美术创作中，有不少画家通过精心构思，巧妙地以美术创作的形式，向世人传达宁夏地域文化的典型元素，对讲好宁夏故事发挥了积极作用。如左力光的中国画作品《跨越两千年的欢唱》、张乐艺的中国画作品《冉冉青阳照贺兰》、李文的油画作品《收获》、柳真的油画作品《萧关印象》等，都是以地域文化符号为主题的优秀作品。

值得一提的是，孙全义近年来以黄河为主线，创作了系列表现黄河两岸民众生活劳作场景的现实主义作品，取得了不错的社会反响。今年他的新作《母亲河的儿女们》延续了其一贯的创作风格，作品以茨农采摘枸杞为场景，一垄垄长势旺盛的枸杞树下，挤满了采摘枸杞的妇女，大家正忙着采集一颗颗殷红已熟的"致富果"，一幅欢快而喜悦的丰收场景跃然而出。

青年画家牛发科一直将家乡六盘山作为自己艺术创作的基地和素材，创作了大量表现六盘山色的山水作品，2024年他在银川和固原举办了个人作品展览，得到同行的一致好评。《印象六盘》便是他众多同类题材作品中的代表作，但不同的是，这幅作品一改他以往重点表现的文人山水内容，而是将六盘山区的新农村面貌呈现在世人面前，绘就了一幅人与自然和谐共生的壮丽画卷。

（三）对基层民生的充分关注与艺术表达

从2024年的创作情况来看，宁夏美术队伍最大的进步在于对基层社会大众生活的观照，好的美术作品一定是在继承传统的基础上，兼顾对当下社会发展的反映与表达，如果忽视当下的时代面貌，也就无法成为代表一个时代的美术杰作。例如和菊梅与徐金宝合作的中国画作品《早市》、赵海霞的中国画作品《芒》、刘雯雯的油画作品《晌午》、朱翊丹的中国画作品《桑榆非晚》、康春明的油画作品《腌草的时节》、尹力的版画作品《山青憩甜》等，都是将画笔投向了基层大众的真实生活，具有很强的时代感和现场感。

马桦的油画作品《快乐满载》是表现农忙时节农民乘坐三轮车赶赴采摘现场的一幅写实作品，作者试图通过画面的饱满来传达农民内心的丰盈状态，丰收的喜悦扑面而来，让观者瞬间被画中人物的情绪所感染。但与此同时，这幅作品也形象地表达出农民生活的艰辛不易，特别是在交通安全上让观众捏了一把汗。

段炼与徐秀丽合作的中国画作品《春日暖阳》，以画者的视角记录了劳动者运用新型农机劳作的场景，反映社会主义新农村的现代化、机械化以及新时代劳动者劳作模式的转变。前景五个劳动者围着播种机相互配合将玉米种子装入机器，为播种做好准备，人物与机械形成团状，结实而稳重。画面以象征春天的嫩绿为底色，机械被赋予热烈的色彩，人物则以黑白灰色体现，矿物颜料与水色颜料有机结合，使整个画面明亮热烈而又朴实沉稳。

（四）小众美术门类创作成绩不俗

从宁夏美术创作队伍和成绩来说，除了中国画和油画，其他美术创作都应属于小众门类，从业人员较少、作品质量不高，鲜有入选全国重要展览者。但 2024 年出现了朱华的版画作品《酿造紫色梦想》、张晓宇的连环画作品《社会主义是干出来的》、王洪喜的农民画作品《美丽乡村文化旅游种子博览会》、马丽茵的综合材料作品《望春山》、高凯宏的版画作品《灿若繁星》等，都得到了行业内外的较高评价，特别是梅晓阳的水彩画作品《阳光和煦的午后》、张戈与李雪合作的雕塑作品《走向胜利》、黄禹铭的雕塑作品《小康之家》、王洁的雕塑作品《书山有路系列》、张岩的壁画作品《走大戏》、洪涛的壁画作品《贺兰山之重奏》一路过关斩将，成功入选全国美展，为宁夏美术事业赢得殊荣。

三、存在的不足与发展的空间

总体来看，2024 年宁夏美术创作水平在持续提升的基础上，仍存在诸多不足之处，尚有较大发展空间。

一是区域创作水平不均衡，对基层创作关注度不够。目前来看，宁夏美术创作的骨干力量主要集中在首府银川市，固原、吴忠、石嘴山、中卫四市的创作力量比较薄弱，特别是在国画、油画、版画、雕塑等大类艺术创作中，水平悬殊。这一方面因为骨干人才不断向银川市聚集，其他城市人才流失严重、引进困难。另一方面在于银川市具有人口优势和财政优势，举办美术活动质量较高，参与度更为广泛，对人才的吸引力较强。与此同时，对基层美术创作的关注度远远不够，特别是民间美术作为乡村文化发展的主要内容，长期以来在制度设计上缺乏激励机制，缺少推介宣传的平台，导致基层民间美术的发展活力不足。

二是在创作手法与形式上比较单一、保守。当前，宁夏广大美术工作者能够坚持从传统美术中吸收养分，紧密结合时代发展的审美需求不断创新。然而，在创作手法上依然过于保守，在创作形式上过于依赖传统，特别是大多数中国画创作者仍然沉浸在"泥古"之中自得其乐，不能很好地适应新时代美术创作的创新要求。美术创作的两大突出特征是传统性与前沿性，缺乏对民族文化传统价值体系的反思与创新，不能很好地适应新时代对艺术创作的新要求，特别是与一些美术大省的创作相比较而言，缺少对时代审美前沿问题的思考与探索。实际上，优秀的美术作品一定是在继承传统的基础上，对当下日常审美生活具有敏锐的表达能力，特别是在当下观看方式发生根本性变革的时代背景下，要在创作手法上不断突破、创作形式上不断迭新，才能持续受到观众的喜爱与关注。

三是美术创作与跨界融合观念比较滞后。美术实际上是一个极为宽泛的学科概念，除了传统的绘画艺术，现代城市装置、大型广告屏幕、景观设计、日常用品设计等，都是美术在现代社会发展过程中的衍生产物，以及与科技、文创、文旅、影像、时尚等领域的深度融合，都是现代美术在不断拓展的新领域，通过融合发展实现传统文化的现代转化，从而持续激发、激活传统文化中的活力因子。然而，就此来看，宁夏美术事业的发展仍处在传统阶段，与现代社会新事物的融合仍然十分滞后，还有较大的提升空间。

宁夏文学乡土化叙事的困境与出路

赵炳鑫

一、既往乡土文化叙事的困境

宁夏文学仍然是以乡土文化叙事为主。乡土叙事对应于我们这个正在向现代工业转型的农业大国，在一定程度上，可以说也是中国文学最厚重的篇章，涌现出了一批批优秀作家和相当可观的优秀作品。

宁夏作为中国西部内陆地区之一，地处黄土高原与黄河流域的交汇地带，是中华民族远古文明发祥地之一，具有传统农耕文明深厚的历史文化底蕴。正是基于这样的根基与传统，宁夏作家最擅长的写作题材仍然是乡土，也可以说他们赖以创作的重要母题就是乡土叙事。据相关资料统计来看，近年来，宁夏作家在全国公开发表的文学作品，乡土主题占到了二分之一强的篇幅。当然，这里没有否定乡土题材创作的意思，如果乡土题材能写出新意来，那也值得尊重。但仔细分析发现，在这些作品的背后，仍然是一贯地重复着西部老旧的套路和主题，叙事没有新意，流于浅表化和模式化，不能真实地再现乡村现实的复杂性。这一统计学现象可以看出，

作者简介　赵炳鑫，中共宁夏回族自治区委员会党校一级调研员，宁夏延安精神研究会《长缨》杂志执行主编。

如何艺术地、客观真实地表现这个正在发生着深刻裂变的乡土世界，应该是当下作家们最为迫切需要解决的问题。今天的乡村生活已经不是20世纪六七十年代的乡村生活了，更不是40多年前改革开放前的乡村生活了。正如评论家孟繁华所说："乡土中国既有的秩序、伦理、习俗和价值观念，在强大的'现代'面前正在悄然崩解，在文化的意义上，它正处在一个风雨飘摇的精神破产过程中，一如一个风烛残年的老人，无辜无助更无奈；乡村的历史也正在重构，过去的历史叙述因其结果的难以兑现而被重新改写。因此，无论是历史还是现实，我们看到的不再是'艳阳天'或'金光大道'式的'社会主义新农村'。"①这些变迁，我们的作家们真正的感知是什么？有没有过深入乡村内部肌理的沉浸式体验？有没有走进作为"末代农民"的精神世界？理解过他们的所思所想？这些都是乡土叙事必不可少的元素，我们的作家们真正体验过的有多少？

笔者曾在《西海固文学何以可能》一文中有这样的论述："西海固文学作为宁夏文学的半壁江山，这么多年来，作家们的创作基本上离不开乡土书写，并且他们的乡土叙事有一个非常鲜明的特点，那就是乡土诗意和苦难叙事的交替演绎，这是一种创作思维的惯性。"②在20世纪90年代以前，我们的作家因封闭的地域环境和信息资源匮乏所限，视野比较狭窄，因此，出现创作流连于乡土尚可理解的话，而今天面对如此发达的互联网和自媒体时代，我们的作家还抱着这样的思维定式，在原乡的叙事中重复，再也说不过去了。我们知道，传统的力量确实很强大，但从观念上革新自我是一个作家必须完成的灵魂主题，从封闭落后的传统观念中解放自己，完成现代性认知的升华，是这个时代对作家们提出的基本要求。如果没有这样的思想自觉，那后果只能是在乡土诗意的自嗨中自说自话，抑或反复体验来自个体不如意的所谓苦难。这样的创作无疑是对真实的社会现实的回避，特别是对市场经济大潮下底层现实认知的错位。我们不能否认这些

---

① 孟繁华：《风雨飘摇的乡土中国——近年来长篇小说中的乡土中国》，《南方文坛》2008年第6期。

② 赵炳鑫：《西海固文学何以可能》，《宁夏日报》2017年7月18日。

年市场经济和城市化浪潮之下的乡村变迁，这样的变迁你说它是脱胎换骨也好，还是日新月异也罢，确实是颠覆性的。特别是在乡村人的精神生活方面，传统伦理的破碎，人际关系的重构，价值观念的再造，都是前所未有的。我们的作家一定要正视这样的现实。当然，有一些作家还是有比较敏锐的嗅觉的，对现实的把握还是比较准确的，但问题是他们无限夸大了乡土文化正面的救赎力量，想当然地以为传统文化的力量可以解决所有当代问题。这种认识上的局限反映在创作上，那便是文化传统主义盛行，对当下社会转型给乡村带来的某种精神世界的震荡和价值观念的断裂，离乡进城后乡村人所面临的巨大心理落差和精神困境，缺乏深刻的体认和感知，因此，创作还停留在给快要"终结"的乡土文化赋予美学形式的层次。这样的创作就无力洞悉、观照和叙述城镇化进程中乡村人的精神困境，这样的创作要从根本上实现文学"干预生活"的社会功能，实现对人的伦理价值的重建，基本上是没有希望的。

乡村的现代化转型之路，作为艺术嗅觉最为敏锐的作家，对传统乡土社会所形成的传统文化一定要再认识，再审视。没有思想观念上的彻底解放，没有对当下这片土地的深切体认，没有现代性理念的引领，要从根本上通过文学去理解和表现这个生动变迁的世界，恐怕是一件难事。

从中国现代化转型过程来看，由于中国近代的工商业一直没有很好地发展起来，没有经历现代商业文明的洗礼，传统农业社会遗留的痼疾比较多，我们的社会仍保留着温情脉脉的传统宗法结构。如今面对建设中国式现代化的宏伟大业，我们从中国传统文化中汲取养分的同时，还要采取鲁迅先生所说的"拿来主义"，批判地继承和借鉴世界先进文明的成果为我所用，从中汲取智慧的力量，不断增强文化自信。

也就是说，我们的现代化转型，在继承优秀传统文化的基础上，要大力培育社会主义核心价值观，高举人民至上、生命至上的核心理念。理解人、尊重人，把人的尊严、独立、自由、平等的核心价值观作为人的现代化的核心要素，在普遍关注人的物质财富的同时，关注人精神层面的现代化。

另外，自然主义作为乡土文化叙事的另一表现形式，在宁夏的文学创

243

作中占有相当的比例。在尽力表现客观真实的现实世界是值得肯定的，但绝对不赞同自然主义从根本上否定文学的政治和道德目的的说法。人是社会关系的总和，这意味着人的本质并不是自然属性的抽象物，而是社会关系交互作用的结果。如果如自然主义主张的那样，文学只满足于记录生活的表象，去客观地描述它，而不去探究事物的本质和内在和外在的联系，那么作为灵魂书写的文学怎么去言说真理？怎么去体现作者的思想观念？更遑论干预生活了。即便如罗兰·巴特所主张的"零度抒情"，那也不是不要感情，而是"将澎湃饱满的感情降至冰点，让理性之花升华"，在文本后面有一个创作主体的观念存在。自然主义强调"让真实的人物在真实的环境里活动，给读者一个人类生活的片段"。这种把写作当作对现实生活表面现象的简单记录，对身边发生的事物的简单描摹，这种片面的、缺乏对现实生活典型概括的创作，具体到作家的创作中，最大的问题就是作为现代作家主体价值观缺席的纯自然反应论。西部作家普遍缺乏现代意识和现代观念，宁夏作家中这种情况就显得尤为突出，表征着宁夏作家思想深度不够的问题。

近年来，宁夏作家在这种消费主义大潮中也未能幸免，由于现代意识的阙如，他们更容易被这种大潮所裹挟，有意识地转向对个人的小趣味、小生活、小圈子的书写，这种把人生缩减为物化层面的"个体化"书写，其实是一种回归式的退行，退回到生活的原生态，退缩到与世隔绝的个人小圈子，外面世界的风雨已经不在自己的感受范围之内。这种基于简单个人经验的写作，基本上与社会分层从而导致社会各阶层利益诉求不沾边，更与现代社会机制缺席导致的矛盾丛生的社会现实无任何联系。有个别作家虽然也能触碰到一些内在生活的普遍性困境问题，但缺乏揭示困境与苦难深层原因的勇气。而有的作家只沉溺于写花花草草，写小鸟依人，唯独没有人世的冷暖和外部现实的情状。而另外一些作家仅仅满足于一些风俗习惯的描写，热衷于对西部落后愚昧的呈现，创作缺乏超越性，缺乏对人性深度的开掘，缺乏对人性形而上的思考，这些都是宁夏作家需要警惕的问题。

二、新时代乡土文化叙事的突围之途

"现代化以人文精神作为引擎和旗帜，它所终结的不仅仅是农业社会的超稳定结构，更要从根本上毁弃这种社会形态下僵滞的心理定式和保守的思维模式。因此，处在现代化进程中的当代中国作家，要从文化身份上完成从农业社会向工业社会的转变，就意味着在精神上实现再造自我。"①如何实现再造自我呢？精神上的再造，说起来容易，真正要实现却并非易事。首先，作家们要面对的是观念的重置。而我们的作家，特别是西部作家最难改变的正是这一块。传统的观念有时是很顽固的，有一句俗语说得好，世界上有两大难题，一是把别人的钱装进自己的口袋里，二是把自己的思想装进别人的脑袋里。西部作家要从观念上完成现代性的重置，就要直面西部比较保守落后的人文生态环境。几千年形成的中国传统文化在西部具有更强大的势能和惯性。在城镇化和工业化迅猛推进的当下，面对不确定和各个方面的压力，人最先选择的自我防御机制就是退行和回避。退回到自己以为的安全区和舒适区。作家们也一样，当他们面对极大的不确定时，选择退守是最便捷的方式。这时候传统就是一个好东西，它给作家们带来了极大的安全感和归属感。传统文化作为中国人寄存心灵的文化母体，对惊惶失措的个体具有强大的疗愈功能，但这种退行只能是一种暂时的回避，人毕竟是要向前走的。对于必须要面对的问题选择回避是没有用的，面对"从乡土中国出发，向现代中国挺进"的历史大潮，宁夏作家们必须要完成观念上的自我革命和现代性改造，实现认知上的自我超越，从而提升对这个转型变迁时代的命名能力。

关注人的精神处境对于作家们来说，并不是一句空话。在当下的社会转型期，我们要认清的现实是，传统的一些东西已经被打破，而新的机制却尚未完善。说得透一点，就是现代社会机制不尽完善所导致的乱象和问题，传统伦理道德的崩塌所形成的脱序状态，都在社会不同层面反映了出

---

①刘金祥：《现代化与当代中国作家精神处境》，《光明日报》2014 年 7 月 21 日。

来。比如，在快速城镇化的过程中，我们的农民脱乡进城，他们的心灵处于一种无根的漂浮状态。他们的迷惘与期待，他们的焦灼、无助、无奈和痛苦，我们的文学是不是需要关注？城市人的问题也一样，他们整天在钢筋水泥构筑的高楼丛林里穿梭，他们所面临的工作压力，住房、养老、孩子的上学就业等，具体到个人和一个家庭的生存和发展，他们是否也面临着如卡夫卡《变形记》里格里高尔·萨姆沙"甲壳虫"一样的命运？在这个不确定的时代，在这个新观念、新思潮如旗帜一样不断变幻飘扬的时代，我们每个人都无可避免地会被裹挟，对于置身其间的每个个体，你说焦虑也罢，无奈也罢，都需要精神观照和人文关怀。心理学上有一个观点，人是需要被看见的。看见是疗愈的开始。我们的作家就是要承担起这个使命。在近年来的文学作品中，如迟子健的《世界上所有的夜晚》、毕飞宇的《相爱的日子》等，这些作品之所以难忘，盖因其直击当下底层人的真实处境，写出了个体的遭遇和痛苦，拷问人活着的意义。

其实，我们宁夏的作家中并不缺乏关注底层百姓、具有人文情怀的人，但如何使自己的书写在普遍意义上达到文学性高度，可能人数还比较少，作品境界还不太高。也就是说作家一定要把写作的东西纳入现代性视界之下来审视，以人的现代化价值标准来打量和呈现自己的创作主题。深入嵌入社会结构之内，关注底层，关注并同情弱者，注重人文关怀，回应时代之变，这样的创作无疑才是切合时代需要、富有价值和生命力的。

文学的现代性问题已经讨论并实践多年，在全面建设中国式现代化的今天，在宁夏作家中，这一问题仍然突出。我们有理由期待宁夏的作家们，把握住时代的脉搏，切近时代的现实，肩负起当代作家的使命，创作出属于我们这个时代的厚重之作。

新时期以来宁夏文学类型及其讲好中华民族共同体故事路径研究

牛学智

2024 年 6 月 19 日，习近平总书记结束在青海考察后来到宁夏。20 日上午，总书记听取宁夏回族自治区党委和政府工作汇报后强调，要全面贯彻新时代党的民族工作大政方针，努力创建铸牢中华民族共同体意识示范区。这为宁夏文学讲好中华民族共同体故事指明了方向。然而，宁夏文学在讲述方式上却仍存在某种不自觉现象。一方面长期讲述自我故事的习惯，面对新的社会现实时需要改造转型；另一方面久已形成的传统文化思维模式，在处理城乡融合发展的新对象时还不那么得心应手。在此背景下，宁夏文学如何讲好中华民族共同体故事，就成了新时代宁夏文学研究的重要课题。

在中华民族共同体意识视野下，首先有必要回顾新时期以来宁夏文学故事的基本类型，这是研究新时代铸牢中华民族共同体故事路径的必要基础。

一、新时期以来宁夏文学研究基本现状

（一）20 世纪 80 年代宁夏小说生命故事成为关注重点

吴淮生、王枝忠主编《宁夏当代作家论》，王枝忠、吴淮生主编《宁夏

作者简介 牛学智，宁夏社会科学院文化研究所所长，研究员。

基金项目 本文系 2024 年宁夏回族自治区社科规划项目一般项目"讲好中华民族共同体宁夏故事的路径研究"（课题编号：24NXBXW02）阶段性研究成果。

文学十年》，王邦秀主编《宁夏文学作品精选·评论卷》，李生滨、田燕主编《审美批评与个案研究：当代宁夏文学论稿》，以及高嵩、达奇、李镜如、杨继国、郎伟、白草、许峰等人的单篇论文，均对这一阶段宁夏小说所述个体在时代变迁中的身心双重磨难与挣扎，进行了较系统研究，勾勒了宁夏文学故事的反思批判精神和人本价值特点。

（二）20 世纪 90 年代宁夏小说对社会转型叙述成为研究基本共识

宁夏大学的几篇硕士学位论文比较有代表性，在其他研究基础之上，它们对这一主题进行了综合和彰显。如钟莎《20 世纪 90 年代宁夏小说的现实主义追求》（2021）、孙玉欣《论新时期以来的宁夏中篇小说创作（1978—2020）》（2023）、李苗苗《新时期以来的宁夏城市小说研究》（2021）、周慢慢《新时期以来宁夏知识分子题材小说研究》（2021），以及赵彤《新时期以来宁夏小说中的女性形象研究》（2022）等，从基层权力异化、转型期日常生活状态、知识分子内心世界波动、传统乡村文化衰败等角度，较为深入地分析了宁夏文学乡村故事、城市故事、女性形象变迁、知识分子处境及相应的价值失序等现象。

（三）21 世纪以来宁夏小说的"乡愁故事"成了研究界关注重点

孟繁华《在真实与荒诞之间：读张学东长篇小说〈妙音鸟〉》、雷达《找不到的天堂》、达吾《发现不屈不挠的激情：石舒清小说印象》、牛学智《"诗意"、"温情"与西部现实——从漠月小说说开去》、李建军《祝福的态度与澄明的诗境》、白烨《马金莲中短篇小说：根源于爱的乡土童谣》、郎伟《悲悯的注视：序李进祥小说集〈换水〉》、张富宝和郎伟《宁夏青年作家群创作的"本土化"特征》等，对全球化趋势中宁夏文学故事普遍回归本土地域传统文化的原因、价值和意义进行了深入分析，揭示这一阶段宁夏文学故事多以"乡愁"为核心，表现了比较稳定的传统农耕文化价值诉求。

二、新时期到新世纪宁夏文学故事基本类型

通过白亮《新时期宁夏文学的发生：以〈朔方〉杂志（1976—1985）为中心》一文，我们知道，新时期之前的宁夏文学的确还不太成熟。作为

一种成熟故事形态，宁夏小说肇始于"二张一戈"的相继成名，这也标志了当代宁夏文学的"发生"。不过，既为宁夏地域文化的形象化表达，由于出身和政治原因，张贤亮和戈悟觉甫一出道即站在了全国性思潮的行列，其小说故事内含的思想只能放到"伤痕文学""反思文学""改革文学"来理解，并不能完全代表宁夏地域文化特点。倒是同一时期张武的《看"点"日记》、马知遥的《三七》等，以突出而尖锐的"社会问题"为切入点，颇有宁夏地域文化色彩。比如前者以叙述人下乡为视角所述的基层官员腐败，和后者所讲村上超负荷的经费"摊派"等，这也预示了宁夏小说故事初步找到了讲述的切入口。这个切入口也是故事讲述的视角，几乎贯穿于其后所有宁夏小说，它就是以村庄为单位的乡村故事形态。

从新时期到新世纪，形成了某种沙漏形状，由大到小、由面到点，国家乃至民族整体性精神文化问题慢慢被淡化，宁夏地域性越来越突出，以村庄为典型代表的宁夏乡村故事占据了重要位置。

（一）新时期至新世纪宁夏文学乡村故事类型

1. "村庄"等于世界，自然状态下的生老病死与原始朴素的信仰，构成了新时期初宁夏小说故事的主体

张贤亮《绿化树》《习惯死亡》《灵与肉》和张武《"炕头作家"外传》等，主要起到了思想启迪作用，它们在广义层面开启了宁夏小说的反思思潮。所以，这一阶段的宁夏文学乡村故事具体表现为以下两个方面。

其一，用大写的"爱"来释解阶级紧张造成的人与人之间的猜疑和冷漠。在这一主题下，涌现了戈悟觉、张武、张冀雪、张敏、程造之、金万忠、王世兴、蒋振邦等小说家。其中戈悟觉《雨夜钟声》、张冀雪《在白雪覆盖的大地上》和蒋振邦《沙枣花香五月天》就颇有代表性。《雨夜钟声》中的任俊田是大队原支书，在阶级斗争时期，他不但被撤职，而且还被批斗了许多年。可是面对山洪暴发的险要时刻，他的条件反射却是人民群众的生命财产安全。几乎在第一时间，他毅然决然，不顾个人生命安危，敲响了防洪抢险的钟声。《在白雪覆盖的大地上》中的邵惠心是个大夫，小说自始至终写的就是她治病救人的事迹。意外的是，这个大夫把治病救人看得比自己的身体还重要，几次昏倒在白雪覆盖的大地上。小说无大起大

落，然而仅是几次昏倒，此故事便超越了一般意义的医德这一主题。《沙枣花香五月天》也如此，当老秦哥死后，非亲非故的根柱叔，即使艰难到"从稻草里抖粮食"来充饥的境地，也不放弃老秦的遗孀盼水母子，"爱"的无私也就到了极致。这些故事无疑给那个时代增添了特殊的温暖。

其二，大"爱"也根植于宁夏地域文化之中，为宁夏地域文化构建了一种暖色形象。张贤亮《绿化树》，比如哈嘻嘻张口就来的河湟花儿，马樱花朴实无华中的细腻体贴、重情重义中的泼辣大胆等，本身具有极高的地域辨识度。《邢老汉和狗的故事》中邢老汉对大黄狗的依赖、爱怜，也同样如此，微妙表现了邢老汉这一类农民的坚韧、顽强和内敛、承担。查舜的《月照梨花湾》，月光的圣洁是一个贯穿性意象，恰到好处地反映了回族所特有的文化。另外，张武《瓜王轶事》的与人为善，南台《老庄谷阿蛋》的孝道，还有高耀山、马治中等人的众多小说，都对宁夏地域文化不同侧面进行了深度挖掘，成了那个时代宁夏地域文化一帧帧鲜活写照。

2. 某些基层权力的扭曲变形导致农村社会和农民生活陷于无奈状态，某些基层权力的变形和农民的变形生活，又逻辑地构成了 20 世纪 90 年代宁夏农村文学故事另一特点

某些基层权力的变形和农民的变形生活，逻辑地构成了宁夏文学乡村故事和城市故事在某种价值观上的同一性。既是宁夏社会现实，又是艺术的提炼。某些乡村基层权力的变异，导致正义不能伸张，错位中造成了农民生活的麻烦，久而久之，这种麻烦也就成了人们的一种默认。作为一种故事形态，在城镇化中，作家乡村"启蒙"思维事实上又成了城市故事的基本结构，"城市病"中读者体会到的正是现代社会机制的匮乏和缺失，两种故事形态最终走到了一起。

其一，某些变形的基层权力是乡村悲剧的直接源头。"50 后""60后"作家在这个命题中发挥了他们的经验优势，其笔下故事几乎集体性地对极左遗风进行了清算。马宇桢、莫叹、于伟中、季栋梁和葛林等是这一文学故事类型的讲述主体，从多个侧面反映了这一现象的普遍性。《枪响那一年》（马宇桢）中因为给受冤者鸣了一声不平而不得不无奈出走以避祸端的父亲，《浑身长满牙齿的玉米》（莫叹）中无意打碎了领袖像而被

砍头的月亮爹，《打窑》（季栋梁）中因戴有"帽子"而被逼迫下窑打捞受困者而丧生的老黄，《送你一支山玫瑰》（于伟中）中只能改名以求得苟延残喘的音乐才子，《大河沿》（葛林）中怀揣梦想可最终因学生百般羞辱抱石投河的教师……他们要么是乡村社会的主体和骨干，要么索性是乡村的栋梁和精英，然而他们的结局却惊人的一致，不是被逼出走就是殒命，这种流毒给后来乡村社会现代化制造了不少麻烦。

其二，传统"道统"被打破，乡村文化走向了变异的路子。这是更年轻一代宁夏作家，虽不直接讲述某些基层权力异化故事，但所写日常生活中总去不掉"轻生命"故事的根本原因。石舒清《暗杀》《开花的院子》，巴可成《哑巴》《南山来的女人》，火会亮《堡子》，李方《该死的笊篱》等，便是如此。无论孩子多么无辜、多么饥饿，偷吃生产队的豆角，就应该受到集体审判乃至被夺去生命；无论人犯有什么错误或罪行，吃东西总是权利，可在那个年代是被剥夺的，人也就被降低到了动物的层面。至于因饥饿而卖妻，因投上级所好而出卖昔日恩人，如此价值倒错的行为，更成了乡村文化所鼓励的"智慧人生"。

由此可见，以儒家文化为核心的文明秩序，其断裂的原因可能很多，但某些基层权力的扭曲肯定是其中重要因素之一，商业文化的涌入倒在其次，这部分地影响到了城市化及其城市文化。

3. 在"回不去的村庄"与中华民族共同体意识之间的摇摆，表明宁夏文学乡村故事进入了某种狭隘的死角

21世纪以来，中国社会发生了重大变化，地处西北边陲的宁夏更是如此。在脱贫攻坚、乡村振兴乃至美丽乡村建设的过程中，宁夏文学乡村故事戛然停在了"回不去的村庄"与中华民族共同体意识书写之间。前者延续着新世纪之交启蒙的余绪，继续挖掘着城与乡、传统与现代交叉转型造成的"破碎"故事；后者悬置了社会问题，把目光移向了多民族日常生活的细枝末节。

其一，"出走"与"回归"的反复，表明无论城市还是乡村，现代社会机制都不尽完善。

新世纪之交这个时间节点，是宁夏中青年作家普遍崛起的一个时间段，

张贤亮、马知遥、高耀山、查舜而外，李进祥、季栋梁、石舒清、阿舍、郭文斌、张学东、马金莲等都有一定量长篇小说问世。宁夏文学乡村故事也呈现出多面性，坚守传统、探索现代，深挖少数民族文化、呈现汉文化新发展等，都得到了表现。然而，摇摆在"出走"与"回归"之间，并通过此种犹豫来记录宁夏乡村世界的真实情状，却是众多文学故事的核心。颇具代表性的是已故作家李进祥的《狗村长》《换水》和季栋梁的《良民李木》《劫访》等。这些故事超越了乡村与城市，也超越了传统与现代，作者以局外人的眼光来审视 21 世纪以来宁夏的乡村社会，让读者体会到了农民面临的前所未有的窘境。对于传统土地，农民是剩余劳动力，只能外出谋出路；对于新型城镇，农民又是贸然闯入者，无着无落。对于谋求利润的商业文化，安贫乐道的农耕文明显然不再满足水涨船高的欲望诉求；对于主要依赖欲望驱动的城镇文化，进不了城镇保障体系的农民工事实上只能是"游民"。对于前者，农民、农民工的基本生存都成了问题；对于后者，他们身心总是要受到更多的伤害。

以上故事虽不能给读者以某种稳定而圆满的舒适感，但相比较而言，它们却更真实更有现实感，留下了时代转型的突出症候。

其二，摆脱城与乡、传统与现代的剧烈冲突，进入平庸的日常生活，乃至进入细枝末节的家长里短，中华民族共同体意识故事也就成了某种牵强的拼凑和适合任何故事的背景。

这方面文学故事多呈现出对生存苦难和终极关怀的关注。石舒清《清水里的刀子》《疙瘩山》等就很有代表性，一方面作者通过"死"来理解"生"，表达个人的一种生命体验感；另一方面，这类生死故事既然是个人体验的，也就必然是封闭的，主要建立在个人阅历、文化习得和特定生活圈之上，反而制约了"三交"的深度和宽度。生存苦难的故事同样如此，马金莲《父亲的雪》《长河》，包括最新长篇小说《亲爱的人们》等，以自然主义创作方法，呈现了西海固底层群众面对过去恶劣的自然环境，表现出极其乐观、阳光、坚毅、豁达的人性之美，与小说中人物同一年代的读者读之颇为感同身受。但同时，当限定在一定范围和一定生活圈子时，人物关系实际仅在某一共同体内，同质性故事所能撑开的只有历史的长度，家族历史的容量便很难概括更宽的社会层面，一定程度也限制"三交"走向更广阔现实。

除此之外，多数作家笔下，近年来的一个新现象是，乡愁故事、错位故事乃至荒诞故事比较多。之所以如此，固然与"两创"的推动不无关系。作家意识到了传统的重要性，并企图从细微的日常纹理中打捞传统文化的价值功能，从而发现了诸多错位、诸多荒诞，好像唯有乡愁是可以一再咏叹的。当把这些故事放在中华民族共同体意识之下来审视，发现这些故事其实也存在同样的问题。一是对"铸牢"理解比较肤浅，只停留在"三交"的表面，未曾触及深层观念；二是故事下沉到了日常，但日常中人的现代化诉求却被"传统"取代了，导致"三交"并未进入中国式现代化结构体系，故事也就普遍显得比较平庸。

（二）新时期至新世纪宁夏文学城市故事类型

1983 年张贤亮长篇小说《男人的风格》的发表，拉开了宁夏文学城市故事序幕。然而，张贤亮的城市故事只能放到全国"改革文学"思潮中来衡量，却并不适合宁夏本土青年作家与城市的关系。在"改革文学"思潮中，张洁《沉重的翅膀》、蒋子龙《乔厂长上任记》，以及李国文《花园街五号》等，都是以城市主人翁的身份，力推城市改革的故事。而宁夏本土青年作家却没有张贤亮等人的雄心和野心，更没有他们的阅历和经验。所以，宁夏本土青年作家的城市故事从一开始就是另一视角，即窥探、侧面和印象的故事。这一定程度上决定了起始阶段的宁夏文学城市故事一般是局外人的想象眼光。

1. *从"失足"到"成功人士"，进城女性被污名化与城市文明故事的缺席*

在 20 世纪八九十年代之交，无论农村题材故事还是城镇题材故事，发廊妹、打工妹乃至小饭馆端盘子洗碗的农村姑娘，几乎云集于此，而且她们的命运结局基本遵循一个模式套路。要么赚了不干不净的钱回到农村，遭遇家庭、家族或村人的道德嫌弃、鄙视，从此一去不复返，不知所终；要么进城寄人篱下，与城市男主人公有这样那样的染指，最终上位不成反被驱逐，破罐子破摔，误入歧途。很难说这些大同小异的准城市故事有实存的社会学依据，但这些故事却基本符合人们对社会转型初期无序商品经济乃至市场经济的感知印象。传统农耕文明式微后并没有建构对应的城市文明，城市的芜杂和欲望化现象反而占据了转型期人们的精神空间。于是，城市文明故事因未曾经历而陌生乃至被污名化而缺席。对于真正的城市故事，这当然是更高的一种价值期待。

2. 从"无聊"到"寻找意义感"，回归城市文明以及标签式民族身份的自我淡化

对城市有了起码的认同感，才会滋生"无聊"，因为"无聊"一定意义表征的是城市身份的自我确认。就此而言，仍是写乡村故事的那批作家，转换成城市故事才会异常敏感，这主要由于他们已经有过一个传统农耕文化的价值参照。陈继明《月光下的几十个白瓶子》、张学东《疑是悬崖》、阿舍《莫名其妙的星期天》、季栋梁《寻找英雄的妻子》等，都是这方面的代表。杨树（《月光下的几十个白瓶子》）的"烦着呢"和樊理（《疑是悬崖》）因一次偶然恶性事件牵引出的一连串生活遭遇，一个精神意识、一个现实困境，表现了城市底层个体的普遍性艰难，寻找属于他们自己的意义感便转换成了对城市文化机制的诉求。要不要炒个鸡蛋的争执（《莫名其妙的星期天》）与被监视而无法正常生活的无奈（《寻找英雄的妻子》），同样如此。本质上是既有价值观与城市生活所特有的"透明性"之间的矛盾，也是现有城市价值体系无法提供更高满足感的困扰。

不过，这样的"无聊"状态，从一个侧面表明，标签式民族身份已经开始自我淡化，这是人的现代化的可喜发展。

3. 从内心"匮乏感"到对完善社会机制的诉求，意味着中国式现代化已经成了城乡共享价值

无聊而匮乏，既是精神的，同时更是物质的。由说不出，到说得出；由琐碎庸常，到对更高意义感的期待。悄然间的转化，表明宁夏文学城市故事已经进入较高级阶段。在这个阶段中，人们的价值观念、生活方式，不再纠结于族裔，而是被共同所期待的成熟城市文化的匮乏所困扰。平原《镜子里的舞蹈》、吟泠《粉菩萨》、马丽华《第一推手》、石舒清《凉咖啡》、计虹《刚需房》等，看起来人物不是纠结于爱而不能以及干脆是爱的

错位，就是苦恼于生存压力、自我存在感的缺失，根源上其实是城市文化对人物的再塑造结果。他们已然没有了民族身份标识，也没有了社会身份焦虑，有的只是对完善城市价值机制的呼唤。宁夏文学城市故事到了这一层面，在价值预期上意味着中国式现代化已经成了人们普遍的一种诉求，中华民族共同体意识也已经成了城市市民确认身份的文化底色，这为未来深化中国式现代化、铸牢中华民族共同体意识，打下了较坚实基础。

三、当前宁夏文学故事的突出类型及其存在的问题

（一）从"乡愁故事"到狭隘的"传统文化故事"，怀旧的传统叙事取代了对新时代社会现实的介入

无论长篇，还是中短篇，一旦取材村庄，十有八九便与乡愁有关。回忆是乡愁的最主要形式，其经验也就因含情脉脉而相对封闭，相对保守，相对忌讳酷烈的和艰难的消息。在此视角下，无论人物有多么复杂的社会身份，于叙述人而言，选择的只能是亲情；无论情节怎样跌宕起伏，于小说主旨而论，抹不掉的农耕符号一定是世间最美好的记忆；无论细节的枝蔓如何野蛮生长，对叙述的意图来说，上升到传统文化符号特别是农耕符号高度，并且由该传统来拯救当下浮躁、飘零心灵的结论，也就总是首选。

稍加分析便可知，这种到了真正考验作者面向实际社会现实且必须做出解释时笔头却退缩的原因，看起来退却的是文字，实则乃思想。如果此类故事在宁夏文学中具有代表性，那么，基本可以说明宁夏文学乡村故事，根本未曾意识到在传统和现代两个不同的意识中看待乡村世界的区别，尤其没有意识到用现代眼光审视变样了的传统乡村情感和文化惰性的重要性。所以，宁夏文学中的乡愁故事，是奔现成答案而去的稳妥和安全，盖因所叙对象是超稳定农耕文化产物，本质上是静止的东西。

（二）从关于"现代"的焦虑到形形色色个人化"角色"的错位，人生的常态倾诉取代了积极入世的现代意识，讲述故事的视野也便越来越狭小

新世纪之交，宁夏文学城乡故事的一个主要焦虑，可以称之为现代性焦虑，因为它们总是在关注现代社会机制不完善给人带来的迷茫、无助和

困顿。当前的小说故事却一夜之间一改那种本质性焦虑，而变成了大同小异的忧伤或轻抒情，错位的青春、错位的爱情、错位的亲情、错位的友情和错位的人际关系等，成了作家竞相讲述的故事。浏览这一类宁夏文学故事，理念似乎是正确的，就是为着通过各种个人意义的错位，撕开探照人性的口子，也通过一系列的阴差阳错，一再表明个体选择的不可预见性和结果的不确定性，叙述方向无疑也是早已被文学理论所首肯，因而没有什么可质疑的，或者更进一步，人性的飘忽，叙述的凄婉，结局的伤感，话语的情绪化，亦为着达到审美上的柔绵与忧伤，进而争取美学的份额。

问题是，日常生活世界里的所谓错位，不过是个体在政治、社会、经济、文化、互联网、科技等综合系统运行中水涨船高的一个常态。表明传统的体系结构正在遭遇危机，而新的秩序尚未构建起来。然而，这一切与封闭状态下的人性实在没有多少必然关系。由此可推知，之所以在宁夏小说作者心里有那么多的人性错位，大概因为他们就认为世间存在一种永恒人性，而且认定经过情感和道德的再三洗礼与追责，人是可以回到被设定的那个永恒人性的。这表明，当前宁夏文学故事面对实际社会现实时，其实是集体性地采取了一种回避的态度。

（三）从莫名的"荒诞"到讲究故事精致巧妙的技术编排，折射出穿越、玄幻的网文套路取代了对人的现代化的关注

浏览众多宁夏小说故事发现，网络文学中玄幻、穿越、怪诞、荒谬细节，以及自媒体平台常见的雷人情节和梦幻般的命运跨越故事，一定给了宁夏小说作者不少启示。这些资源远胜于鲁迅、卡夫卡等经典现代主义作家对宁夏小说的影响，导致其荒诞故事总是那么别扭而乏味、贫血而缺钙。其结果是，需要写实的地方往往显得浮夸不可信，而虚构之处却反而一本正经。由此可见，宁夏小说的荒诞故事，并不是面向现代社会和现代文化、现代个体处境的叙述。

四、新时代铸牢中华民族共同体宁夏故事的路径

按照前面的梳理可知，只有深刻领会中国式现代化的精髓，才能将中华民族共同体意识建构为故事的主干。也可以说，中国式现代化是铸牢中华民族共同体意识的必由之路。就此而论，作家至少需三个方面或层次的转型与重塑。

其一，强化现代理念，宁夏文学故事才能摆脱传统农耕文化惰性，特别是摆脱具体宗族宗法和民间信仰习惯羁绊，杂花生树的故事才会突破狭隘传统而融进中华民族共同体命运。

其二，强调现代视角，宁夏文学故事才能辩证地看待既有文学史及文化史传统，特别是要审慎地看待固化成知识程式的论述对文学的影响与制约，直面社会现实和全媒体塑造了的新人群，迅速介入新时代语境，曲径通幽的情节才会发现新时代情感形态与价值诉求。

其三，选择现代审美，宁夏文学故事才能注视当下生活细节，并提炼为新时代突出而有代表性的审美符号，个性迥异的细节才会呈现现代体验，从而共同指向人的现代化发展这个总目标。

唯有以现代主体、现代情感、现代审美为前提和基础，文学故事才会从本质上转型为中国式现代化所要求的形态。因此，新时代宁夏文学讲好中华民族共同体故事的路径可简述如下。

第一，以社会现代化为思考对象，个人故事、家庭家族故事乃至其他旨趣和文化因袭的小圈子故事，就会转化为中华民族共同体故事，社会现代化的艰难曲折或勃勃生机都会成为生产故事的不竭源泉。

第二，以文化现代化为关注重点，琐碎的日常絮叨，私密的个人意识、潜意识，便会升华出时代整体的现代诉求、体验和观念，从而改写惯性的乡愁与惰性的传统，重塑一种现代故事主体。

第三，以人的现代化为核心，无论讲述农村故事，还是城市故事，故事的价值取向都会在城乡融合一体化视野进行，一切的情节、细节，都会以人的现代化发展为目的，故事的社会功能将会最大化，从而实现从情感、审美、理想、信念、文化等方面推动中国式现代化的重要动力，为新时代铸牢中华民族共同体意识示范区建设提供不竭精神资源。

区域文旅篇

QUYU WENLÜ PIAN

2024年银川市文化和旅游业发展报告

胡志平　常　刚　王晓丽

2024年，银川市坚持以习近平新时代中国特色社会主义思想为指导，全面贯彻落实党的二十大和二十届二中、三中全会精神，深入贯彻落实习近平文化思想和习近平总书记考察宁夏重要讲话精神，以文塑旅，以旅彰文，文旅融合上有新突破，公共文化服务有新提升、文旅活动开展有新气象、重点项目建设有新进展，为加快建设黄河流域生态保护和高质量发展先行区展现文旅新作为。

一、银川市文化旅游业发展基本情况

（一）文化惠民，公共文化更有温度

深化区域文化教育中心建设，塞上湖城·大美银川——数字文化惠民会客厅建成开放，新建20个新型文化空间，开展新春文化大集、秦腔艺术节、一元剧场、社火大赛、百姓大舞台等品牌文化活动65项1002场次，开展湖城之夏广场文化演出1015场次，送戏下乡1027场次。面向10个民间文化艺术团体开展78场次文化志愿服务。银川市图书馆更换配送服务点图书近8万册，举办读者活动393场，6.3万余人参与，"共享读书乐"未

作者简介　胡志平，中共银川市委宣传部副部长，银川市文化旅游广电局局长；常刚，银川市文化旅游广电局四级调研员、办公室主任；王晓丽，银川市文化旅游广电局二级主任科员。

成年人阅读推广志愿服务等项目获得 3 项自治区级荣誉。创作的舞蹈诗《山河人家》、儿童杂技剧《山海经之神兽传奇》荣获省部级以上奖项 9 项，《水之灵韵》参加第十二届全国杂技展演并获优秀剧目荣誉；舞剧《不到长城非好汉》入选国家艺术基金传播交流推广项目，杂技《巍巍贺兰·峭壁精灵》入选国家艺术基金小型剧（节）目和作品创作项目。杂技《百鸟朝凤》赴瑞士巴塞尔参加第十五届国际青年马戏展演，获评委会"青年之星大奖"。

（二）传承利用，文化遗产更有活力

区市联动，高位推进，建立迎检快速响应机制，西夏陵申报世界文化遗产顺利通过国际古迹遗址理事会专家现场验收。赴上海复旦大学举办山河之间——银川地区文物展，接待观众 10 万人次。贺兰山岩画在中国文字博物馆举办"石上史诗　岩绘众生——贺兰山岩画暨韩美林岩画艺术作品展"。近十万人次参观玉皇阁"清渠决决——银川平原古渠影像展"。全力推进第四次全国文物普查，启动率 100%。兴庆区文物活化利用试点让老城区焕发活力。举办非遗系列宣传展示活动共计 17 项 90 余场次，服务群众上百万人次。组织传承人、非遗工作者参加全区"沿着黄河讲非遗"宁夏非遗巡讲活动并获一等奖。

（三）文旅融合，全域旅游更有潜力

加快推进国际旅游目的地建设，推动全市文旅行业支付便利化，完成全市 4A 级以上旅游景区、星级饭店等场所外卡 POS 机布设 209 个、外币兑换点 3 个。成功举办第九届王者荣耀全国大赛总决赛，线上观看量 4500 万人次以上，全网曝光量超 10 亿次。贺兰山国家森林公园、贺兰山岩画景区被评为第三批国家级文明旅游示范单位。成功创建自治区级全域旅游示范区 1 个（永宁县），国家 4A 级旅游景区 1 家（华夏河图银川艺术小镇）、3A 级旅游景区 1 家（银川文化城·凤凰幻城），自治区级旅游休闲街区 1 条（银川文化城·凤凰幻城旅游休闲街区），全国 4C 级自驾车旅居营地 2 个（宁夏薰衣草庄园自驾车营地、宁夏灵河房车露营基地），自治区 3C 级自驾旅居车营地 4 个（宁夏薰衣草庄园自驾车营地、宁夏灵河房车露营基地、昊宫连锁营地、李家大院自驾车露营地）。志辉源石酒庄、贺兰山国家森林

公园入选首届中国"避暑消夏好去处"名录。银川上榜携程口碑榜"亚洲热门目的地前 100"榜单。加快推进贺兰山、黄河和中部文化旅游带三带提升建设，推进贺兰山东麓国家级休闲旅游度假区创建，览山—花博园一体化建设和阅海湾国家级旅游休闲度假区持续推进。继续优化银川"智慧文旅"公共服务平台系统功能，升级完成"一部手机游银川"银川智慧导览地图。宁夏漫葡小镇旅游开发有限公司、宁夏农垦玉泉国际葡萄酒庄有限公司、宁夏智慧宫文化传媒有限公司 3 家被评为国家级文化产业示范基地。银川文化城·凤凰幻城改造提升项目（一期）、宁夏图兰朵葡萄酒小镇野奢酒店、漫葡·看见贺兰演艺项目入选全国文化和旅游产业发展工作会议展示项目。滨河生态文旅岸线银川示范段东线（一期）公共服务设施提升项目已完成前期建设。

（四）亮点纷呈，品牌文旅为城市添彩

庆祝中华人民共和国成立 75 周年文化演出系列活动受到群众欢迎，推出文旅消费系列活动 257 项，黄河—贺兰山文化旅游节反响热烈。银川文化城《朔色长风》、漫葡小镇《看见贺兰》、西夏风情园《烽火西夏》大型马战表演、黄河横城旅游度假区《黄河明月夜》等沉浸演艺活动持续火爆，银川花博园山海之夜沉浸式夜游和鼓楼、玉皇阁光影秀点亮等特色项目引爆全城。漫葡小镇《看见贺兰》入选央视"2024 年度文旅经济盛典"十大案例，"滚钟口日出之约"被《新闻联播》报道，镇北堡西部影城亮相央视《开门大吉》。"贺兰山顶看日出"等话题连续登上抖音同城热榜第一；与央视合作拍摄《巍巍贺兰山》5 集宣传片，在央视科教频道播放。闽宁镇原隆村等 12 个乡村被确定为自治区级"四季村晚"示范点，兴庆区司家桥村进入全国特色旅游村名单。西夏区昊然山居民宿、贺兰县岩画古村古树林民宿被推荐为全国甲级民宿名单并通过验收。"宁夏·时雨芒种村游银川""村中古韵·西夏名胜"入选文化和旅游部乡村旅游线路"乡村有节气"精品旅游线路。祁军、赵桂英入选文化和旅游部乡村文化和旅游带头人支持项目。

（五）创新发展，文旅促三交更加深入

围绕铸牢中华民族共同体意识主线，着力以增进中华民族共同性为方向，充分挖掘历史遗迹遗产、红色景观的文化内涵和资源价值，优化完善展陈品和解说词，讲好中华民族交往交流交融故事，推出"石榴籽"旅游线路4条、"石榴籽"景区（景点）30个，建设铸牢中华民族共同体意识教育基地1个、铸牢中华民族共同体意识主题广场1个，在镇北堡西部影城等28个景区设立铸牢中华民族共同体意识固定宣传标识牌55处。闽宁镇、西夏陵景区、志辉源石酒庄等景区入选自治区旅游促进各民族交往交流交融示范案例景区，漫葡小镇、贺兰山东麓旅游度假区、百瑞源枸杞博物馆、稻渔空间等景区（度假区）入选自治区旅游促进各民族交往交流交融优秀案例景区，旅游业在服务经济社会发展、促进各民族交往交流交融、铸牢中华民族共同体意识等方面作用更加凸显。

（六）严防细查，文旅行业更加安全

常态化开展文化旅游发展环境综合整治行动。对646家文化艺术类培训机构全额覆盖检查，累计出动人员2200余人次，出动执法人员185人次，开展剧本娱乐等场所专项检查75家次。检查大型商业现场演出14场次，未发现违法违规行为。

二、银川市文旅业发展存在的主要问题

（一）公共文化建设基础不足

资金投入不足，服务设施建设和维护费用缺乏，复合型管理人才匮乏，社会力量参与文化事业建设积极性不高。

（二）文化产业发展不足

示范产业园区、文化产业示范基地创建培育不够，企业核心竞争力不强。

（三）文旅产品业态创新不足

旅游低端产品同质化、中高端产品不足、国际化产品紧缺，对外形象宣传缺少城市文化旅游形象IP，缺少"一盘棋"规划和"大旅游"格局。

（四）基础设施服务存在短板

黄河沿线景区附近缺少地标式特色美食餐饮街区、宾馆酒店，景区通达便捷度不高、沿途导识导览标识度不高，游线通道防晒、保暖、休憩等

服务设施不够完善。

三、银川市文旅业下一步工作的对策建议

（一）拓展提升公共文化服务水平

聚焦拓展新兴文化阵地，扎实开展乡镇（街道）综合文化站评估定级工作，持续开展新型公共文化空间建设，加强基层文化治理改革各项工作。加大文化惠民力度，持续开展文化惠民活动，每年完成送戏下乡 1000 场次、广场社区文艺演出 1000 场次，精心办好文化惠民"润心"实事。加强数字化、社会化建设，创新公共文化服务方式。全面整合群众文化服务资源，利用数字图书馆、数字文化馆和云技术，编印群众文化服务地图、编制群众文化服务指南，全方位提供群众文化服务信息。积极通过政府采购、项目资助、项目补贴等方式，引导和鼓励社会力量通过兴办实体、资助项目、赞助活动、提供设施等形式参与公共文化服务体系建设，优化公共文化资源配置，激发人才活力，提升公共文化服务效能。

（二）加大支持，增强产业发展后劲

发挥政府主导作用，制定出台优惠政策，理顺体制机制，为全市文化产业发展提供最有效的政策制度保障。加强财政资金扶持引导，创新政府投入模式，引导带动金融和其他社会资本投入文化旅游产业，发挥财政资金的杠杆作用。积极推动"十四五"期间银川市文化旅游储备项目，建立和完善银川市文化旅游产业重点项目库，加大文化旅游产业服务平台建设和企业服务力度，着力培育文化旅游市场主体，着力打造一批产值超亿元龙头企业、产值过千万元的骨干企业及特色小微文化旅游企业。落实各项人才扶持政策，创新人才引进机制，优化创业环境，吸引文化旅游领军人才、文化旅游资本运营人才、文化旅游科技创新人才等在银创新创业。面向全国聘请文化领域专家学者成立银川市文化旅游专家委员会，建立银川市文化旅游产业智库。

（三）加快旅游业态升级，丰富文旅产品供给

加快推进贺兰山东麓葡萄酒文化旅游廊道、滨河生态文旅岸线、阅海—典农河生态文化旅游廊道和上河堡文旅综合体、图兰朵葡萄酒文旅小

镇、贺兰山宿集、华夏河图二期（农科教文旅综合体）、文化城·凤凰幻城二期、览山—花博园—阅海一体化开发、砂之船商文旅综合体、兰溪谷旅游酒店集群等重点文化旅游项目建设。全力支持西夏陵国家5A级旅游景区创建，全力推进全域旅游示范区、旅游度假区、A级旅游景区、星级乡村旅游示范点、乡村旅游重点村（镇）、特色文旅休闲街区、房车自驾车露营基地、主题饭店精品民宿创建和长城、黄河国家文化公园建设，全面提升旅游服务基础设施和服务质量。深入挖掘自然生态、历史人文、民俗风情等旅游资源，创新开发沉浸式、互动式、体验式旅游项目，着力打造升级版"宁夏二十一景"之"银川十三景"。精心办好贺兰山东麓葡萄酒文化旅游节、乡村文化旅游节、特色旅游美食大赛等品牌活动。

（四）优化文旅服务环境，增加银川旅游的"温度"

从群众及游客关心关注的"小事""小节"入手，开展"物价贵"问题专题调研，推出银川本地游客景区票价优惠政策、外地游客来银川相关"优惠套餐"，开展镇北堡西部影城停车场等旅游景点基础设施改造、重大节点旅游路线交通疏堵、景区景点服务承载能力提升等工作，强化对景区餐饮企业的食品安全监管、景点游乐设施安全监管，深入推进宾馆（酒店）、景区等从业人员服务意识和技能提升培训，进一步提升旅游消费精细化服务水平，教育引导各类企业及商户诚信经营，落实商品和服务质量、价格公示制度，针对"霸王条款"、"虚假宣传"、价格欺诈、计量作弊、"欺客"、"低价诱导游"、出租车拒载选客、违背契约精神临时加价及各种消费环节"杀生""杀熟"等负面问题开展专项治理，对造成负面影响及舆论的严肃惩处，对不法行为依法打击，营造安全、放心的消费环境，让游客在银川吃得"放心"、住得"舒心"、行得"顺心"、游得"称心"、购得"省心"、娱得"开心"。

2024年石嘴山市文化和旅游业发展报告

刘　佳　王占芳

2024年，石嘴山市认真学习贯彻习近平文化思想和习近平总书记考察宁夏重要讲话精神，将文化和旅游产业作为加快石嘴山市高质量发展的重要抓手，推动文化旅游深度融合发展，全市文旅产业呈现出稳中向好的良好态势。

一、文化和旅游业发展情况

（一）坚持统筹协调、整合资源，文化事业蓬勃发展

1. 新型公共文化空间基本建成

加快培育"城市书房""文化驿站"等新型文化空间，对20个新型公共文化空间实施创新提升，年内将挂牌新型公共文化空间15家。

2. 公共文化服务供给更加丰富

组织举办"在宁夏非遗过大年"、第二届沿黄九省区戏曲票友展演活动等各类线上线下群众文化活动230场次。组织开展"送戏下乡"惠民文艺演出210场次[①]，广场文化艺术节演出51场次，进一步满足群众文化服务需求。

作者简介　刘佳，中共石嘴山市委宣传部文化艺术科科长；王占芳，石嘴山市文化旅游广电局四级主任科员。
①数据为实际开展活动次数总和。

3. 文化资源整合统筹明显改善

对全市 36 个文化站进行评估定级，评选出特级站 1 个、一级站 1 个、二级站 5 个、三级站 7 个。先后实施了智慧化图书馆提升、非遗数字场馆等项目，提升基层文化阵地服务效能。

4. 拓展乡村文化活动平台

开展石嘴山市"四季村晚"示范点遴选报送工作，平罗县城关镇前进村被评为全国"四季村晚"示范展示点，马家湾村等 6 个村被评为自治区级"四季村晚"示范展示点。

（二）坚持明确方向、着眼长远，5A 级旅游景区创建步伐加快

1. 完成规划编制

邀请自治区文旅厅及业内专家对贺兰山·归韭沟国家 5A 级规划及景观质量评价报告进行终期评审，并报请自治区文旅厅审核争取支持。

2. 健全基础设施

实施景区入口处视野拓宽、旱生植物园游览线路打通、景区通道分流建设、森林公园游客服务中心改造升级等项目，目前已投入使用。

3. 优化资源整合

积极推动石嘴山市矿业集团与融通地产（新疆）公司签订韭菜沟房产租赁协议，韭菜沟红色旅游资源保护项目等相关准入手续正在加快办理，防火作业通道已开工铺设。

（三）坚持强基固本、项目带动，竞争优势日益凸显

1. 理顺资源管理机制

多次对接相关部门协调推进大武口洗煤厂、石炭井闲置资产移交事宜，与中康（深圳）农业科技有限公司签订战略合作框架协议，致力于将石炭井八号泉周边资源打造成为集军旅生活观光、体验、展览、研学等于一体的特色文旅产业旅游区。

2. 实施文旅项目建设

2024 年，全市文旅产业投入近 1.3 亿元。沙湖旅游景区投资 2700 万元实施沙湖绿岛餐厅改造、沙湖飞鸟主题公园项目；华夏奇石山投资 2600 万元，实施成长营、临水漫街夜经济项目；贺翔航空投资 1000 万元，打造了亲子互动式运动训练中心、集装箱露营地等项目；海蓝蒂斯酒店投入 5000 万元对酒店进行装修。

3. 加大资金投入力度

积极争取自治区 A 级旅游景区公共服务提升项目资金 40 万元，第一批超长期国债资金 250 万元用于支持沙湖旅游景区品质提升。

（四）坚持精心组织、融合发力，消费业态更加丰富

1. 培育文体旅品牌活动

2024 年先后举办了端午龙舟赛、贺兰山汽车摩托车越野赛暨工业文旅嘉年华、北纬 38°沃野音乐节、工业之声音乐节、中国桨板精英赛、贺兰山徒步越野挑战赛等文体旅活动百余项。特别是北纬 38°沃野音乐节活动吸引观众 3 万余人次，工业之声音乐节现场吸引观众达 1 万人次，贺兰山汽车摩托车越野赛暨工业文旅嘉年华现场吸引观众 5 万人次以上。[①]

2. 加强宣传营销工作

动员本地新媒体人士组建石嘴山市新媒体联盟，聘请 20 余名网络媒体人士担任石嘴山文旅推荐官。组织开展"星海湖杯"最美石嘴山、"塞上秋韵·醉美石嘴山"等文旅短视频征集活动，多部素材被《宁夏日报》和"宁夏文旅"等官媒平台采用。沙湖、天河湾及北武当红叶等文旅资源先后在中央电视台展播近 20 次。"史话山水　古韵石嘴山""赏塞上江南风光　品五湖四海风味"2 条线路入选文化和旅游部"乡村四时好风光"全国乡村旅游精品线路。

3. 打造文旅融合典型

2024 年，沙湖旅游景区入选新一批国家文化产业示范基地名单；惠农区东永固村张健、平罗县卧龙度假村孔明被评为 2023 年度全国乡村文化和旅游带头人，姚爱兵等 5 人被评为自治区级乡村文化和旅游带头人；沙湖美渔别墅被评为全国甲级民宿。

---

①数据为立信（重庆）数据科技股份有限公司宁夏分公司测算。

（五）坚持保护第一、传承优先，遗产保护全面加强

1. 开展全国文物普查

积极争取资金 62 万元用于推进第四次全国文物普查实地调查任务，截至目前，全市现已复查三普不可移动文物 135 处，新发现文物 63 处①，进度排名为五市第一。

2. 建设文物保护项目

贺兰山岩画数字化技术信息采集项目正有序开展，博物馆语音导览及博物馆馆藏文物数字化保护与展示利用项目已委托第三方公司编制项目方案，进一步推进博物馆数字化建设。

二、存在的问题和困难

一是融合带动能力不强。对"文旅+百业"缺乏有效、深刻的整合分析，文化旅游骨干企业少，文化旅游潮汐现象严重，受季节、假期影响较大。

二是景区服务质量不高。5A 级以下旅游景区产品以观光旅游为主，文化内涵挖掘不够深入，产品类型相对单一，特色文创产品、沉浸式体验等新业态发展缓慢。

三是品牌活动吸引力不足。现有的各类文旅活动呈现"小而散"局面，活动质量有待提高，群众参与性不够强，对拉动经济发展的作用有限。

四是文化服务供给不充分。公共文化服务整体实力正在逐步增强，但仍存在文化精品缺乏、文化创意不足、作品质量不高等问题。

三、2025 年工作计划

（一）把握契机，依托 5A 级旅游景区创建提高旅游吸引力

一是根据景区景观质量评价与提升规划，对创建重点工作任务进行分解，列出时间表、任务图，形成各部门共同推进的工作合力。二是会同石

---

① 数据为石嘴山市文化旅游体育广电局文物普查统计所得。

嘴山市矿业集团加快办理韭菜沟区域修筑设施以及生态保护红线内允许有限人为活动准入办理等相关审核审批手续，做好环评、林评等工作。三是紧盯国家发改委复核贺兰山·归韭沟景区旅游基础设施建设项目情况，开展初步设计等前期准备工作，协调相关部门尽快完成森林公园入口游客集散中心两处房产划拨收购手续。

（二）夯实基础，加大业态供给更新力度

发展多业融合的"旅游+""+旅游"新业态，努力拓宽旅游边界。一是推进星海湖生态休闲旅游度假区建设，着力打造融主题娱乐、科教研学、康养旅居于一体的旅游度假区。二是加快大沙湖旅游区建设，持续打响"宁夏二十一景之沙湖鸟国"品牌影响力和知名度，全力推进国家级旅游度假区创建。三是提升石炭井文旅影视小镇配套服务功能，推出"跟着电影去旅游"精品线路，延伸拓展"电影+旅游"新消费场景。

（三）创新举措，刺激文体旅产业消费经济

一是深化文体旅业态融合创新，大力推广"音乐+旅游""赛事+旅游"等业态，打造沉浸式夜间经济集聚区，拓展文体旅融合的新型消费空间。二是坚持以游客需求为导向，整合推出以贺兰山品牌 IP 为标签、全年活动延续性强、类型丰富的贺兰山文体旅活动嘉年华品牌，切实提升游客体验度和满意度，实现"流量"变"留量"。

（四）优化服务，深化文化体制机制改革

一是建立群众文化需求征集和反馈机制，通过推行文化惠民"点单式"服务，提供高品质、精准化文化服务。二是推行公共文化设施所有权和使用权分置改革，通过引进优秀剧目、阵地租赁等形式，统筹用好公共文化设施，激发公共文化服务活力。三是组织实施石嘴山市图书馆智慧化服务提升、石嘴山市博物馆智慧语音导览系统、石嘴山市文化馆全民艺术普及远程教学系统等项目，丰富文化资源供给。

（五）精心谋划，构建高质量全民健身公共服务体系

一是提升城镇社区 15 分钟健身圈，举办裁判员、社会体育指导员能力提升培训班，夯实社区全民健身基础。二是组织开展第十五届全国运动会群众赛事选拔赛，全力筹备自治区第十七届全区运动会工作，进一步深化

"体教融合"发展模式。三是组织开展第二届端午节龙舟赛、石嘴山铁人三项公开赛、星海湖半程马拉松及贺兰山徒步挑战赛等活动，构建全民共享的多样化体育赛事活动体系。

2024 年吴忠市文化和旅游业发展亮点

袁佳慧

2024 年，吴忠市深入学习宣传贯彻习近平文化思想，奋力推进文化强市建设，文旅产业借势扬帆、乘势发力，取得了明显发展成果，城市品牌持续擦亮。

一、吴忠市文化旅游发展成效亮点

（一）突出均等化、精准化，文化文艺精品迭出

1.文化品牌多点开花

同心县王团镇北村、利通区上桥镇牛家坊民俗文化村、盐池县花马池镇北塘新村等 13 个村入选国家、自治区 2024 年"四季村晚"主场和示范展示点。利通区东塔寺乡"大青故里　醉美东塔"文旅系列活动等 5 个项目入选 2024 年乡村文化惠民项目。

2.文艺精品出新出彩

吴忠版百科全书《中国国家人文地理·吴忠》和民间故事集《黄河流过吴忠》正式出版发行。短篇小说集《飞翔的鸟》入围第十三届全国少数民族文学创作骏马奖提名奖，小说《银凤凰》入选 2024 年度"铸牢中华民族共同体意识·中国少数民族文学之星丛书"，儿童文学《飞起来的村庄》获

作者简介　袁佳慧，中共吴忠市委宣传部文化艺术与新闻出版电影管理科副科长。

"中国好书"推荐，小说《夕阳波澜》获第七届大地文学奖小说奖。戏曲《红军刀》《看病》，舞蹈《盐州胡旋》入选自治区舞台艺术精品创作扶持工程。国家艺术基金资助作品原创秦腔现代戏《攒劲女人》创排完成并巡演。

3. 文化惠民活动有声有色

深入实施文化惠民"十百千万"工程，开展春节联欢晚会等大型文化活动 20 余场次，培育文化人才 500 名，开展惠民文艺演出 600 余场次、群众性文化活动 900 场次，开展农村公益电影放映 1.2 万场次，服务群众 150 余万人次。"送戏下乡"惠民文艺演出斩获全区一等奖，在全区群众文艺会演中获奖数量和奖补资金均居首位。

4. 全民阅读活动如火如荼

争取吴忠市图书馆纸质图书采购、数字化建设等 4 个项目。流动图书车累计服务读者 10 万人次。开展"4·23 世界读书日"启动仪式、"护苗·绿书签"主题游园暨网络文明巡讲等示范性阅读活动，举办第六届青少年硬笔书法比赛、"相约春天"清明诗会等活动和展览 100 余场次，1.1 万余人次参加。全市各级结合"我们的节日""世界读书日"举办各类阅读活动 1000 余场次，"全民阅读 书香吴忠"氛围更加浓厚。

5. 文化遗产保护传承走深走实

第四次全国文物普查有序推进。新增自治区级非遗项目 15 项、市级非遗传承人 40 名，强海峰等 11 名非遗传承人获评自治区第一批乡村工匠名师，陈堃荣获全国非物质文化遗产保护工作先进个人。盐池县革命烈士纪念园红领巾小小讲解员研学案例入选全国文化遗产旅游百强案例，吴忠市博物馆获全区优秀社科普及活动通报表扬。

（二）突出融合化、品牌化，文旅经济有所突破

1. 全域旅游格局纵深推进

青铜峡市、盐池县通过全域旅游示范区复验，利通区成功创建为自治区级全域旅游示范区；黄河大峡谷旅游区创建为首个国家 5A 级旅游景区；盐池县唐平庄村、利通区涝河桥村等 4 个村创建为宁夏特色旅游村镇；盐池县麻黄山乡、青铜峡市任桥村入选第五批全国乡村旅游重点村（镇），目前吴忠市创建数量位列全区首位。

2. 文旅产业项目量质齐升

吴忠董府古建筑数字化保护、宁夏二十一景滨河岸线"青铜长峡"示范段基础设施提升、A 级旅游景区公共服务提升等 10 个文旅项目落地落实，累计投资 1501.17 万元。争取自治区文化产业项目 5 个，黄河大峡谷旅游区创建为国家级文化产业示范基地。

3. 旅游产品供给推陈出新

成功举办第四届吴忠早茶美食文化节、黄河金岸文化旅游节、"从利通出发"宁夏越野文化旅游节等大型文旅活动。围绕"黄河文化、长城古堡、红色足迹、塞上乡情、葡萄美酒、吴忠美食"资源特色，策划推出 18 条精品线路，"'游在宁夏 吃在吴忠'美食之旅"成为第 5 条入选文化和旅游部"乡村四时好风光"的精品线路。吴忠早茶登上央视《欢乐赶大集》栏目，网络曝光突破 3000 万次。

4. "文旅+体育"深度融合

打造"跟着赛事去旅游"品牌项目，承办中国大学生排球联赛、全国田径公开赛等 5 项国家级体育赛事。举办 2024 年全国沙滩排球巡回赛、2024 全国徒步大会暨第二届"长城·红色盐池健康行"活动、罗山东麓山地旅游自行车挑战赛等品牌赛事，特别是成功举办 2024 宁夏黄河金岸（吴忠）马拉松，以"十年宁马+黄河保护+特色产业+体旅融合"为赛事亮点，吸引 1.3 万人参赛，传播流量超过 5000 万，好评率达 99.78%，赛事期间全市接待游客 46.14 万人次，旅游综合收入达 2.85 亿元。

5. 旅游促消费成效显著

推出"欢乐过大年——2024 年货大集"活动，发放 50 万元消费券，直接带动文旅消费 1452 万元。联合黄河大峡谷、黄河坛景区发放冰雪旅游消费券 6000 余张，优惠金额达 20 万元，吸引大批游客滑冰、戏雪、观景。政企联合举办国家 5A 级旅游景区揭牌仪式，组织辖区内 A 级旅游景区面向全国游客实行免首道门票优惠，利通区依托"从利通出发"宁夏越野文化旅游活动发放 250 万元消费券。截至 9 月，吴忠市接待国内游客 1404.73 万人次，同比增长 17.01%，实现国内旅游总花费 84.43 亿元，同比增长 18.13%。

二、吴忠市文化旅游发展主要做法

（一）坚持"四个突出"，推动文艺创作交流守正创新

1. 凸显价值引领，始终突出"导"

把坚守正确价值导向作为文化文艺发展的头等大事，创作的现实题材作品中既有反映无畏无私革命追求的戏曲《红军刀》，也有描绘乡村振兴壮丽篇章的小说《飞起来的村庄》，还有以道德模范李耀梅事迹为原型改编的秦腔现代戏《攒劲女人》……这些作品无不把中华文化的思想理念和道德精髓转化成动人的故事、感人的形象，以老百姓喜闻乐见的方式展现表达。

2. 把握本土优势，始终突出"创"

面对各个文艺门类存在的问题，持续加大人才和创作扶持力度。一是建队伍，充实100余名诗歌、曲艺人才入会，吴忠市诗词（诗歌）学会、吴忠市戏剧曲艺家协会正式成立。二是提质量，与宁夏戏剧家协会、宁夏秦腔演艺集团等区内外高水平文艺院团合作创排的戏剧《红军刀》《攒劲女人》，在本年度作品中率先突围。三是激动能，统筹资金20多万元，支持本地作家书籍出版和文艺志愿服务活动开展。举办书美影民间艺术展、"黄河明珠 美丽吴忠"繁荣新时代生态文学创作大赛、守护"一河三山"文艺家黄河行等采风创作活动，鼓励文艺人才不断创新创作。

3. 聚焦惠民利民，始终突出"送"

吴忠市既做好推精品的工作，又做好送文艺的工作。一是送文化。全市公共文化场馆免费开放服务群众250万人次，创新实施"十百千万"工程，打造文艺实践中心，结合传统节日开展文明实践活动72场次，赠送书籍、手工艺品等3.6万件，真正为基层文艺"补血益气"。二是种文化。充分发挥"文学吴忠"创意中心、"作家之家"等载体作用，举办全区中青年舞蹈编创培训班、"强基工程——书写新时代雷锋故事"主题活动等辅导培训和文艺公益课90余场，培训基层文艺爱好者1000余人，切实为基层文艺"养精蓄锐"。

4. 抓好文化交流，始终突出"引"

运用文艺形式讲好吴忠故事，展示吴忠形象。邀请著名作家、评论家

吴克敬、王干、王久辛等来吴忠采风，创作《南北早茶》《吴忠的吃》等作品，先后在《光明日报》《解放日报》等媒体发表。引进全国名家书画展等高层次展览，展出名家书画摄影作品 230 幅。先后举办"大河上下·声声不息"沿黄九省区民歌会，承办贵阳路边音乐会、贵州省六盘水市文旅志愿服务等文化活动，为国内文化交流互鉴搭建有效平台。

（二）通过"四个强化"，推动文旅融合发展焕发活力

1. 加快"走出去"频度，着力强化"推"

采取小额度多点位方式在北京王府井商圈、河东机场飞机餐盒投放吴忠早茶和重点景区广告。借助文博会、"百城百场"推介等对外窗口，助推本地特色产业、非遗项目走向全国。开展 2024 年"黄河明珠·美丽吴忠"系列旅游引客推介活动，与 6 家旅行社签订送客协议。开展"川鄂皖浙"四省百家旅行商采风踩线活动，合肥、宁波等 4 省 7 市 120 余家旅行商年输送客流量突破 10 万人次。

2. 擦亮城市品牌，着力强化"宣"

深入实施城市品牌形象推介"提升"工程，精心打造一批外媒"采访线"。早茶美食文化节期间，邀请全国 41 家主流媒体，推出各类报道 329 篇、短视频 1200 余条，全网总点击量超 4 亿次，助力实现消费额 8.26 亿元。邀请黄俊鹏、齐仟郡两名吴忠籍明星为家乡代言，推出"黄河岸边好去处"文旅局长邀您逛吴忠、"寻味西北　发现吴忠"主播达人吴忠行等线上宣传活动，"游在宁夏　吃在吴忠""黄河明珠　美丽吴忠"等城市品牌美誉度和影响力显著提升。

3. 挖掘文化特色，着力强化"融"

一是元素配套，丰富旅游业态，打造梦幻灯会、灯光秀、《山水青铜峡》、《盐州胡旋》等夜间文化、实景演出、民俗展演等文旅项目融入景区。早茶节期间，配套策划开展电音节、牛家坊八宝主题巡游、牡丹花会、西北花儿歌会等 300 余项特色文旅活动，大力提振夜间消费。二是线路整合，将吴忠的自然景观、历史文化遗迹、民俗风情、特色产业等旅游资源进行有机整合，推出精品线路，满足了不同游客的多元化需求。三是产业联动，通过打好"美食与旅游深度融合""体育与旅游紧密结合""农业与旅游协同发展"三张牌，带动早茶、红酒、牛奶等产业转化，让"资源优势"变成"发展优势"。四是文化传承，举办黄河文化大讲堂、铸牢中华民族共同体意识交流分享等文化挖掘阐释活动，将文化元素融入旅游产品和讲解中，通过建设非遗文化馆、开展"非遗进景区"等方式，丰富游客体验感。

4. 规范行业秩序，着力强化"治"

深入实施文明素养提升行动，大力实施餐饮品质安全、餐饮服务质量、市民文明素质"三大提升行动"，推动餐饮行业诚信经营。推行包容审慎"柔性执法"新机制，联合交通、公安、市场监管等部门严厉打击未经许可经营旅行社业务、"不合理低价游"等违法违规行为。

三、吴忠市文化旅游发展下一步工作计划

2025 年，吴忠市将深入贯彻落实习近平文化思想和党的二十届三中全会精神，聚焦"一个重点"，突出"两大抓手"，着眼"四项提升"，力争全年游客接待量突破 1600 万人次，实现旅游总花费超 90 亿元。

（一）聚焦文化体制机制改革，推动文化强市建设

一是健全优质文化资源直达基层工作机制，深化"订单式""菜单式""预约式"服务，使基层文化服务从"有"到"优"。二是完善文艺院团建设发展机制，统一管理市级 13 支民间文艺团队，加强文艺人才培养与引进，拓展演出市场与合作渠道。三是创新"深入生活，扎根人民"主题实践活动机制，探索文艺志愿服务新路径，健全优秀作品扶持奖励机制，打造一批具有吴忠特色、吴忠风格的文艺精品。四是建立文化遗产保护传承工作协调机构，强化项目立项前文物实地勘查，加强历史文化遗产保护利用，严格落实文物安全责任制。

（二）突出项目建设和品牌活动，推动文旅产业提档升级

一是大抓项目建设。谋划 2025 年文化旅游体育重点项目 63 个，概算投资 5.15 亿元；谋划"十五五"期间文化旅游体育重点项目 72 个，概算投资 23.35 亿元。二是打造品牌活动。按照"文化+旅游+体育"融合发展思路，办好第五届早茶美食文化节、沿黄九省区民歌会、宁夏黄河金岸

（吴忠）马拉松、全国沙滩排球巡回赛等活动赛事，带动旅游消费，促进产业融合发展。

（三）着眼"四个提升"，推动文化旅游事业扩容增效

一是大力实施文化产品供给提升行动。深入实施"十百千万"工程，实现服务群众突破 200 万人次。统筹市县公共文化资源，在夜间、周末等时间段开设针对性特色课程。探索"非遗+旅游"发展模式，研发文创产品，推动非遗产品和非遗体验项目进景区、乡村和街区。开展"讲好吴忠故事'五进'"品牌活动，丰富提升董府展陈内容，全面完成"四普"工作，健全全市不可移动文物资源大数据库。二是大力实施文旅深度融合提升行动。延伸重点景区文化旅游产业链，提升《盐州胡旋》实景演出，指导黄河大峡谷打造"大禹治水"沉浸式演出。进一步挖掘文化内涵，丰富展陈和解说词内容，使吴忠故事更加深入人心。持续打造"寻着美食去旅游""跟着赛事去旅游"品牌 IP，培育吴忠文旅"新爆点"。围绕黄河、长城、红色文化、乡村旅游、酒庄、美食六大主题，升级推出一批主题线路产品。开展商、农、旅、文促消费系列活动，组织开展陕甘川宁毗邻地区旅游合作联盟成员营销推介。三是大力实施公共体育服务提升行动。积极探索多元化主体办赛机制，开展"村 BA"等群众参与性强的体育赛事活动80 场次以上。利用"马拉松黄河系列赛"平台优势，以"美丽吴忠、多彩宁马"为主题，深入发掘各县区文化旅游产业特色资源，打造"金牌赛事+黄河保护+县区特色+融合发展"的赛事新亮点。四是大力实施文化人才水平提升行动。抓好本土人才队伍建设，推出优秀文艺名家 20 人。用好文学吴忠创意中心、张学东文学工作室等资源，持续强化吴忠与区内外文化名家的联系协作。加大文化人才支持艰苦边远地区工作力度，举办三区人才培训班，为乡村文化振兴提供人才支持。开展全市讲解员、导游、播音员业务培训，推动旅游人才队伍高质量发展。

2024 年固原市文化和旅游业发展报告

司永科　杨　鑫

2024 年，固原市深入贯彻落实习近平文化思想和习近平总书记考察宁夏重要讲话指示批示精神，认真贯彻落实宁夏第十三次党代会及历次全会精神，聚焦"红色固原、绿色发展"战略定位、宁夏副中心城市区域定位和生态文旅特色市的特色定位，全域全季全景全业全民推进生态经济和文旅产业融合发展，市县一体、多点支撑、全域延伸的生态文旅产业新格局逐步形成，持续推动文化事业和文化产业高质量发展。

一、文化和旅游业发展情况

（一）文化改革夯实文旅发展保障

建立了市委统筹、政府负责、部门与县区落实的生态文旅特色市建设工作协调、推进机制。构建了优质文旅产品供给机制，实施文化"四大工程"和旅游"六项计划"，立足固原深厚的丝路、红色、农耕、非遗等文化资源，推进培根铸魂、文化惠民、国家文化生态保护区和国家文化公园建设，实现了固原文化和旅游资源的创造性转化和发展，为生态文旅特色市建设厚植了文化底蕴和文化内涵。构建生态文旅融合发展机制，紧扣固原

作者简介　司永科，中共固原市委宣传部文化艺术与电影管理科科长；杨鑫，固原市文化旅游广电局四级主任科员。

生态资源，着力推动建设六盘山国家级生态休闲避暑旅游度假区，培育打造了以西吉龙王坝、隆德盘龙山庄、西海固新和民宿、泾源县好客刘沟等集生态文化旅游、休闲观光康养于一体的农文旅融合产业，"18℃的夏天""宁静的夏天·凉爽的固原"等生态文旅品牌形象持续提升。截至目前，原州、西吉、隆德、泾源已成功创建全域旅游示范县（区），固原打造培育4A级旅游景区7家，打造国家级旅游精品线路19条，创建全国乡村旅游重点村镇15个、宁夏特色旅游村镇29个，六盘山、泾源县成功创建国家级避暑旅游目的地，固原市先后荣获中国最具魅力宜居宜业宜游旅游城市、最美中国·文化旅游民俗（民族）风情目的地城市、全国十佳生态休闲旅游城市、中国绿色生态旅游城市、全域旅游创建典范城市、第四批国家旅游标准化示范市，入选联合国"自然城市"名单。

（二）文化服务展示振兴共富实践

瞄准人民群众多样化、多层次、多方面的精神文化需求，组织开展"龙腾六盘山　精彩耀固原"系列春节文化活动，突出"来固原过大年"宣传基调，组织开展"诗韵迎新春·龙腾幸福年"2024年新春诗会、"千人十大碗"团圆宴、福建龙娃勇闯山城等50余项凸显时代精神、地域特色鲜明、群众喜闻乐见的新春文化活动，全方位展现固原"民俗美""年味浓""服务暖""文旅兴""人气旺"的浓浓年味。打造特色文化活动品牌，举办六盘山山花月系列活动，通过市县联动，线上线下互动的"4+X"形式，推出100个赏花打卡点、100道美食、100个美食打卡点，发布50个健康养生体验项目、50种健康养生消费品，开展"东风纸鸢·桃醉须弥"、火石寨丁香花节、"相约清凉隆德行"、"醉美花海·多彩泾源"、"梯田花海·醉美彭阳"系列文旅活动，全年开展送戏下乡212场次、戏曲进乡村366场次，广场文艺演出等群众文化活动476场次，全民阅读等群众性文化活动500余场次，完成农村电影放映1.53万场次，全域全季全景全链推进农文旅产业融合发展。举办"启航新征程　奋楫再出发"第二届六盘山红色文化旅游节系列活动，开展"诗·歌里的春天"文艺演出、文化旅游音乐节、宁夏固原六盘山花儿（民歌）歌会、中国西部民歌展演、"大地欢歌"群众文艺汇演、"天高云淡六盘山·四色辉映新固原"庆祝中华人民共和国成立 75 周年中国油画名家走进固原大型写生活动等文化惠民活动 600 余场次。提升打造 16 个新型公共文化空间和 10 个乡村文化惠民示范点，2 个村成功入选全国春季和夏季"村晚"示范点展示点名单，10 个村入选宁夏"四季村晚"示范展示点，不断提升固原文化软实力，营造出广大群众团结奋斗、同心共富的浓厚氛围。

（三）文创开发走出产业发展新路

组织 13 家文化企业，60 余种近千件文创产品参加第二十届中国（深圳）国际文化产业博览交易会，展陈规模、展销金额创固原市历届参展之最，玉雕《枸杞熟了》荣获"中国工艺美术文化创意大赛"银奖。探索文创产品开发转化"走活三步棋，唱响三部曲"思路，精心组织开展了"固韵新辉·文创未来"文创产品暨农文旅融合开发转化恳谈会、文创产品设计大赛、成果转化推进会，邀请 64 家国内文创企业大咖、325 家区内文创企业齐聚一堂，交流经验、取经送宝，共话愿景、共谋合作，37 家企业签订战略框架协议。征集文化创意设计作品 1620 件，855 件入围，152 件获奖，文创获奖作品展吸引市内外 1 万余人次参观，获得一致好评，为固原文创产业破题起势注入新动能、增添新活力。先后赴成都、深圳、德清、长沙、上海等地开展农文旅宣传促销，通过新闻媒体、微信公众号、视频号等平台，全面推出游玩线路、游玩项目、康养产品和美食打卡点等，全方位多角度展示文创产品、特色商品和非遗作品。上线运行"固原说明书"小程序，打造全方位宣传展示推介固原、网上招商引资等一站式综合信息服务平台，擦亮"四色"固原农文旅品牌。举办的陕西、甘肃、宁夏、内蒙古革命老区农民篮球赛事精彩纷呈，场内户外直播同频共振，宣传声量遍布全国各地，并以赛事为媒，同步开展非遗体验、农产品展销和美食品鉴等活动，充分展示各民族共同团结奋斗精气神，精耕细作壮大"村 BA"品牌。各项活动累计邀请 1400 余家媒体参与报道，登上央视大屏 63 次，中央及区内外 40 余家省市媒体刊登固原市稿件 1.39 万余篇，分别同比增长 9.2%、14.5%，文旅宣传全网总浏览量突破 20 亿人次，不仅丰富了群众精神文化生活，提升了固原的知名度、美誉度和影响力，而且展示了特色优势产业发展新气象，带来了经济发展增量，走出了一条农文旅协同推介、一体推广的新路子。

（四）文化传承延续固原历史文脉

实施红色基因传承工程，13个"两长"国家文化公园建设项目完成投资 3.95 亿元，占比 93.59%。实施文化遗产保护传承工程，第四次全国文物普查工作有序推进，隆德县文化馆（隆德县非物质文化遗产保护中心）被文化和旅游部评为全国非物质文化遗产保护工作先进集体，马振仁、张国勤入选第六批国家级非物质文化遗产代表性传承人推荐人选名单，非遗传承人施满义、卜文俊入选全国第一批乡村工匠名师拟认定名单，新增"泾源小曲""泾源蒸鸡制作技艺"等第七批宁夏非物质文化遗产代表性项目 15 项，隆德 3.71 米大铜暖锅成功挑战吉尼斯世界纪录，让固原的文化瑰宝绽放新的光彩。开展 2024 年国际博物馆日·宁夏长城保护宣传日活动。成立姚河塬遗址管理所（正科级事业单位）。确认须弥山石窟等 3 处全国重点文物保护单位"两线"范围，联合开展文物消防安全隐患排查整治和古遗址古墓葬盗挖盗掘破坏情况排查，持续夯实文物安全底线。成功举办陕甘（陕甘宁）革命文物保护利用工作会议。宁夏固原博物馆"我是小小考古家"文物考古修复主题研学活动入选全国文化遗产旅游"百强案例"。

（五）文艺繁荣讲好固原奋进故事

持续擦亮"文学固原"品牌，中国作协"扎根基层、服务群众"文学创作实践基地落户西吉县，建立"西海固文学作家作品库"，9 名本土作家出版 11 部文学专著，马骏的散文集《青白石阶》荣获第十三届全国少数民族文学创作骏马奖，马金莲的长篇小说《亲爱的人们》入选中国作协"新时代文学攀登计划"和"新时代山乡巨变创作计划"，被誉为"一部继承《白鹿原》《平凡的世界》的现实传统的乡土史诗"。积极打造"固原文艺"这个平台，北京当代中国写意油画院写生基地落户 5 县（区），34 件美术作品入选"第十四届全国美展——宁夏美术作品展"，2 件美术作品入选"第十四届全国美术作品展览"；举办全国书法展、"赓续"主题书法大展等，"春节写春联送万福"活动受到中书协表彰；牛红旗的作品《汗土》入展第七届徐肖冰杯中国纪实摄影展，40 幅作品入选第十届宁夏女摄影家作品展和第三届宁夏青年摄影展，22 幅作品在第十二届宁夏摄影艺术展获奖；歌曲《唱花儿的花儿》入选全国少年儿童合唱活动百首优秀曲目，2首歌词作品荣登《词刊》，原创歌曲《六盘山河图》《萧关夜》，舞蹈《望乡》《起舞》等各领域艺术精品井喷式涌现，成为固原文艺工作者参与时代、奉献时代的生动标注，一大批优秀文艺作品百花齐放、百家争鸣，通过丰富多彩的艺术形式折射时代脉动，反映人民心声，刻画民族精神，助力经济社会高质量发展。

（六）文旅融合擦亮固原区域品牌

立足固原丰富红色、古色资源，让历史文化"发声"、革命文物"说话"。固原二中师生连续 29 年"徒步百里祭英烈"，"重走长征路·翻越六盘山"庆祝中华人民共和国成立 75 周年暨"行走的思政课"徒步实践活动成了全国思政教育的"教科书"。"雨生百谷　漫行固原""周月汉风　古道固原""秋色六盘　寻味固原"3 条线路入选"乡村四时好风光"全国乡村旅游精品线路。"六盘山红军小道"徒步体验游、"将台堡会师"长征精神感悟游等 6 条红色研学线路累计吸引宁夏及周边省区近 4400 个单位团体、30 余万学员开展研学游。举办"从初心之地始发　走好新的长征路"2024 年沪宁红色旅游线路发布暨上海六盘山号红色旅游包机首发仪式，联合推出 10 条红色旅游融合线路，打响"不到长城非好汉，走好新的长征路"红色品牌。高位推动六盘山红军长征旅游区 5A 级旅游景区创建，发布《固原市旅游民宿质量等级划分与评定规范》标准，打造全国旅游重点村镇 1 个、宁夏特色旅游村镇 2 个，改造提升建设民宿 12 家，固原市老巷子民俗文化村获评国家级夜间文化和旅游消费集聚区，隆德县宁夏锦瑟客栈民宿获评全国乙级旅游民宿，原州区陌上花开民宿已通过国家乙级民宿初验，隆德县老巷子古村落民俗文化旅游区获评国家 4A 级旅游景区，西吉县获评宁夏全域旅游示范县，宁夏六盘山红军长征旅游区入选中国首届"避暑消夏好去处"名录，国道 344 线泾河源镇至六盘山镇段旅游公路入选第二批交通运输与旅游融合发展示范案例。

二、存在的问题

（一）产业基础设施薄弱

构建"吃、住、行、游、购、娱"全产业链条的公共服务设施薄弱，横向延伸不够、融合成色不足，特别是旅游交通成本偏高，高效便捷的交通网没有形成，"快行慢游"受到制约。

（二）缺少龙头企业带动

固原文旅企业中年收入 2000 万元以上的仅 1 家，整体企业规模小、层次低，在发展理念、基础设施、特色打造、宣传营销等方面与其他地区差距较大，缺乏有吸引力的特色旅游产品，未形成有效的消费拉动。

（三）景区品牌吸引不强

旅游景区倚重于门票经济，与特色餐饮、精品文创、现代服务等其他关联产业融合层次水平较低，冬春旅游市场开发程度低，以旅游景区为目的地引领文旅产业发展的格局尚未形成。

（四）服务管理水平不高

文化产业文艺团体改革创新动力不足，专业人才力量明显不足；旅游市场信用监管体系还不够完善，涉及公安、交通、商务、市场监管、金融等多部门联动解决市场突出问题的工作机制不够健全，企业服务质量不高、运营管理水平低等问题比较突出。

三、对策及建议

深入挖掘"红色、绿色、古色、特色"比较优势，统筹做好生态、文化、旅游"三篇文章"，做优做强文化和旅游产业，坚定走好农文旅深度融合发展路径，以新质生产力赋能文旅产业"出圈出彩"，全面提升美丽固原"新颜值"，集中展现文化固原"新魅力"，着力打造宜游固原"新赛道"，更好满足人民群众对优美生态环境、优质文化供给、优质旅游服务的需求，不断提升"天高云淡六盘山"生态文旅品牌的影响力、知名度和美誉度，努力打造乡村美、生态好、产业兴、文旅旺的现代化美丽新固原。

（一）坚持生态为本，塑造农文旅融合发展新引擎

深入推进"绿水青山就是金山银山"转化行动等"六项行动"，统筹推进肉牛、冷凉蔬菜、马铃薯、中药材、生态经济"五特"全产业链发展，做优做强文化旅游产业，持续夯实农文旅融合发展根基，形成优美环境和特色产业互融互促的生态农业发展新格局。

（二）坚持文化为魂，激发农文旅融合发展新活力

突出千年文化根脉底蕴，用好用活文化"聚魂、塑形、赋能"的重要作用，全力实施培根铸魂等"四大工程"，挖掘好、保护好红色资源和历史遗存，推动国家公共文化服务创新发展，加快建设"两长一河"国家文化公园，推动六盘山红军长征旅游区创成 5A 级旅游景区，展现文化固原新魅力，铸就灿烂文化新辉煌，以优质文化供给激活农文旅融合发展的内生动力。

（三）坚持旅游为形，开辟农文旅融合发展新赛道

统筹吃、住、行、游、购、娱，深入推进品牌固原等"六项计划"，补齐发展短板，优化市场供给，蓄积发展动能，不断擦亮生态文旅特色市亮丽名片。站在游客角度谋划旅游业态，培育发展乡村休闲游、农事体验游、农耕研学游、农业科普游等新业态，创新开展私人定制、认养农业、特色农牧场等新模式，主动"走出去"开展农文旅推介等活动，积极"引进来"承办全国、宁夏各类农事、体育、美食、旅游等节会和赛事活动，不断提升"固原""六盘山"等区域品牌影响力。

2024 年中卫市文化和旅游业发展报告

牛 平 邱 斌 张希玲 康娟娟

立足青少年"万物皆可搭"的新社交需求，自治区党委、政府指导中卫市整合大漠、黄河、星空等特色资源，举办"青春漠漠搭"沙漠营地文化旅游消费季活动。新业态、新场景、新体验吸引了众多青少年探寻历史脉络、走进自然学堂、体验文化魅力，为文化赋予价值、抚慰心灵、赋能发展提供了有益探索。

一、应时而为的背景与开拓

文旅复苏"破圈"，离不开文旅产品"上新"。中卫市创新开展"青春漠漠搭"沙漠营地文化旅游消费季活动，着力打造差异化、特色化旅游产品，培育新的文旅消费增长极。通过参与活动，引导青少年从实践中求真知、在游历中拓眼界，既满足了对情绪价值和社交属性的追求，又丰富了文化体验和实践活动，重新校准与世界的关系。截至 10 月 7 日，中卫市共接待游客 1711.96 万人次，游客旅游花费 101.7 亿元，同比分别增长 32.13% 和 23.12%；全网发布"青春漠漠搭"相关内容 26863 条，话题曝光

作者简介　牛平，中共中卫市委宣传部新闻外宣与传媒影视管理科科长；邱斌，中共中卫市委宣传部文明创建科科长；张希玲，中共中卫市委宣传部出版发行科科长；康娟娟，中共中卫市委宣传部文化艺术科科长。

量超 30 亿次，中卫文旅总曝光量超过 160 亿次。

（一）前瞻性思考，把青少年定位为沙漠旅游的目标客群

青春不以山海为远。青少年喜欢尝试新生事物，追求更加个性化的产品内容并热衷于通过社交媒体分享经历。从"进淄赶考"到贵州"村超"，从城市漫游到国风国潮，青少年对文旅的影响，不仅体现在人数规模和消费能力的日渐提升，更体现在对市场消费潮流的引领。消费季活动把青少年作为目标客群，紧扣露营、研学热点，坚持政府指导、企业运作，建设星火集漫步、么么哒摇摆、显眼包撒欢、星游记探索 4 大主题营地 1018 顶露营帐篷，制定大学生优惠政策，推出万能营长带您玩转沙漠"四大名住"，巧妙嵌入 7 项创意体验（扎一个草方格、提一条文旅发展"金点子"、分享一首大漠长河主题诗词、参观一场"大河之美"艺术展、参与一次沙漠环保行动、拍摄一组大漠星空照、传播一段创意视频），用"有意思"的体验充实"有意义"的活动，为广大青少年提供新颖独特的目的地探索方式，吸引全国乃至国际青少年群体到中卫旅游，并以此为爆点推动宁夏全域旅游蓬勃发展，为经济增长注入新的动力。

（二）多维度塑造，用"青春漠漠搭"品牌引导广大青少年行万里见万千

录制《小撒喊你玩"中国魔方"》《奥运冠军陈梦也来"漠漠搭"》公益视频，借助名人效应引流，"喊话"广大青少年到中卫扎草方格，体验"寸草遮丈风"，感受荒漠化治理的中国智慧。据统计，《小撒喊你玩"中国魔方"》的播放量仅"中卫文旅"抖音号就超过 100 万，网友留言："很有意义的'草方格'，希望大家都能参与其中"。设置沙漠科学宣传阐释、麦草方格治沙实践、黄河文化实景体验、星空文化沉浸讲解、热情沙漠嗨享青春等多个板块，引导青少年"脚踏实地 仰望星空"，以奋斗姿态激扬青春，不负时代、不负华年。沙漠诗词课堂、星野摄影等"追星逐梦之旅"最受广大青少年追捧，沙漠课堂导师房继农感慨道："在沙漠里带着孩子们诵读古诗词，感觉腾格里沙漠也有了文化味儿和青春范儿。"携程平台 2024 年 7—8 月数据显示，有 34.45% 的游客到中卫旅游停留时间在 2 天以上，其中"80 后""90 后""00 后"占比分别为 35.4%、20.2%、12.6%。

（三）共享式营销，找准情绪资源和商业价值的链接点

向全国发出招募令，邀约 135 所高校 400 名自带流量的青春体验官和 20 个城市 150 余名网络达人到中卫采风，在"松弛感"和"慢旅游"中感受美食、美景和文化，累计在小红书、抖音、微博等平台播发相关作品 4100 余条，立体化呈现沙漠游的独特魅力。在 B 站、抖音等内容平台投放系列短片持续"种草"，情绪值拉满的"好搭子懂你的人生百味""好搭子和你一起开摆"一度成为"热词"。综合运用网络直播、VR 视频、网络音乐等营销方式，打造线上线下同频共振的娱游场景，推动品牌吸引力一圈一圈地火热起来、一层一层地深入下去。根据美团平台相关统计，北京、上海、广州、西安游客热搜中卫沙漠酒店，"沙漠观星酒店"年搜索量上涨 270%，"腾格里沙漠酒店"搜索量上涨 470%。

二、顺势而动的探索与思考

哥伦布有一句名言："我们处于什么方向不要紧，要紧的是我们正向什么方向移动。"消费季活动主动顺应后旅游时代的消费者需求，做度假、做生活、做价值观，为游客找到一把打开世界多样性的钥匙。

（一）强化地域特征，在众声喧哗中有所坚守

强化地域特征是破解旅游产品及体验同质化问题最为关键的解决路径。近两年，各地文化旅游发展如火如荼，网红城市接连出现，为了吸引关注，文旅端制造幻觉流量，文旅局长跳舞、喊麦、角色扮演，网红营造"打卡胜地"拉动人气，这些举措可能会带来一时的繁荣，却掩盖了真正在地差异的价值表达。在观光旅游时代，消费者需要的是一个"到此一游"的契机，或是某场活动，或是几个景点。而在休闲度假时代，消费者更需要一个"住下来""留下来"的理由，或是独特的体验，或是别样的生活。

消费者有诉求，文旅才有机会。中卫市抓住"沙漠会客厅"核心 IP 打造、情绪价值提供、消费场景搭建三大要素，轻打卡、重内容，轻流量博取、重地方书写，依托大漠、黄河、星空等独特资源，强化地域特征，增强在地景观设计感、打造专属活动契合性，让历史古韵、当代价值与"Z 世代"游客精准对接。

黄河宿集保留村落原有肌理和内在生长脉络，在真实的基础上运营，在特色的基础上挖掘，为消费者打造一个可持续的精神出口，与时下不少"复制粘贴"、四顾无人的古城相比，从地方风物里"长"出来的黄河宿集自带"长红"体质，运营5年来，宿集90%以上的客流源自互联网传播的强大吸引。Tengol沙漠度假酒店的一砖一瓦、一景一设都围绕在地文化做文章——设计师利用古老驼工村的巷道基础，模拟出一个半掩于沙海中的荒远古城，将文化内容、文化符号融入产品并成为产品本身，实景演绎《大漠升海市》和沙漠酒店融为一体，成为等待被探索被挖掘的故事载体。自2024年7月开业以来，先后举办路虎车友会、小红书外人节、腾格里JEEP野奢之旅等多项大型活动，入住率达到85%。

四大沙漠营地依托"星星的故乡"文旅IP，借力星星酒店、钻石酒店顶尖旅游打卡地热度，坚持美学引领、科技赋能、创新表达、艺术点亮，为年轻人"留下来""嗨起来"设置场景，走进营地即可自动连接Wi-Fi，实现VR旅拍一秒换脸。以"来沙漠爱一场"为主题举办"摇摆对对碰""星游记探索""星空光绘美照"等多项主题活动，吸引"沙漠咖啡师""沙漠追星猎人""沙漠DJ"等新潮职业群体驻扎，开设集美食休闲、篝火晚会、啤酒音乐节、非遗体验于一体的沙漠市集，营造青春活力的时尚场域。新华社、《人民日报》、央视、《经济日报》等央媒对消费季活动进行了持续追踪和深度观察，推出《"青春漠漠搭"助力中卫旅游火热出圈》《"青春漠漠搭"，打造西北小城的文旅新IP》等报道。

（二）叠加情感价值，为游客铺设一条精神上的归途

文旅是承载情感价值的创意产品，正向情感价值是始终贯穿于文旅IP创意开发的文化基因。由于消费市场的代际更替，成长于经济全球化和互联网高速发展的年轻一代，热衷于挖掘和展示新的目的地，满足"专属于我"的情绪价值，推动跟着演出去旅行、追着赛事去旅行、奔着民宿去旅行成为时尚。

2024年，中卫市爆发式举办音乐会、艺术节，做到"每周有主题、每晚有活动"，且大多数节会不要门票、无须预约。大漠腹地、金沙深处，游客幕天席地、纵意所如，一边欣赏乐队演出，一边吃烤串、喝大窑。独特的产品供给，彰显时尚潮流、放大鲜明个性，仅沙坡头音乐节，全网曝光量 13 亿次，线下吸引 4.2 万人次参与。金蛙国际艺术节吸引全国 60 余个城市 8500 多个家庭来卫参赛畅游，带动旅游人次近 40 万、文旅消费 1 亿元以上。"治愈款"旅行达到了精神需求、娱乐需求和消费需求的统一，也实现了广泛传播。

聚焦沙漠核心优势资源，以独特赛事体验导入万人沙漠徒步、大漠健身运动会、马拉松赛事等有创新玩法的旅游产品，促进产业融合。2024 星星故乡·宁夏沙坡头半程马拉松暨第一届全民健身大赛，将多个文旅地标串珠成链，配套乡村流水席、骆驼陪跑等活动，设置单边鼓、花儿演唱等在地文化加油站，赛道终点设置"坡好吃"美食大集和"坡有品"农特产品大集，跑者和市民在观赏美景、品鉴美食、体验民俗的同时，感悟城市的品格气质，取得了以赛引流、以赛兴旅、以赛促产的初步成效。

IP 引发的共鸣感愈强、认同度愈高，带动效应就愈显著。充沛的情绪价值提供助力消费季活动在节假日旅游中优先控场，中卫成为年轻客群先锋潮流的旅行目的地。同程平台对"五一"假期进行盘点，中卫热度上升速度在小城旅游升温中排名第一；订单来了平台统计，国庆节期间民宿预订率中卫居榜首；携程平台《"十一"旅游报告》指出，沙坡头在宁夏热门景区中排名第一。

（三）借力主流叙事，在流量博弈中实现正面突围

有一个概念叫主流媒体。衡量一个主流媒体可以用三个指标判断：广泛的受众群、强大的舆论引导能力、强大的社会动员能力。主流媒体曾仅指传统媒体。时下，抖音、快手、小红书、B 站、微博、微信、微信视频号等七大内容平台，每天给用户传递各种各样的信息，这些信息影响我们的生活，甚至塑造我们的行为，也已成为事实上的主流媒体。互联网时代"酒香最怕巷子深"，文旅品牌的"出圈"与"开卷"，必须借助主流叙事的力量。主流叙事吸引游客参与到消费季活动"推荐—决策—出行—分享"的全流程中来，实现了文旅传播效力的深度下沉与高效转化。

文旅类综艺节目带给观众深切的体验感，既能为观众提供情感满足、心灵滋养，也能很好地带动地方文旅发展。旅行玩乐社区"马蜂窝"平台

与中国旅游研究院联合发布的一份报告显示，约有 24.5% 的中国游客在观看某部综艺后被取景地"种草"，燃起旅游热情。中卫市全年招引 18 档综艺节目的 22 期报道落地，实现了中卫作为旅游目的地的"生活化表达""生动性呈现"。央视《宗师列传·大唐诗人传》，主持人撒贝宁携手专家学者带观众一同"穿越"，漫步大唐诗苑，静听跨越千年的诗意回响；央视《暑假去游学》，组织青年学子爬沙山、读诗词、学治沙、做美食。据不完全统计，借助综艺节目的传播，中卫文旅的推广已触达美国、德国、意大利、葡萄牙、日本、韩国以及沙特阿拉伯等国家和地区。

消费季活动还通过吸引内容平台专题专项活动落地，引发游客模仿打卡，变身"沙漠宝藏挖掘者"，实现品牌价值的渐进传递与深度变现。抖音《沙漠之夜》音乐会在 S 营地举办，线上观看人数超 200 万。小红书外人节在沙漠"开躁"，推出"外人城市绿洲"、沙漠极致体验、音乐派对等项目，200 多位明星博主参与户外运动派对。旅行博主"陈玫瑰郑美丽"拍了一段视频，并配上梦幻般的文字，"这是两位探险家冒险的故事，传说在中国西部的沙漠深处，有一座'外人之城'，那里收集了这个世界上所有有趣的灵魂，探险家们在这片沙漠里，在沙漠的最深处，终于找到了它的入口"，这段视频引起强烈共鸣。

人民不是抽象的符号，而是一个个具体的人，有血有肉，有情感，有爱恨，有梦想，也有内心的冲突和挣扎。借助大数据的可视化技术，经由主流叙事的广泛传播，把人的情绪和正向情感价值还原和放大，与倾听者产生情感共知和关系认同，也推动"青春漠漠搭"在舆论场中提升知名度、美誉度。

三、持续推进的方向与打算

文旅新品引领消费新潮。据测算，旅游业每收入 1 元带动相关产业收入 4.3 元。下一步，我们将持续用好资源、擦亮品牌、优化环境，坚持"县域示范、点上破圈"，不断增强旅游吸引力、文化凝聚力、消费拉动力。

一是坚持规划先行，打造沙漠国际旅游目的地。坚持文旅文创融合战略，秉持"创意驱动、项目支撑、跨界融合"工作理念，聘请专业机构制定国际沙漠旅游标准体系、文旅产业发展规划，系统提升旅游项目和服务国际化、标准化、信息化水平，建立与国际通行规则相衔接的管理体系，加快打造独具吸引力的沙漠国际旅游目的地。

二是丰富消费场景，建设商文旅融合新高地。依托沙漠核心旅游资源，持续开展扎草方格、沙漠马拉松、沙漠音乐节等品牌活动，打造高水准的沙漠旅游演艺和艺术展览，叠加情感与价值观，放大叙事共情传播力，通过文娱业态的串联、IP价值的深挖、聚合效应的显现，形成"旅游目的地+核心度假产品"的产业体系，有效牵引产品链、产业链、价值链不断拓展。

三是需求引导供给，推动旅游发展形成新的逻辑路径。充分运用网络平台的开放性与旅游活动的共享性互相契合的特点，鼓励游客通过社交平台分享文旅话题，吸引更多人关注传播，推动地方文旅倾听网友心声，丰富和提升旅游体验，提高游客对目的地前期开发与整体运营的参与程度，形成游客与地方文旅的"双向奔赴"。

附　录
FULU

2024 年宁夏文化发展大事记

贾 峰

1 月

1 日 宁夏博物馆"红旗漫卷——宁夏革命文物陈列图片展"在隆德县博物馆开展。

4 日 中国作家协会"深入生活、扎根人民"创联工作会议暨主题实践活动在辽宁沈阳举行。会上，宁夏作家协会副主席闫宏伟荣获 2023 年中国作家协会创作联络工作先进个人，石嘴山市作家协会荣获 2023 年度基层组织先进集体，宁夏作家康鹏飞荣获 2023 年度"深入生活、扎根人民"主题实践优秀作家。

12 日 宁夏演艺集团杂技团原创杂技剧《山水相依》在宁夏人民剧院上演。

26 日 由宁夏回族自治区文化和旅游厅（文物局）、固原市人民政府主办的"丝路'叙'语——叙利亚古代文物精品展"在宁夏固原博物馆开展。此次展出的 99 件（组）文物，有雕塑、陶器、陶瓷、银币、遗址图片和玻璃器等，从曙光——石器时代、变革——青铜时代、争霸——铁器时

作者简介 贾峰，宁夏社会科学院文化研究所助理研究员。

代、融合——希腊罗马与异彩纷呈的时代、对话——中叙两国间的友好往来 5 个单元，详细讲述了叙利亚文明的发展过程以及中叙两国交往交流交融的故事。

是日 由《中国作家》杂志社、芒果 TV 共同主办的 2023 年度《中国作家》芒果"文学 IP 价值"排行榜评选及影视编剧研讨会在京举行，经现场评议投票，宁夏作家阿舍《阿娜河畔》、了一容《圈马谷》上榜。

30 日 宁夏博物馆和中国文物报社等单位联合主办的"博物馆里过大年"系列活动之"龙行中华——甲辰龙年生肖文物大联展"在宁夏博物馆开展。该展汇集了全国 60 余家文博单位数百件龙纹题材的文物和艺术品，以图片联展的形式与观众见面。宁夏博物馆精心挑选 10 余件以龙为主题纹饰的瓷器、铜器等馆藏文物集中展出，让广大观众近距离欣赏文物里的中国龙，感受中华传统文化的魅力。

2 月

2 日 2024 宁夏新春音乐会在宁夏人民剧院上演。

3 日 由宁夏回族自治区文化和旅游厅主办，西北四省区及新疆生产建设兵团文旅厅（局）联合协办的第 33 届西北旅游协作区会议在银川举行。来自陕西、甘肃、青海、新疆及新疆生产建设兵团文化旅游部门、西北旅游协作区秘书处的代表齐聚一堂，共商 2024 年西北区域文化旅游协作建设发展大计。

4 日 "新生活·新风尚·新年画——宁夏知名画家美术作品邀请展"在银川开幕，共展出 60 多位画家的 150 幅美术作品，作品描绘了新时代人民小康生活新图景，展现了新时代文明实践新成果，进一步营造了文明祥和的节庆氛围，同时也为宁夏文化艺术打造出一个展示、研讨、培训的交流平台。

6 日 由银川市贺兰山岩画管理处、中国文字博物馆主办的"石上史诗 岩绘众生"贺兰山岩画暨韩美林岩画艺术作品展在河南安阳中国文字博物馆开幕。

24 日 由宁夏演艺集团主办的《龙腾新时代》元宵节专场音乐会在宁

夏人民剧院上演。

3 月

10 日 由宁夏文联主办，宁夏文艺评论家协会承办，银川市新华书店协办的"评论家会客厅"启动仪式在银川市文化城新华书店书香苑店举行。

是 日 由宁夏美术家协会、宁夏书画院（宁夏美术馆）主办的"成功红"杯宁夏首届连环画艺术作品展在银川美术馆开幕。本次展览精选出 50 件（400 余幅）连环画作品入展，其中 11 件作品荣获"宁夏首届连环画艺术奖"。

30 日 由黄河出版传媒集团、辽宁出版集团主办，阳光出版社、万卷出版公司承办的长篇儿童小说《银骆驼》研讨会在北京中国现代文学馆举行。

4 月

3 日 "缺席/返场：流动中的艺术与价值"在银川当代美术馆开展。

3 日至 6 日 "醉美南长滩·共赴梨花约"中国民歌（花儿）大会暨中卫市第十八届南北长滩黄河梨花节举办。来自贵州、广西、新疆、内蒙古、甘肃、青海、陕西等地的 20 多名民歌（花儿）歌手、传承人献上了两场精彩纷呈的民歌盛宴。

13 日 2023 年度青花郎·人民文学奖颁奖典礼在四川古蔺郎酒庄园举行，现场揭晓了 2023 年度人民文学奖获奖名单，宁夏作家了一容小说《圈马谷》荣获 2023 年度青花郎·人民文学奖短篇小说奖。

20 日 由中国电视艺术家协会、江苏省文学艺术界联合会、江苏省广播电视总台共同主办的首届中华优秀传统文化视听大会在南京召开。宁夏广播电视台创作的《黄河谣·宁夏黄河故事》《春来万物生》《岁月的淬炼》3 部作品从 1513 件报送作品中脱颖而出，分获短视频类和专题纪实类好作品奖。

25 日 "金佛山杯"第七届大地文学奖颁奖暨金佛山中国自然生态文学创作基地授牌仪式在重庆市南川区举行，宁夏作家董永红获"金佛山杯"第七届大地文学奖小说奖。

27 日 "美丽宁夏·未来有我"第三届宁夏青年摄影展在银川美术馆开幕。

是月 文化和旅游部发布关于文化和旅游赋能乡村振兴"十佳"案例和优秀案例入选名单，中卫市沙坡头区《狠抓文化产业发展促振兴 奏响业兴村美民富新乐章》入选优秀案例。

5 月

11 日 "庆祝新中国成立七十五周年 第十四届全国美展—宁夏美术作品展"在银川美术馆开幕。本次展览精选 226 幅作品，涵盖中国画、油画、版画、水彩、综合材料、雕塑、工艺美术等多个艺术门类。

14 日 由中央电视台、中共宁夏回族自治区委员会宣传部、中国广电宁夏网络有限公司、宁夏聚龙盛丰影视传媒有限公司、霍尔果斯聚龙盛丰影视传媒有限公司出品的奋斗创业、励志阳光电视剧《星星的故乡》在CCTV-1 黄金时间播出。

18 日 国家文物局联合中央网信办发布了 2024 年度"博物馆里读中国——弘扬中华优秀传统文化、培育社会主义核心价值观"主题展览征集推介项目，宁夏回族自治区文物保护中心（岩画研究中心）选报的《人与石的对话——贺兰山岩画特展》成功入选推介项目。

20 日 第六届《朔方》（2022—2023）文学奖发布，本届共评出获奖作品 8 篇（组）、获奖个人 3 名。

6 月

3 日至 6 日 以"城市记忆与文学承载"为主题的第三届宁夏文学周暨宁夏城市文学活动在石嘴山市举办，来自全国的知名作家、期刊主编齐聚石嘴山，共享文学盛宴。

4 日 第十三届中国曲艺牡丹奖全国曲艺大赛入围名单揭晓，由宁夏曲艺杂技家协会报送的节目评书《邓小平当年在宁夏》入围牡丹奖选拔赛。

25 日 江苏省苏州昆剧院原创昆剧《牡丹亭》在宁夏人民剧院上演。

29 日至 30 日 宁夏回族自治区文化和旅游厅携手青海省、陕西省、甘肃省、四川省、山西省、河南省、山东省、内蒙古自治区文化和旅游厅在银川市共同举办以"黄河流韵·非遗焕彩"为主题的 2024 年黄河流域非遗作品创意大赛,活动以挖掘黄河流域非遗资源,培育转化利用品牌项目,促进非遗与旅游融合发展,构建体系化保护格局为目标,突出九省(区)独特的非遗特色,创新性开展非遗创意作品征集与评选、非遗展销会、非遗节目秀演、互鉴交流体验、观摩学习讨论等活动。

是 月 文化和旅游部公布了 2024 年新一批认定的国家级旅游度假区,宁夏中卫大漠黄河(沙坡头)旅游度假区入选,成为宁夏首个国家级旅游度假区、全国首个沙漠旅游度假区。

7 月

5 日 由银川市贺兰山岩画管理处、浙江省博物馆学会等主办的"石光斓彩——贺兰山自然·人文·科普岩画展"在浙江自然博物院开幕。

9 日 宁夏固原博物馆和武汉博物馆联合举办的"春风裁月——武汉博物馆藏扇面书画艺术展"在宁夏固原博物馆开展。

30 日 由文化和旅游部、陕西省人民政府主办的 2024 年中国秦腔优秀剧目会演在陕西省西安市拉开帷幕。由自治区文化和旅游厅选送的优秀青年戏曲演员李梦聪,凭借在秦腔传统折子戏《摸包》中的精彩表演,荣获"2024 中国秦腔优秀剧目会演表演艺术传承英才"称号。

31 日 由中国作家协会和国家民族事务委员会共同主办的第十三届全国少数民族文学创作骏马奖揭晓,宁夏作家阿舍的长篇小说《阿娜河畔》、柳客行的散文集《青白石阶》获奖。

是 日 宁夏博物馆与福建博物院联合主办的"和合共生——海上丝绸之路的印记"在宁夏博物馆开幕,展览从美学和文化的视角展示了海上丝绸之路千年以来留下的古老印记,分为"碧涛帆影""海上瓷韵""跨海寻香""茶道清悠""霓裳翩翩""东方雅集""异域瑰色"和"众妙之门"8 个单元。

8月

7日 "共续闽宁文艺情·谱写协作新篇章"——第二届原州·福州"两地四区"文化艺术交流活动启动仪式暨"山海情深意更长"艺术作品展在固原市战国秦长城博物馆举行。

14日 由宁夏回族自治区生态环境厅等单位组织开展的首届"美丽宁夏"全国生态散文创作大赛在银川揭晓，37篇作品分获各类奖项。

18日 中国作家"深入生活、扎根人民"新时代文学实践点授牌仪式在西吉县举行。

19日至21日 黄河流域九省（区）单、双、三舞蹈展演在青海省文化馆举行。由宁夏舞蹈家协会选送的《我心中的黄土塬》荣获十佳作品，被授予"彩陶奖"最高荣誉，《凛兰》《公婆戏》荣获优秀作品，被授予"藏羚奖"荣誉。

是月 在中国戏剧家协会主办的第28届"中国少儿戏曲小梅花荟萃"活动中，宁夏戏剧家协会选送的周瑾炫、蔡林恩2位选手荣获"小梅花"称号。

9月

2日至3日 由中国作家协会和共青团中央共同主办的全国青年作家创作会议在北京召开，宁夏青年作家马武君、马金莲、田鑫、我本疯狂（赵磊）、薛玉玉参加。

5日 由文化和旅游部产业发展司指导，中国—东盟中心支持，宁夏回族自治区文化和旅游厅主办的"多彩中国 佳节好物"文化和旅游贸易促进活动（葡萄酒之旅专题）在银川举办，旨在进一步发挥宁夏贺兰山东麓葡萄酒"世界语、国际范、中国风、宁夏情"独特优势，推动中国葡萄酒文化和旅游贸易规模提升和结构优化，把宁夏打造成与世界接轨、同全球对话的国际葡萄酒文化和旅游目的地。

是日 由宁夏回族自治区文物保护中心（岩画研究中心）、中卫市博物馆、阿拉善博物馆、福清市博物馆联合主办的"人与石的对话——贺兰山岩画特展"在福清市开展。

6日 宁夏回族自治区舞台艺术精品创作扶持工程立项资助作品秦腔小戏《红军刀》在青铜峡影剧院首次定妆汇报演出。

7日至8日 在中国电影家协会、中国作家协会创作联络部指导下，由宁夏文联、宁夏大学、中国高等院校影视学会共同策划主办的"西部文学和影视发展学术研讨会"在银川镇北堡和宁夏大学同时召开。

8日 "赓续"主题书法大展开幕式在宁夏固原博物馆举行。展览以"赓续"为主线，精心构建宁夏经典历史碑刻篇、宁夏红色文化篇、宁夏民族团结篇三大篇章，秉持"经典意识与时代精神并重"的创作理念，鉴史知来，向史而新，老中青三代书家倾情创作151件书法精品。

13日 2024中国文化旅游产业博览会在天津国家会展中心开幕。此次博览会上，宁夏回族自治区文化和旅游厅精心打造的贺兰公园、宁夏酒堡、大漠星空等"宁夏二十一景"主题元素扮靓宁夏展台，贺兰山东麓葡萄酒、枸杞、八宝茶、麻编、刺绣等富有浓郁宁夏风情的文化产品一一呈现，"元游宁夏""智游宁夏"等一系列前沿科技与传统文化融合的新产品，向世界展示了宁夏丰富的文化资源和创新发展成果。

是日 2024年"山河秋韵"全国秋季旅游宣传推广活动在宁夏中卫市举办。

14日 文化和旅游部办公厅公布了2024年全国美术馆青年策展人扶持计划入选项目名单，宁夏推荐申报的"黄土是我的气质——'厚土油画会'与宁夏当代油画作品展"项目成功入选，是宁夏在该项目中的首次突破。

16日 在喜迎中华人民共和国成立75周年和中秋佳节之际，由大系出版工程领导小组、中国民间文艺家协会、宁夏文联、中共固原市委、固原市人民政府共同主办的中国民间文学大系出版工程社会宣传推广活动"山花唱响六盘山　最美颂歌献给党——2024中国西部民歌展演系列活动"举办。

18日至23日 由甘肃省文化和旅游厅、甘肃省文学艺术界联合会、第七届黄河流域戏剧红梅大赛组委会联合主办的第七届黄河流域戏剧红梅大赛在白银市会宁县举办。宁夏戏剧家协会共推荐 8 名选手参加，其中，黄瑞妮、梁军、李梦聪 3 人获一等奖，李丽萍、李昆杰、任亚军、樊莉、薛辉 5 人获二等奖。

19 日至 21 日　由中国文艺志愿者协会、内蒙古自治区党委宣传部主办的"强基工程"村歌嘹亮 2024 主题展演活动在鄂尔多斯市举行，宁夏文联推荐的"红宝"农民合唱团与来自全国 30 多个省（区、市）的 55 支队伍 1000 余名歌手同台竞技，一展歌喉。

20 日　《宁夏扶贫志》终审会在国家方志馆召开。

23 日　由文化和旅游部、江苏省人民政府主办的 2024 年戏曲百戏（昆山）盛典圆满闭幕。由宁夏回族自治区文化和旅游厅选送的优秀秦腔演员韦小兵在全国戏曲演员会演中，凭借在秦腔《狸猫换太子·摸包》和《卧虎令》中的精彩表演，从全国入围的 8 个剧种 20 名优秀演员中脱颖而出，被文化和旅游部授予"新时代中国戏剧（净行）领军人才"称号。

26 日　由宁夏回族自治区文化和旅游厅、上海市文化和旅游局共同支持，新科动漫产业有限公司制作出品的大空间高沉浸探险体验项目《神秘的西夏陵》在上海市历史博物馆举行首发仪式。该项目是宁夏动漫企业自主研发制作的 VR 沉浸式体验项目，通过深度挖掘西夏陵丰富多彩的文化和旅游资源，依托空间算力和实时渲染技术，让用户以第一人称视角探索奇幻的西夏陵地宫。同时，通过高精度的虚拟现实和前沿的 LBE 技术，突破传统 VR 局限，使观众仿佛置身于宁夏贺兰山脚下，身临其境般感受当地的自然风光与人文风情。

28 日　由宁夏文联指导，福建省闽侯县、厦门大学支持，中共隆德县委员会、隆德县人民政府、宁夏书法家协会共同主办的"民族同心·山海同行"全国书法大赛作品展在隆德县博物馆开幕。

是月　《六盘山上红旗展——宁夏博物馆藏革命文物整理与研究》出版发行。

10 月

11 日　由宁夏文联主办，宁夏摄影家协会、银川美术馆承办的"第 12

届宁夏摄影艺术展览"在银川启幕。本届展览共设置纪录类（含长期关注单元）、艺术类、创意和商业类、短视频类 4 个类别。共收到 526 位投稿者的 2685 件作品（其中图片 11000 余幅、短视频 142 件）。经过初评、终评，共入展作品 180 件，其中金奖 12 件、银奖 20 件、铜奖 28 件。

是日　由宁夏文联主办，宁夏作家协会承办的宁夏文学重大题材创作工作会在银川举行。

15 日　由宁夏固原博物馆和嘉定博物馆联合举办的"中国科举文化展"在宁夏固原博物馆开展。本次展览精选展品 79 件（套），从科举制度沿革、科举考试程序、科举与教育、科举与社会文明、科举制的国际影响等方面讲述了中国科举制度悠久的历史。

19 日　由中国文联、中国民间文艺家协会主办的第十七届中国民间文艺山花奖·优秀民间工艺美术作品初评在广州市举办。宁夏民间文艺家协会组织推荐的剪纸《黄河岸边我的家》，编织《绳韵繁花》，刺绣《二十四节气·我的宁夏情》，蜡染《彩绘蜡染岩画》《多彩毡韵·丝路新章》进入初评。

22 日至 23 日　由宁夏演艺集团京剧院匠心创排的现代京剧《红高粱》入选"与时代同行·与人民同心"——新时代优秀舞台艺术作品展演，在北京京演·民族文化宫大剧院精彩亮相。

28 日　文化和旅游部发布《关于表彰全国非物质文化遗产保护工作先进集体和先进个人的决定》，授予 100 个单位"全国非物质文化遗产保护工作先进集体"称号，198 人"全国非物质文化遗产保护工作先进个人"称号。其中，宁夏共有 2 个单位、5 名个人获奖。

是日　由宁夏文联和宁夏文学艺术基金会主办，宁夏美术家协会承办的"首届'美德传承'——中国画作品展"在银川美术馆开幕。本次展览面向全国征稿，先后收到了 27 个省（区、市）的 528 件中国画作品，在经过初评、复评等环节后，精选 197 件作品展出。

29 日　大型书画艺术纪录片《神州书画》在银川正式开机，由发现之旅频道《文旅中华》栏目、宁夏教育电视台、全国 68 家书法之乡电视台联袂制作。纪录片《神州书画》在宁夏先后走进贺兰县、隆德县、彭阳县，围绕当地文化背景选择旅游景点拍摄，为当地文化旅游、人文历史和民俗文化搭建宣传平台。

31 日 第十五届海峡两岸（厦门）文化产业博览交易会在厦门国际会展中心开幕，宁夏以"闽宁协作谋发展·文旅融合谱新篇"为总体定位，依托"宁夏二十一景"进行整体设计，集中呈现了宁夏近年来打造的"跟着演出去旅行""跟着赛事去旅行""跟着影视去旅行"等文旅融合新业态场景以及文化产业赋能乡村振兴发展成果。

是月 中共中央宣传部 2024 年主题出版重点出版物选题公布，宁夏作家樊前锋长篇报告文学《重整山河：沙漠边缘的中国故事》入选。

11 月

1 日 2024 年中国非物质文化遗产传承人研修培训计划暨宁夏传统美术（刺绣）助力乡村振兴创新性传承发展培训班在北方民族大学开班，来自宁夏 50 名非遗代表性项目传承人及相关从业人员参加培训。

2 日 2023—2024 年度"长城奖–文旅好品牌"案例征集大赛发布仪式举行，《沙坡头"星星的故乡"代表性目的地品牌案例》被评为年度景区及博物馆品牌优秀案例。

3 日 由宁夏回族自治区文化和旅游厅组织制定的《红色旅游服务规范》，以及修订的《滑沙旅游项目管理与运营规范》《滑索旅游项目管理与运营规范》3 项地方标准正式发布。

5 日 由宁夏文联、宁夏摄影家协会、宁夏博物馆主办的"塞上江南 大河之中"主题摄影展在宁夏博物馆展出。本次展览以保护、传承、弘扬黄河文化为主旨，深入挖掘黄河文化的时代价值，聚焦黄河"几字弯"生态文明画卷，为建设黄河流域生态保护和高质量发展先行区注入文化凝聚力和精神推动力。

10 日 由宁夏回族自治区文化和旅游厅主办的"青春向光·自驾前行"——2024 宁夏自驾线路发布及自驾体验活动在贺兰山脚下盛大启动。

是日 宁夏首届城市文化节群众才艺大比拼年度展演在宁夏人民剧院举行。

11 日　第十届秦腔艺术节闭幕式暨颁奖盛典在西安开元大剧院举行，宁夏演艺集团秦腔剧院原创秦腔现代戏《攒劲女人》荣获本届活动特别推荐剧目奖，青年演员黄瑞妮、梁军摘得表演艺术传承新星奖。

18 日　中共中央宣传部精神文明建设"五个一工程"评选工作办公室发布第十七届精神文明建设"五个一工程"优秀作品奖入选作品名单，宁夏回族自治区党委宣传部报送的京剧《红高粱》、广播剧《遇见良渚》、歌曲《我引绿洲接长路》、图书《阿娜河畔》入选。

是月　国家文物局、教育部公布了 2024 年度以革命文物为主题的"大思政课"优质资源项目名单，确定了 10 个示范项目、100 个精品项目，宁夏申报的"'红色宁夏'博物馆里的思政课"入选。

是月　2024 世界旅游联盟发布了旅游助力乡村振兴 50 个典型案例，石嘴山市大武口区龙泉村和固原市原州区姚磨村入选。

12 月

5 日　理查德·克莱德曼钢琴音乐会在宁夏人民剧院上演。

31 日　土耳其伊兹密尔国立交响乐团——2025 新年音乐会在宁夏人民剧院上演。

是月　由银川艺术剧院倾力打造的重点剧目、国家艺术基金 2024 年度大型舞台剧和作品创作资助项目——红色舞剧《不到长城非好汉》启动全国巡演。

注：本大事记根据《宁夏日报》、宁夏新闻网、宁夏回族自治区文化和旅游厅网站、宁夏文艺网、宁夏人民剧院等相关报道整理而成。